新时代大学素质教育系列教材

成功素质培育教程

赵作斌　编著

WUHAN UNIVERSITY PRESS

武汉大学出版社

图书在版编目(CIP)数据

成功素质培育教程/赵作斌编著．—武汉:武汉大学出版社,2023.8
(2024.8 重印)
新时代大学素质教育系列教材
ISBN 978-7-307-23895-4

Ⅰ.成… Ⅱ.赵… Ⅲ.大学生—素质教育—高等学校—教材
Ⅳ.G640

中国国家版本馆 CIP 数据核字(2023)第 147701 号

责任编辑:詹 蜜 责任校对:汪欣怡 版式设计:韩闻锦

出版发行:**武汉大学出版社** (430072 武昌 珞珈山)
(电子邮箱:cbs22@ whu.edu.cn 网址:www.wdp.com.cn)
印刷:武汉中科兴业印务有限公司
开本:787×1092 1/16 印张:15 字数:365 千字 插页:1
版次:2023 年 8 月第 1 版 2024 年 8 月第 3 次印刷
ISBN 978-7-307-23895-4 定价:54.00 元

目　　录

绪　论

培育成功素质，首先必须弄清楚何谓"成功"和"成功素质"。科学界定成功和成功素质，是认识和把握成功规律、培育成功素质的前提。

第一节　成 功 概 述

人类一切有目的的积极的实践活动，都是对成功的不懈追求。追求成功是人们的普遍愿望。也正是对成功的渴望和追求，推动人们发展自我和改造世界的行动，进而推动人类社会的不断进步和发展。

一、成功概念

（一）成功定义

何谓成功？古往今来，人们对其理解有广义和狭义之分。

广义上讲，成功是指达到目的或实现目标。《现代汉语词典》对"成功"的解释是："获得预期的结果（跟"失败相对"）。"[①]这种对成功的广义理解存在两大缺陷：一是对成功结果的界定泛化，即泛指一切的目的或目标；二是忽略了成功的社会价值或意义，未能区分目的或目标的正确与否。这种广义的成功概念，不利于人们正确把握成功的本质内涵，也不能体现成功的社会价值属性和教育功能，甚至有可能误导人们为了达到目的而不择手段、违法乱纪、铤而走险，所以是不可取的。

狭义上讲，成功是指积极、有价值的人生目标的实现。根据古汉语词法，"成功"一词由"成"与"功"构成。"成"一般作完成、实现或成功解释，如《诗·大雅·崧高》："寝庙既成"；《左传·隐公四年》："卫州吁其成乎?"《管子·幼官》："四者备，则以治击乱，以成击败。"而"功"一般作事业、功绩、功业解释，侧重较大的目标或目的，如《国语·周语上》："其后稷省功，太史监之。"《管子·七法》："有功必赏，有罪必诛。"至于"成功"或"功成"，《老子·九章》有云："功成名遂身退，天之道也。"如此看来，古代的"成功"意指成就功业，即完成大业、实现功绩、取得功业。既然成就的是大业、功绩或功业，也就意味着成就的是具有价值的较大人生目标，也即成功达到的目标是积极、有价值的，能推动社会历史进步。只有这样，才称得上成功。

狭义的成功概念对成功要达到的目标进行了限定，即仅指人生目标，且强调人生目标的积极性和价值性。这一定义具体包含以下四层含义。

---

① 中国社会科学院语言研究所词典编辑室编. 现代汉语词典[M]. 北京：商务印书馆，2006：172.

1

其一，成功是指人生目标的实现，而非广义上的所有目标的实现。这是对成功到底要达到什么目的或实现什么目标的明确界定，也即成功的指向性。所谓人生目标就是要成为什么样的人的问题，是指个人在一生中最想达到的理想境地，也称"建功立业"的目标。人生目标是指引人生之船前行的灯塔，对个人的成长和发展具有重要的导向、指引和激励作用，也是追求和实现成功的首要前提。人生目标因人而异，比如有的人的人生目标是成为一名优秀教师，有的人的人生目标是成为一名政治家或企业家。同时，人生目标是有阶段性的，人生目标的最终实现必须以阶段性具体目标的实现为基础。

其二，成功所要实现的人生目标必须是有价值的。任何成功都必然有其价值，是个人价值与社会价值的统一。成功的个人价值即成功对于成功者个人的意义，是指个人尽自己的努力战胜困难、发展及超越自己，实现人生目标，获得相应的回报以及达成人生目标后所感到的无愧于心的成功之乐、无与伦比的自豪感以及无限美好的成功体验。成功的社会价值即个人成功对于社会的意义，是指个人通过自己积极、有价值的人生目标的实现对社会作出了贡献，促进了社会的进步与发展。同时，有价值这一特性也表明了成功有大有小。成功价值与其对社会发展和进步的作用成正比，作用越大，其成功价值就越高。如科学家、宇航员、企业家、环卫工人等，从事每种职业的人对社会的贡献值大小不同，因而具体到每个人成功的大小也会有所差异。任何对成功的追求主观上可能是为了实现自己的某种人生目标，而客观上能够或大或小地促进社会发展，同时社会也对成功者给予物质上或精神上的回报。那种对社会毫无贡献的人生目标的实现是没有社会价值的，自然不属于成功概念的范畴。

其三，成功所要实现的人生目标还必须是积极的，其实现的手段或方式必须是正当的、正义的。人生目标有积极和消极之分。努力追求做一个为人民谋福祉的人、有利于社会进步和发展的人，注重个人价值与社会价值相统一，这类的人生目标就是积极的；反之，倘若某人的人生目标仅仅只追求个人价值而不顾社会价值，甚至有违历史发展规律危害社会和人类，这样的人生目标则是消极的。所以，成功概念必须坚持正确的导向，将其界定为积极的人生目标，反对和摒弃消极的人生目标。同时，追求成功必须采取正当、正义的手段或方式，也即合法性、道德性，能够为社会所认可。假使一个人为实现自己的人生目标而背离或践踏社会道德，不择手段，肆意侵害他人权益，甚至不惜铤而走险、违法犯罪，那就根本不可能实现积极、有价值的人生目标，必然会走向目标的反面，得不到社会认可。如那些贪污腐败分子的行为就是最好的例证。社会上一些成功学"大师"所谓"励志"演讲，以及传销组织以极端自私的个人目的对其成员进行的"洗脑"等，往往不顾成功目标的积极性和手段的正义性，因此都不属于成功概念的范畴。

其四，成功必须付出努力才能实现。成功是积极、有价值人生目标的实现，这里的"实现"二字表明成功必须付出努力才能将理想中的、预期的人生目标变成现实，强调成功是过程性与结果性的统一。任何成功都是对现实的某种超越，要实现它就必须利用或创造一定的条件，进行配置、整合各种资源的实践，如要判断选择、周密计划、果敢行动、克服困难、百折不挠、坚持到底等。正如拿破仑·希尔《你也可以变成一条龙》一书中写的那样："成功是一个过程，是一个不断致力于更上一层楼的过程。"人生目标越高，需要付出的努力就越多，过程也就越艰辛。《孟子》有云："故天将降大任于是人也，必先苦其心志，劳其筋骨，饿其体肤，空乏其身，行拂乱其所为，所以动心忍性，增益其所不能。"所有人生目标的实现必然历经努力奋斗的过程。单纯强调实现人生目标而忽视努力奋斗的行为过程，就不可能正确理解和把握成功。因此那种夸夸其谈、侥幸取胜的机会主义观点和无所作为的宿命论观点都是错误的。"成功需要付出努力才能实现"表明，再伟大的人生目标不去努力奋斗，都不可能成功。

（二）成功的本质属性

基于上述狭义的成功定义，凡成功必然是有社会价值的，这里的社会价值就是对集体、国家或人类作出贡献。贡献是社会价值的本质，没有贡献也就没有社会价值。所以，成功的本质属性是贡献。任何人倘若对集体、国家或人类没有贡献，就谈不上成功，也不可能成功。

名誉、地位、金钱不等于成功，判断一个人成功与否的唯一标准是看其对社会的贡献。人们主观上追求积极、有价值的人生目标实现，客观上贡献了社会价值，诸如增加了社会财富、促进了科技进步、推动了社会发展等，伴随这种成功可能给人们带来物质上或精神上的回报，如名誉、地位、金钱等。但这些都只是成功带来的附属物，不等于成功本身。个人只有贡献其社会价值，对集体、国家或人类作出了贡献，才可能得到名誉、地位、金钱等回馈；但成功也并不一定都带来名誉、地位、金钱，拥有名誉、地位、金钱也不一定算成功。评判一个人是否成功，根本标准是看其对社会的贡献。比如，卡尔·马克思创立了马克思主义，指引了人类社会发展的方向，加速了人类社会进步发展的历程，所以他是成功的。但马克思一生穷困潦倒，常常需要靠朋友的接济才得以生存，显然不能用金钱地位来衡量马克思是否成功。同理，历史上许多无名英雄、仁人志士以及革命先烈，胸怀民族大义，以天下为己任，不惜抛头颅、洒热血，一心为国为民，甚至奉献了宝贵的生命，他们无疑是成功的。

成功有大小之分，成功的大小就是成功值，也即对社会的贡献的大小。对集体、国家或人类的贡献越大，成功值也就越高。并非所有人都能成为伟人，但人人都可以贡献社会价值。在平凡的岗位上站好每一班岗，做好分内之事，也是对社会的贡献，也是成功。如清洁工人带来城市的整洁，电力工人带来城市的明亮。贡献的大小并不是判定成功的依据，有无社会贡献才是成功的本质体现，因此不能否定任何职业的价值与意义。扎根基层一线的电力工人钱海军23年来秉持"以人民为中心"的理念，给千家万户送去光明、送去温暖，最终成为老百姓最信赖的"点灯人"。只要为集体、国家或人类作出了贡献，也就是成功的。

二、成功的层次

成功现象丰富多彩，按成功值的大小，可以将成功划分为三个层次。

（一）为集体（单位）作出贡献

为集体（单位）作出贡献，是一般层次的成功。

这一层次的成功具有重要价值，不仅对个人自身发展具有积极意义，还能激励和带动周围的人努力奋进，对推动集体的可持续发展起到重大作用。在社会历史发展的各个时期，在各行各业涌现出许许多多为集体作出贡献的人。时任华西大队书记吴仁宝，带领华西村民平土地、修水渠，解决了全村人的温饱问题，随后兴建基础设施、果蔬基地、园艺中心等，创造了一个又一个的奇迹，使当年穷得叮当响的华西村脱胎换骨蜕变为"天下第一村"。

(二) 为国家 (地区) 作出贡献

为国家 (地区) 作出贡献，是较高层次的成功。

这一层次成功的突出特征是贡献突出、成功值重大，成功者往往被称为杰出人物、名流或精英。他们普遍具有极强的社会责任感、宏大的志向和目标、超人的胆量和意志、非凡的智慧和能力等，为本地区乃至整个国家作出了突出的贡献。其影响深远，往往不仅深刻影响个人的人生，甚至影响几代人，不仅深刻影响某一行业和某一领域，还推动某一地区或全社会的发展。"中国原子弹之父"邓稼先在少年时期就立下为国效力的理想，留学美国获得博士学位后，毅然放弃了美国优越的生活和工作条件，回到了当时还是一穷二白的祖国，投身到茫茫大漠戈壁中去，才有了我国原子弹、氢弹的成功发射。他的卓越贡献，使他于 1999 年被追授"两弹一星功勋奖章"。

(三) 为人类作出贡献

为人类作出贡献，是最高层次的成功。

这一层次成功的最显著特点是成功值巨大，能够为全人类带来福祉，为人类社会的发展作出巨大的历史性贡献。诸如瓦特发明蒸汽机、富兰克林发现电，汤姆生发现电子，引发了科技革命，极大地推动了人类社会的进步与发展。屠呦呦多年从事中药和中西药结合的研究，创制出新型抗疟药青蒿素和双氢青蒿素，挽救了全球特别是发展中国家数百万人的生命，所以获得了拉斯克奖和葛兰素史克中国研发中心"生命科学杰出成就奖"。因她发现的青蒿素可以有效降低疟疾患者的死亡率，2015 年获得了诺贝尔生理学或医学奖。这一类成功的追求者立志献身于人类社会的发展，并通过毕生努力，取得极为重大成果，为人类社会的发展作出了巨大贡献，从而彪炳史册，名垂千古。

三、成功的主要路径

《罗马典故》中有一句谚语："条条大路通罗马"，通往成功的道路多种多样。在各行各业做出成绩，为集体、国家或人类作出贡献，都可以取得成功。依据人生目标的不同，成功的主要路径有以下几种：

1. 从研

从研是指从事科学研究工作，既包括自然科学和人文社科领域的研究工作，也包括新产品、新技术的开发研究。

2. 从技

从技泛指从事专业技术类工作，主要包括从事工程、制造、运输、信息技术、医护、法律、教育、农林牧渔水利等领域的工作。

3. 从商

从商泛指从事生产经营管理类工作。

4. 从艺

从艺即从事艺术工作，包括语言艺术 (文学、播音等)、造型艺术 (绘画、雕塑、建筑等)、表演艺术(音乐、舞蹈、相声、戏曲等)和综合艺术(电影、电视、歌剧、音乐剧等)类工作。

5. 从军

从军即参军入伍,从事保家卫国、维护社会安定,以及参加国防军事建设等工作。

6. 从政

从政是指从事政府公务工作、党务工作或公共事务工作。

四、成功的社会价值规律

既然成功的本质属性是贡献,那么,追求和实现成功,必然促进社会的进步与发展;成功值越高,对社会的促进作用就越大;追求和实现成功的人越多,社会发展就越快。此为成功的社会价值规律。这一规律反映了个人追求和实现成功与社会发展之间的一种必然的本质联系,主要包括以下三个方面的基本内涵。

(一)追求和实现成功必然促进社会的进步与发展

追求和实现成功,都会对集体、国家或人类作出贡献,这是取得成功的前提和基础。比如从研者追求成功,就会崇尚科学、追求真理,通过努力钻研而有所发现、发明和创造,由此不断推动科学的进步、技术的革命、产品的更新升级等,极大地促进社会的进步与发展;从技者追求成功,就会勤学苦练、精益求精,不断提升技能、精进技术,解决和突破技术难题,生产和创造出更加精良、精细、精密的产品或作品,在社会技术技能领域作出贡献;从商者追求成功,就会规范、诚信经营,以好的产品和服务质量丰富和提高人民的物质生活及质量,同时还为大众提供就业岗位、增加国家税收收入等,客观上促进了社会进步与发展;从艺者追求成功,就会苦练内功、积极创新,创作出富有社会价值、艺术价值、经济价值的艺术作品,丰富人们的精神文化生活,满足人们的审美需求,陶冶人们的情操等,对社会的文明进步具有促进作用;从军者追求成功,就会信念坚定,对党和人民忠诚,为保卫祖国、保护人民生命财产安全、维护世界和平稳定作出贡献;从政者追求成功,就会心系人民,想人民之所想,急人民之所急,竭尽全力为党、为人民、为国家和社会发展做贡献。总之,各行各业的从业者在追求和实现成功的过程中,必然会对集体、国家或人类做出贡献,客观上必然促进社会的进步与发展。人类社会的进步和发展都是人们追求成功、实现成功的结果。

(二)成功值越高,对社会的促进作用就越大

追求和实现成功必然促进社会的进步和发展,但不同的人选择的人生目标不一样,对社会进步与发展的作用也就不一样;不同的人选择同样的人生目标,由于目标实现程度的不一样,对社会进步和发展的贡献大小也就不一样。

成功值本质上是成功的社会价值,也即对社会贡献的大小。成功值越高,就意味着对社会的贡献越大,对社会发展的促进作用就越大。马克思主义革命家、战略家、理论家毛泽东,领导中国共产党和中国人民经过长期艰苦卓绝的斗争,最终取得革命的胜利,建立了新中国,让中国人民从此站起来了,对中华民族和中国社会发展的贡献巨大,其成功值也就巨大;福耀玻璃工业集团股份有限公司创始人、董事长曹德旺,将汽车玻璃制造做到了世界第一的卓越成绩,同时他以极强的社会责任感热衷公益慈善,累计个人捐款超 110

亿元，对中国玻璃制造业和社会发展的贡献卓越，其成功值也就非常高。无论从个人的期望，还是社会发展的需要来看，追求成功值的最大化是人们努力的方向，因为个人的成功值越高，其实现的社会价值就越大，也意味着对社会的贡献越大。

（三）追求和实现成功的人越多，社会发展就越快

社会是个人的总和，因此，追求和实现成功的人越多，其贡献总和越大；贡献总和越大，则社会发展就越快。一个单位、一个民族乃至国家，追求和实现成功的人越多，对集体、国家或人类的贡献总和就越大，其发展就越快、越好。反之，倘若人们都不追求成功、都躺平，则社会只会停滞不前。

追求和实现成功不仅给自身带来精神上和物质上的满足，还会激发成功者树立更远大的目标，同时还会激发其他人纷纷仿效和超越的欲望。一个人在某一方面获得成功后，其他人就会纷纷仿效并试图超越，如仿效和超越的人越来越多，使追求该方面的成功成为一种社会现象，从而形成成功的社会效应。成功的社会效应形成人们之间你追我赶的状态。这种状态使人类社会的发展一浪高过一浪，呈现加速的发展态势。

五、成功要素定律

事实上，并非人人都能成功，也并非只要努力了、奋斗了就能成功。只有遵循成功的客观规律，才可能取得成功。

凡成功必须具备一定的环境、机遇和成功素质缺一不可的三要素，即成功要素定律。

（一）环境

环境包括宏观环境和微观环境两个方面，亦可称大环境和小环境。宏观环境（大环境）是指国家乃至世界范围的政治环境、经济环境、文化环境、法制环境等，其中国家的政治体制、政治制度与经济制度，是最重要的宏观环境。微观环境（小环境）则指个人所在的家庭、学校、单位、居住区、朋友圈等学习、生活、工作的空间环境。

人总是生活在一定的环境之中，其生存和发展均受到环境的影响和制约，没有一定的环境，就不可能取得相应领域的成功。一是宏观政治经济环境是人们追求成功的前提，往往影响追求成功的方向和目标选择。比如身处战乱的社会环境，人们一般不会选择从商的成功之路；而在政治稳定、经济形势良好的环境下，选择经商当企业家的人就会多。二是社会经济和生产力发展水平影响人们追求成功的手段和方式方法。19世纪初，蒸汽机的发明和应用将人类社会带入蒸汽时代，机器成为这一时代人们追求和实现成功的便利工具；20世纪中叶，随着信息时代的到来，服务性产业取代大规模的流水线生产登上主流舞台，人们追求成功的方式、方法也随之发生着改变；当今"互联网+"的时代，流量经济模式的兴起，催生和造就了一批网红和直播带货王。三是家庭、学校、单位等微观环境对人们追求和实现成功具有重要影响。鲁迅曾言："农家之子早认犁，兵家之子舞刀枪，秀才之孱子舞文墨"，说的就是家庭环境对子孙后代成功方向及途径方式的重大影响。不同类型、不同层次的学校对个人追求和实现成功也具有深远影响。好的单位或公司也一样，如单位本身发展良好，加之领导以身作则、师傅倾情相授、同事和谐互助等，就会有利于个人的发展和成功。

一般来讲，离开了一定的环境，个人不可能取得相应的成功。"英雄无用武之地"说的也是这个道理。因此，在追求和实现成功的道路上，不仅必须适应环境、选择环境而且还必须积极改造环境。

适应环境。"适应"意指积极应对、顺应的意思，包括转变观念、改变习性、调整心态和状态等。达尔文说过："物竞天择，适者生存"，虽然讲的是自然界的规律，但是对人类社会同样适用。古人有云："智者顺时而谋，愚者逆时而动"，意指拥有大智慧的人会顺应时势来谋划，而愚蠢的人才逆着合理的时机行动。古人还说过："凡夫转境不转心，圣人转心不转境"，意思是说平凡的人改变自己的环境而不改变自己的心境，智慧高超的人则改变自己的心境而不强求转换环境。这几句话都说明人适应环境的重要性。

一方面，要客观、正确认识和把握政治、经济、文化等社会大环境，顺应时代潮流，顺势而为。社会环境的变化发展、历史的车轮和时代潮流都是不以人们主观意志为转移的，必须正确地认识它、适应它，使自己与时代大环境和谐共存。顺应时代的潮流，不是随波逐流，而是要有正确的三观，正确的价值取向，把握好社会发展的大趋势，主动适应社会潮流，积极上进，为实现自我价值和社会价值而奋斗。个人在选择人生目标时，只有将自身的需要与社会的需要相结合，使自身的需要符合社会的需要，使追求成功的路径、方式、手段、方法和过程等符合国家的政策、法律，符合社会经济发展的状况，符合社会乃至地区的人文观念，追求成功的行为才能得到社会的支持，成功才有可能。

另一方面，要调整改变自己，积极应对和适应工作、学习和生活的小环境。同一个环境里生活着许许多多的人，而每一个人的性格、志趣、学识、能力却不尽相同，适应环境就要不断调整和改变自己，让自己融于周围的小环境之中，与自己工作、学习和生活的小环境和谐共存。"入乡随俗""到什么山上唱什么歌"等说的正是这个道理。尤其是要不断学习、拓展自己。随着时代的迅速发展，只有学习才能进步，才不至于被潮流淹没，应该发扬"活到老、学到老"的精神，勇于接受新鲜事物，多看、多听、多学，才能让自己保持前进的步伐，以快速适应各种未知的领域及时刻变化的环境。

选择环境。《三国演义》中写道："良禽择木而栖，贤臣择主而事。"前半句是指优秀的禽鸟会选择理想的树木作为自己栖息的地方，后半句比喻优秀的人才应该选择能发挥自己才能的好单位和善用自己的好领导。古语云："居必择邻，交必良友"，讲的也是主动选择有利于自己的环境。在古代有"孟母三迁"的佳话，在今日有广大父母倾其所有也要购买高档"学区房"、千方百计也要为子女"择名校"就读，其本质是一样的，都说明主动选择适宜环境以利于个人的发展乃至成功。人们为就业选择单位、为投资项目选择地方、为生意选择伙伴、为后代选择学校等，这些都是主动选择环境的体现。原始人在选择作为生活、生产所处的洞穴时往往选择那些有利的自然环境，要依山傍水，面向平川，并且要选择那些草木繁盛之山，多石而低矮之山，周围有足够的生活资料，便于交通、采集和狩猎。而今，人们对环境的选择，要综合考虑多方面的因素：自然、地理、人口、职业、交通、文化氛围、历史、经济、治安、政治制度、法律等。总之，在综合考虑多方面因素的前提下，选择最适宜、最有利于成功的环境。

改造环境。马克思主义认为，认识世界的目的就是为了改造世界。人们掌握了规律，就可以运用规律改造环境，使环境更好服务于人们追求与实现成功。人具有主观能动性，人类需要衣、食、住、行，人类就自己动手制作衣服、生产各种食品、建造房子、制造交通、发明工具、创造语言文字、创造精神文明艺术等。人的能动性活动使荒漠变良田，荒山变果园，荒滩变城市等，正是这种改变推动着人类文明的进步和人类社会的发展，也提高了人自身的素质。毛泽东领导中国人民推翻了"三座大山"，使半封建半殖民地的旧中国变成了社会主义的新中国，让中国人民从此站起来了；邓小平拨乱反正，改革开放，领导中国人民走中国特色社会主义道路，让中国人民从此富起来了；十八大以来，中国共产党着眼于实现"两个一百年"奋斗目标和中华民族伟大复兴的历史使命，在习近平一系列新理念新思想新战略的指导下，中国人民砥砺奋进，硕果累累，中国前所未有地接近中华民族伟大复兴目标、前所未有地走近世界舞台中心，让中国人民从此实现强起来。从"站起来、富起来到强起来的历史性飞跃"既简明扼要地概括了近代以来中国实现飞跃的历史进程，又深刻揭示了中国特色社会主义不断开辟发展新境界的历史意义，也充分证明了中国共产党人改变中国社会大环境的丰功伟绩。

（二）机遇

机遇是指社会发展过程中出现的有利于成功的事件或条件。

机遇可分为战略性机遇和战术性机遇。战略性机遇，是指国际形势重大变化，国家政治、经济、文化等发展目标出现重大变化或政治经济文化制度出现重大调整时，这种重大变化或调整必将带来社会需求结构特别是社会利益格局的重大变化和调整。如我国改革开放初期恢复高考制度，为一大批人改变命运提供了良机。战术性机遇是指微观形势发生变化出现了有利于人们成功的具体条件和机会。如某人从商过程中发现市场某种需求而获取商机等。

机遇还可分为常态性机遇和偶发性机遇。常态性机遇是指在一定时空中常态化存在的而大多数人不在意的为人们的成功提供的条件和机会，包括国家某种政策、特定的自然资源、市场需求等。如国家的一系列教育公平政策及招考公务员等政策为一批人提供了发展机遇，某企业家看到国人住房刚需而投身房地产，某企业家发现某地的特有地理资源或矿产资源而投资开发旅游业或矿业等。偶发性机遇，也叫特殊机遇，是在人们意想不到的情况下突然出现并被个人捕捉到的有利的条件和机会。如革命战争年代某人因偶遇某革命者而走上革命道路，科学实验中因发现某种偶发现象导致重大发现或发明等。

机遇是成功的必要条件之一。首先，没有机遇，就没有展现实力的机会，自然也无成功的可能。孔子曾说过，是不是人才，那是你本身是贤还是不肖的问题，而人才能不能遇到识才者起用，却是个机遇问题。倘若没有机遇，优秀人才也可能被埋没，也不可能取得成功。历史上和现实生活中很多怀才不遇者最终沦为平庸之辈就充分证明了这一点。其次，机遇为人们实现成功提供了可能。人类社会历史发展进程中，基于社会发展的规律会产生各种各样的机遇。很多人的成功就是从发现和把握机遇开始的。如很多人从商成功发端于洞察和把握住某种商机，很多成功的军事家都善于把握战机。最后，机遇是人们走向成功的捷径，把握和抓住了机遇就可能缩短实现成功的过程，减少成功付出的代价。1774年，英国化学家普利斯特在闲玩中用一个直径一英尺的大聚光透镜来聚集日光照射各种物质，当他照射氧化汞时，发现放出的气体能助燃，氧气就这样意外地被发现了；1895年，德国物理学家伦琴偶然在阴极射线电管附近放了一包密封在黑纸里的未曾显影的照相底片走光，进而发现了 X 射线；1928 年，英国细菌学家弗莱明在观察用泥土封闭着培养的细菌时，偶然发现离泥土远的地方细菌繁殖很多的现象进而发现了青霉素。科技发展史上这样的案例不胜枚举。

机遇对于成功的关键作用和重要意义，启发人们要善于洞察和把握机遇。

洞察机遇。即在纷繁复杂和瞬息万变的事物或现象中敏锐地捕捉相关信息，发现和认识机遇。洞察机遇应密切观察相关信息动态，具备不同于常人的思维，以独到的视角，不放过任何有用的信息，对与人生目标相关的信息能够迅速感知、准确判断，从而发现和认识机遇。当年欧元刚发行时，绝大多数人并未从中看到有什么商机，似乎欧元与他们毫无关系。可是，温州的一家皮具生产商独具慧眼，从中发现了商机。他发现欧元与美元以及其他欧洲货币尺寸大小不同，一旦欧元正式进入流通领域，大规模使用，人们肯定需要换钱包。于是他迅速按照欧元的尺寸定做钱包发往欧洲，结果赚得盆满钵满。

巴斯德说过："机遇只青睐那些有准备的头脑"，所以要有强烈的机遇意识。要像猎人一样常睁大警惕的眼睛，要充满强烈的好奇心留意观察，耐心地蛰伏和等待，按照自己的目标需要，对可能出现的机遇保持敏感和警觉，一旦发现有机遇出现的苗头就盯住它，仔细观察、审视和分析，如认定其具有捕捉价值，便及时抓住并有效地加以利用。例如，很多青年人在"文革"中没有随大流，没有被"知识无用论"左右，而是边劳动边学习，恢复高考就使这部分青年获得了机遇。

把握机遇。即抓住时机，充分利用机遇所提供的信息和条件，果断决策，果敢行动，从而促使成功。

一是快速评估。机遇并非一露面就是熟透了的落地桃，而往往是被各种的表面现象所掩盖，与各种重叠交叉的细枝末叶的非重要信息搅在一起。发现机遇后还不能未经认真思考就简单接纳或否定。快速评估就是发现机遇后迅速综合相关信息，认识和把握表面信息背后的本质，结合自身人生目标定位和其他相关信息，迅速判断并简要评估机遇对应自己人生目标或阶段性目标的价值，既不放过机遇，使机遇为我所用，又不被虚假信息所误导而错看机遇，继而头脑发热盲目行事。比如，人才市场上有很多猎头公司对招聘的高级人才给出年薪几百万+期权股的信息，也有一般人才的年薪几万的招聘信息，招标市场上有几千万的、几个亿的、几百亿的工程招标，也有几万甚至几千的小项目承包。这些信息对于你哪些是机遇就需要理性审视和评估。如果一味好高骛远，盲目追求越大越好的项目，或谨小慎微，低估自己的实力，不敢接受挑战，就不可能获得成功的机遇。

二是果断决策。一旦看准机遇，应不失时机果断作出决策，并迅速确定行动思路，制定行动方案或具体的实施计划，从目标、内容、方式方法及步骤等方面作出全面、具体而又明确安排，使决策的实施具备可行性。是否能够迅速果断决策，是能否把握机遇的关键。机遇得来不易，有可能是几年甚至人的一生才会有一次，所以必须及时抓住。果断决策贵在抢占先机。特别是在当今社会，社会化大生产所具有的整体性、复杂性、竞争性和多变性等特点，同一项科学研究，你起步晚了，人家就抢先成功了；同一种产品，你生产慢了，人家就抢在前面大量生产了；同一个市场，你不占领，别人就占领了。所以当认准机遇后，不能犹豫不决、瞻前顾后，只有果断不失时机地作出决定，确定行动思路，才能及时把握机遇。例如，解放战争时期，华野副司令粟裕指挥部队和国民党军在沂蒙山区捉迷藏、兜圈子，在反复的迂回穿插中寻找战机。终于在1947年5月13日，以华野9个纵队围住了国民党王牌整编第 74 师，粟裕当机立断决定发起总攻，在孟良崮一举歼灭国民党第 74 师，扭转了华东战局，这就是中外战争史上著名的孟良崮战役。

三是果敢行动。果敢行动即为达到既定目标，根据决策、行动方案和计划而迅速进行的坚决果断的行为。把握机遇，行动贵在迅速坚决果断，不观望，不拖拉。否则就可能失去先机。行动能否达到相关决策、方案的要求，关键看其体现的执行力。执行力对个人而言，是指按时、按质、按量完成岗位工作任务的能力和效果；对团队而言，是指在预定时间内完成团队既定目标的能力与效果。只有果敢行动并在行动中体现强大的执行力，才能真正把握机遇，走向成功。上述孟良崮战役，也是坚决果断行动的经典案例。试想在粟裕洞察战机作出攻打孟良崮的决策后，倘若没有后续指挥部队坚决果断的进攻，不能在预定的短时间内歼灭第 74 师，后果将不堪设想。因为在外围，国民党军又以 10 个整编师（军）包围着华野，战场上呈现出另一番态势，华野将面临被国民党军围歼的巨大危险。

（三）成功素质

同样的环境、机遇条件下，有的人成功，有的人不成功，说明成功还有起决定作用的要素——成功素质。

成功素质是指个人具备的促使其有价值的人生目标实现的优秀品质。辩证唯物主义认为，事物变化发展是内因和外因共同起作用的结果，其中内因是事物变化发展的根据，外因是事物变化发展的条件，外因通过内因起作用。根据这一规律，成功也是内因和外因共同作用的结果。对于个人追求和实现成功而言，一定的环境和机遇无疑是外因，个人的成功素质才是内因。环境也好，机遇也好，这些都是外在的客观条件，这些条件不会自动地发挥作用，只有与人们的成功素质相结合才能发挥作用。在追求和实现成功的过程中，环境和机遇为个人成功提供了客观条件，但是仅仅具备了这些客观条件是远远不够的，要想取得成功还必须具备一定的主观条件，那就是个人的成功素质。在一定的环境和机遇下，成功素质是取得成功的决定因素。

第二节　成功素质概述

培育成功素质，必须弄清楚成功素质的内涵、构成，及其与相关概念的关系，深刻认识培育成功素质的重要意义。

一、成功素质概念

（一）成功素质的定义

成功素质是指个人具备的促使其有价值的人生目标实现的优秀品质。

这一定义包含以下具体含义：

1. 成功素质是优秀品质

人的基本品质包括观念、品德、能力、身体和心理五个方面。一般来讲，人人都具备观念、品德、能力、身体和心理五大基本品质。成功素质不是一般的基本品质，而是追求和实现成功的决定因素，是成功者或成功人士具备的优秀素质，是观念、品德、能力、身体和心理这些基本品质中的优秀素质。一般包括先进的观念素质，如正确的世界观、人生观和价值观，远大的人生理想和抱负，较强的创新意识、拼搏精神、敬业精神等；优良的品德素质，如强烈的社会责任感和使命感、爱岗敬业、乐于奉献、勇于担当、公正诚信等；优秀的能力素质，如良好的适应能力、自律能力、表达能力、公关能力、领导能力、组织能力、管理能力、协调能力、学习能力等；健康的身心素质，如体质优良、体能充沛、心态积极乐观、情绪调控有力、意志刚强果断等。

2. 成功素质与人生目标相关联

成功素质是优秀素质，但并非所有的优秀素质都是成功素质，成功素质必须与个人的人生目标相关联。实现一定的人生目标需要个人具有相应的成功素质，如企业家需要有胆识，那么独到的眼光和理性的冒险可以称为企业家的成功素质。反之，与人生目标无关的素质，即使很优秀甚至卓越，也不能称为成功素质，如某从事物理学研究的科学家掌握了很高的烹饪技术，但烹饪技术不是其在物理学研究领域取得成功所必需的素质，也不能促进其物理学研究上的成功，因此，对于该物理学家而言，这种烹饪技术就不是其成功素质。又比方说，一个人具有音乐天赋，但是他的人生目标不是成为音乐家，而是要成为一个文学家，那么他的音乐方面的才能对他来说就不是成功素质。所以，凡是与个人人生目标无关或关联不大的素质，即便是优秀素质也不是成功素质；只有同个人追求的积极、有价值的人生目标相关联的优秀素质才是成功素质。

3. 成功素质促使有价值的人生目标实现

成功素质除了是优秀素质、与个人人生目标相关联外，还有一个最重要和关键的内涵，即促使个人有价值的人生目标实现。促使有价值的人生目标实现是成功素质的本质属性和价值体现，也是判断个人某项素质是否是其成功素质的根本标准。如某运动员立志要拿世界冠军，为国争光，通过对身体天赋的科学开发和专业训练，练就了强健的身体素质，具备了超群的竞技技能、良好的心理素质和顽强的意志品质等，最终在国际赛事上一举夺冠实现了其有价值的人生目标。正是因为该运动员具备的志向高远、能力超常、意志顽强、敬业拼搏等优秀品质促成了其成功，所以志向高远、能力超常、意志顽强、敬业拼搏这些品质就是其成功素质，而除这些优秀品质之外的诸如该运动员幽默风趣、擅长唱歌、善于交际等则不是其成功素质。

（二）成功素质的构成

通过对成功人士的分析、归纳与概括，成功素质主要由志向高远、奉献担当、敬业拼搏、意志顽强、能力超常、创新突出六大优秀品质构成。

1. 志向高远

志向高远即理想远大，富有"直挂云帆济沧海"的壮志与追求。欲成才，须立志；欲立志，须高远。高远的志向，既是前进的方向，也是发展的动力。拥有高远志向之人，目光远大，格局宽广，生活充实，意气风发，惜时如金；无志之人，鼠目寸光，心胸狭窄，生活空虚，精神委顿，虚度青春。差别如此之大，结果如此悬殊。综观成功人士无不是拥有远大志向之人。志向高远是成功人士必备的观念素质之一，也是促使个人追求和实现成功的首要品质。

2. 奉献担当

奉献担当即甘于付出又勇于担责。奉献意指恭敬地交付、献出，含有心甘情愿、甘于付出、不怕牺牲、不图回报、不讲索取等意。奉献是一种自愿的付出行为，也是一种纯洁高尚的精神境界。担当是指承担、担负任务责任等，勇于担当就是主动负责任，有担当、讲担当、肯担当、真担当，做到矛盾面前不回避，困难面前不绕行。有多大担当才能干多大事业，尽多大责任才会有多大成就。古人云："大事难事看担当，逆境顺境看襟度"，大凡成功之人，都是勇于奉献担当之士。当个人将奉献担当融入人生追求时，就会在工作上少一些计较，多一些付出，少一些抱怨，多一些责任。有了这种意识和境界，就会倍加珍惜自己的工作和事业，并抱着知足、感恩、努力的态度，扎扎实实地工作、孜孜不倦地追求，就能做出不凡的业绩，收获成功。奉献担当是成功人士必备的品德素质之一，也是促使其实现成功的关键品质。

3. 敬业拼搏

敬业拼搏即忠于职守又努力奋进。敬业是对待职业或事业的态度，表现为恭敬严肃、专心致志、认真负责、一丝不苟、精益求精等。敬业的首要要求是要有强烈的责任心，办事不推诿、不敷衍、不拖拉，不存侥幸心理，踏踏实实，埋头苦干，一步一个脚印，在取得成绩时不居功自满，当有过失时也不推卸责任。拼搏，就是努力奋进，在困难面前不低头，在失败面前不气馁，在坎坷路上往前走。奋力拼搏绝不可能是短期行为，需要用坚忍的毅力来维持，需要让坚定的信心来导航。凡成功人士都是敬业拼搏的典范，敬业拼搏是成功人士必备的品德素质之一，也是促使其实现成功的基本品质。

4. 意志顽强

意志顽强即意志刚强坚韧、不屈不挠、持之以恒。成功绝非一蹴而就，总会遇到各种问题、挑战和挫折，只有意志顽强才能坚守自己的理想信念，不怕困难与挫折，克服困苦与磨难，不轻言放弃、半途而废，持之以恒、不屈不挠，才能成就一番事业。"立志而无恒，终身事无成"，树立了志向却无恒心坚持实施，终将会一事无成。无数历史和经验证明，意志顽强是行动的强大动力，是克服困难的必要条件，是事业成功的重要保证。"行百里者半九十"，很多人就是因为没能坚持最后的"十里"而前功尽弃，以失败告终，悔不当初。意志顽强是成功人士必备的心理素质之一，也是促使其实现成功的根本品质。

5. 能力超常

能力超常即超出常人、出类拔萃的能力。能力超常是成功人士最显性的特征，也是成功素质最集中的体现。凡成功人士大多善于学习、优于沟通、精于管理、长于合作，具有旁人所不及的超常的个人能力。他们拥有比其他人更加敏锐的洞察力，能够及时发现身边瞬间即逝的机遇，并千方百计地牢牢把握和运用；他们具有比常人更强烈的学习欲望和钻研精神，不断丰富和更新自己的知识库，以满足创业和发展事业之需；他们求贤若渴、知人善用，能够给不同的人才确定适合的身价，并给予他们施展才华的合适舞台；他们具有卓越的领导协调能力，并能鼓励和带动团队成员、员工协同创新。能力超常是成功人士必备的能力素质，也是促使其实现成功的核心品质。

6. 创新突出

创新突出是成功人士所具有的突出的改变旧事物、探索和创造新事物的品质。创新突出具体包含创新意识、创新精神、创新能力等方面，如强烈的创新意识（创新欲望和兴趣、问题意识）、突出的创新精神（首创精神、科学精神、献身精神）、卓越的创新品格

(不惧权威、大胆质疑、坚忍的创新意志)、高超的创新能力(敏锐洞察力、独到思维力、创新实践能力)等。古往今来,凡成功者必须具有突出的创新素质。唯有不断创新,才能更好地为经济社会发展作出突出贡献,更好地实现人生价值。创新突出是成功人士必备的观念素质和能力素质之一,也是促使其实现成功的卓越品质。

成功素质的六大品质相互关联、相互促进,缺一不可,共同促进人们有价值的人生目标的实现。

志向高远是统领和导向。志向高远为个人追求和实现成功指明目标方向并且提供内生动力。欲成功,必须首先确立有价值的人生目标,也即树立高远的志向,这是个人追求和奋斗的目标与方向。只有在志向高远的前提下,个人才会敬业拼搏不断奋斗,才能充满自信不断提升能力,才能意志顽强不断克服前进道路上的困苦与磨难。也只有志向高远,永葆为国家为人民为集体做贡献的宏愿,才能有奉献担当的精神和境界。反之,若没有志向或者立志短浅,则会鼠目寸光,抱着万事无所谓的态度得过且过,自然也就不会敬业拼搏,能力得不到锻炼与提升,更不可能意志顽强、奉献担当,最终只能是虚度青春、蹉跎年华,导致碌碌无为的人生。一言以蔽之,唯有志向高远,才会有追求成功的方向与动力。所以志向高远居于成功素质的首要地位,是其他品质的前提和基础。

敬业拼搏、奉献担当、意志顽强是基础和保障。树立高远的志向后,就需要付诸实际行动,努力将美好的理想和愿景(也即有价值的人生目标)变成现实。敬业拼搏、奉献担当、意志顽强就是连接高远志向与现实成就的桥梁,个人只有具备敬业拼搏、奉献担当、意志顽强的优秀品质,才能积极行动、排除万难、努力奋斗、经受挫折磨练、克服艰难险阻,最终达成人生理想和目标。敬业拼搏意指全身心地投入并努力奋进,表现在工作中认真负责、兢兢业业、精益求精、全力以赴,是成功素质其他方面品质和一切行动的基础。奉献担当意指甘于付出并勇于担责,既然是奉献与付出,就需要超出常人或一般的努力,所以奉献担当往往以敬业拼搏为前提和基础,同时,勇于担责也往往意味着主动承担困难、面对矛盾甚至有所牺牲,所以常常需要意志顽强作保障。意志顽强意指坚韧不屈、持之以恒,是支撑个人实践行动的动力和保证。只有意志顽强才能坚守高远志向,才能真正敬业拼搏,才能奉献担当,才能成就一番事业。所以,敬业拼搏、奉献担当和意志顽强是个人追求和实现成功必须具备的品德素质和心理素质,对个人实现有价值的人生目标起到重要的促进和保障作用。

能力超常和创新突出是支柱。能力超常、创新突出为奉献担当、敬业拼搏提供条件和支持。敬业拼搏无疑是建立在能力之上的,倘若不具备相应的工作能力,光凭一腔热情的敬业拼搏终究是徒劳;奉献担当更需要以超常能力为基础和支撑,只有具备超常的能力才能敢于担当、敢于负责;在敬业拼搏、奉献担当的过程中,往往需要创新突出的加持,这样工作才更有效率,才能创造性地解决成功道路上的矛盾、困难、瓶颈、"卡脖子"难题等。此外,意志顽强本身还包含有超常的抗压与应对能力之意,同时它还能为能力超常和创新突出提供精神支持。换言之,敬业拼搏、奉献担当、意志顽强等都需要有超常的能力素质和创新素质的支撑和加持。

综上,志向高远、奉献担当、敬业拼搏、意志顽强、能力超常、创新突出六大品质相互联系、相互促进,共同构成个人完整的成功素质。个人的成功素质不是单项品质或单项素质，而是围绕实现个人有价值的人生目标的六个方面品质的集合体。对于个人追求和实现成功而言，这六大品质缺一不可，只有六大品质兼备，以志向高远为引领，以敬业拼搏、奉献担当、意志顽强为基础，以能力超常和创新突出为支柱，才能促使其有价值的人生目标的实现。

二、成功素质与观念、品德、能力、身体、心理五大基本素质的关系

素质是通过潜质潜能开发和知识内化创新形成的、决定人的外在表现的品质。人的品质包括基本品质和非基本品质。任何人的基本品质不外乎观念、品德、能力、身体和心理这五个方面，它们包含了人的基本品质的全部内容。人的这五大基本品质形成人的基本素质，这五种基本素质相互组合又可生成其他派生素质。观念素质是指个人已经内化了的世界观、人生观、价值观以及由这"三观"延伸出的政治观、社会观、历史观、国家观、法制观等观念方面的品质。品德素质是指个人通过品德知识内化创新而形成的品质，其内容主要体现在社会公德和职业道德两个方面。能力素质是指个人内化了的认识能力和实践能力。身体素质是先天因素和后天因素共同作用下形成的，表现在体态和机能、运动能力以及适应性等方面的人体品质。心理素质是以生理素质为基础，在实践活动中通过主体与客体的相互作用逐渐发展和形成的人的心理品质。它是以人的自我意识发展为核心，由需要、兴趣、动机、情感等智力和非智力因素有机结合而形成的复杂系统，如自我认知(自信、自豪)、心态(积极、乐观)、意志(刚强、果断、坚忍、毅力)及人格气质等。

成功素质是五大基本素质中的优秀素质。五大基本素质并不都是成功素质，只有五大基本素质中的和个人的人生目标相关联，促进其积极、有价值的人生目标实现的优秀品质，才能称作成功素质。如志向高远是个人在确立和坚守有价值的人生目标过程中的优秀的观念素质；奉献担当、敬业拼搏是个人在追求和实现积极、有价值人生目标过程中倚赖的优秀品德素质；意志顽强是个人在追求和实现积极、有价值人生目标过程中仰仗的优秀心理素质；能力超常是个人在追求和实现积极、有价值人生目标过程中依靠的优秀的能力素质；创新突出是个人在追求和实现积极、有价值人生目标过程中由优秀观念素质、品德素质和能力素质综合派生出的优秀品质。

三、成功素质与专业素质、通识素质、创新素质"三维素质"的关系

依据大学教育的特性，可以将大学生的素质分为专业素质、通识素质和创新素质，简称"三维素质"。专业素质是指具有专业特性的素质，主要包括专业观念素质、专业品德素质和专业能力素质。通识素质是指不具有专业特性但普遍适用于各种社会角色的素质，主要包括思想政治素质、社会公德素质、通识能力素质和基本身心素质。创新素质是指具有创新特性的素质，主要包括创新意识、创新精神、创新品格和创新能力。专业素质、通识素质和创新素质的"三维素质"是基于是否具有专业特性以及经济社会发展对人才素质结构的要求对大学生素质构成的一种划分。大学实施素质教育必须在"三维素质"教育上着力，以培养专业素质扎实、通识素质过硬、创新素质突出的高素质人才。

成功素质是个人具备的促使其积极、有价值的人生目标实现的优秀品质，当代经济社会发展规律及其对人才素质的要求决定了成功人才必须具备扎实的专业素质、过硬的通识

素质和突出的创新素质也即优异的"三维素质"。可见大学素质教育的培养目标和成功素质的构成内容是高度一致和相契合的。对于个人追求和实现成功的目的而言，成功素质的要求较一般人的"三维素质"要求更高，所以成功素质也是"三维素质"中的优秀素质，是促使个人实现成功所必备的扎实的专业素质、过硬的通识素质和突出的创新素质的集合体。如志向高远、奉献担当、敬业拼搏、意志顽强是个人实现成功所必备的优秀的通识素质，能力超常、创新突出是个人实现成功所必备的优秀的专业素质、通识素质和创新素质的集合体。

四、成功素质与失败因子

缺乏成功素质的人，往往自身都存在相对应的失败因子。

(一) 失败因子的概念

失败因子是指根本阻碍成功、导致失败的内在因素。

理解这一概念，需要把握以下要义：

1. 失败因子是内在因素

失败因子是人的内在品质，是其内在因素，这是对失败因子在质的上面的一种界定。作为内在品质，失败因子必然影响和决定人的外在表现，也影响和决定个人追求和实现成功的行为及结果。失败因子是内在因素，但人的内在因素则不一定是失败因子。

2. 失败因子是阻碍成功、导致失败的根本因素

失败因子从根本上阻碍成功、导致失败，这是对失败因子在功能和意义上的界定，也是判断个人的某种内在品质是否是失败因子的根本标准。也即是说，个人的内在因素不一定是失败因子，如性格孤僻、某些方面的能力欠缺、身体素质不够强壮等，若未能根本阻碍个人实现其积极、有价值的人生目标，未能直接导致其失败，则这些内在因素就不是其失败因子。个人的某种内在因素是否是失败因子要根据其人生目标来判断。如性格内向对于从事服务行业或公关工作的人来讲，就是失败因子，但如果从事科研工作，则不是失败因子。又如体质体能不行对于从事体育竞技的人来讲，就是失败因子，但如果立志文学或艺术创作，则不一定是失败因子。

(二) 失败因子的内容

与成功素质的六大品质相对应，失败因子主要有：

与志向高远品质相对应的失败因子主要有：目标缺失、目标错误、自卑、信念不坚定等；

与奉献担当品质相对应的失败因子主要有：不愿付出、畏首畏尾、明哲保身、患得患失等；

与敬业拼搏品质相对应的失败因子主要有：敷衍了事、消极怠工、不求进取等；

与意志顽强品质相对应的失败因子主要有：意志薄弱、遇难即退、一蹶不振、缺乏恒心等；

与能力超常品质相对应的失败因子主要有：把握机遇能力差、驾驭环境能力差、学习内化能力差及业务工作能力差等；

与创新突出品质相对应的失败因子主要有：缺乏创新兴趣、缺乏创新意识、缺乏创新

品格、缺乏创新思维、缺乏创新技能等。

（三）成功素质与失败因子的关系

任何事物都有其对立面，成功素质与失败因子是根本对立的概念。成功素质促使积极、有价值的人生目标的实现，决定成功；而失败因子根本阻碍积极、有价值人生目标的实现，导致失败。失败因子与成功素质是根本对立的，两者在一个系统内不能共存，是有我无他、有他无我的相互排斥的关系。失败因子排斥成功素质的养成与发展，成功素质的养成必须革除失败因子。如果不能革除失败因子，必将导致成功素质的缺失，进而导致失败。革除失败因子的主要途径就是要不断培养、锻造和提高成功素质，成功素质养成和提高了，失败因子也就消除了。所以，培养成功素质的过程也是消除失败因子的过程。

五、成功素质决定律

在同样的环境和机遇下，取得成功的决定因素是人们自身具有的成功素质。这一规律可称为"成功素质决定律"。

1. 成功素质是个人取得成功的内在因素

辩证唯物主义认为，事物变化发展是内因和外因共同起作用的结果，内因是事物变化发展的根据，外因是事物变化发展的条件，外因通过内因起作用。根据这一规律，成功即积极、有价值的人生目标的实现也是内因和外因共同作用的结果。对于个人的成功而言，成功素质无疑是内因，一定的环境与机遇都是外在条件，是外因。个人具有的成功素质决定其对环境的适应、改造与利用，决定其对机遇的洞察与把握。事实上，同样的环境和机遇下，只有部分或少数人取得了成功，充分说明作为内因的成功素质决定着能否成功。总之，是否具有成功素质是决定一个人能否成功的前提与基础，是判断一个人能否成功的根本依据。

2. 具有成功素质才能适应环境、选择环境、改造环境

环境有好坏之分，也有顺逆之别，不同的环境对人的发展以及追求和实现成功具有不同的影响。一般而言，"芝兰之室"有助于人的生存与发展，进而促进成功；而"鲍鱼之肆"一般会滞缓人的发展，进而阻碍成功。顺境和逆境是人生过程中的两种迥然不同的境遇。所谓顺境，指的是一种积极推动和促成人的发展的环境，包括优越的条件、顺利的处境、清廉的政局、良好的生态等。逆境，跟顺境正好相反，意指一种妨碍或不利于人的发展的环境，如恶劣环境、不利条件、困难险阻、不顺的境遇等。人总是处在一定的社会环境和自然环境中，当身处其中无论是维持生存还是发展事业，总感到困难重重、颇受掣肘时，这样的环境就是逆境。反之，当身处其中感觉到困难少、阻力小、资本厚、条件优、顺风顺水时，这样的环境就是顺境。一般而言，顺境更有利于追求和实现成功，逆境则不利于人的发展甚至阻碍成功。

但是，环境终究只是外因。环境这个外部条件必须与人相结合才能在人追求成功的过程中起作用。所处环境再优越，但自我素质不过硬，也不可能实现成功；相反，无论环境多么恶劣，个人自我素质达到一定的积累和高度，也能做出一番成就。对不具备成功素质的人来说，逆境必然摧残其心志、瓦解其斗志，即便优越的环境也能使其意志消沉，进取心减退，反而滞缓其发展；对于具备成功素质的人而言，即便恶劣的环境也能激发其斗

志、磨练其意志，转而成为追求和实现发展的有利因素，优越的环境自不必言，必定能大大加快其追求和实现成功的进程。总之，具有成功素质才能正确认识环境，才能积极适应环境、选择环境、改造环境，使环境为"我"所用，更好地服务于自身成功之路。

3. 具有成功素质才能洞察机遇、把握机遇

机遇作为有利于成功的外部条件，从表面看来是由外在因素决定的，但实质上机遇是外部环境和人的主观条件的有机结合。机遇中的外部环境只有通过人的主观内在条件而起作用，如果自己不努力，无德又少才，老是想着哪一天成功之果便会落到自己头上，那只能是永远不能实现的空想。而机遇的出现，对于不同的人同样有不同的结果。只有具备成功素质的人才能够敏锐地预测、洞察、发现机遇，并把握和利用好机遇，实现成功。志向远大才会有的放矢，做事业和生活中的有心人，才会善于观察与捕捉到有利的信息或条件，发现机遇；发现机遇后，只有能力超群，才能快速评估、果断决策进而果敢行动，从而把握和利用机遇。反之，不具备成功素质的人即使机遇来临，往往和机遇失之交臂。

综上，是否具备成功素质决定着能否适应和驾驭不断变化着的复杂的环境，能否发现和把握实现自身价值的机遇，能否在复杂的环境和发展机遇面前通过自身的努力获得成功。所以，成功素质是取得成功的决定因素。

六、成功素质培育的重要意义

(一)大学的根本使命是培养成功的人

根据成功的社会价值规律，追求和实现成功必然促进社会的进步和发展；成功值越高，对社会的促进作用就越大；追求和实现成功的人越多，社会发展就越快。从这个意义上来讲，无论是人类社会的进步，还是我国经济社会的发展，都迫切需要一批又一批成功的人，通过其追求和实现成功为社会发展乃至整个人类的进步创造价值，作出贡献。当今时代，随着以经济为基础、科技为先导的综合国力竞争日趋激烈，人才资源已成为关系国家竞争力强弱的基础性、核心性、战略性资源。我国经济社会发展迫切要求大学培养更多地追求和实现成功的人，为实现中华民族伟大复兴的中国梦提供强有力的人才支撑和智力支持。

使命是重大的任务或责任，是对一定主体必须承担的社会责任的一种认定，也是对该主体应有价值的一种判断和要求。大学的使命伴随大学的创建与生俱来，随着社会需求的变化，社会形态的发展，科学技术的进步，大学的使命在发展中不断的演变并赋予新的内涵。如果将大学的功能理解为大学的使命，大学从最初看重的人才培养，发展到人才培养与科学研究并重，再发展到人才培养、科学研究与社会服务三位一体，表明人们对大学使命的认识在不断深化。但自始至终，培养人才一直是大学的首要功能或根本使命。人才，是指具有一定的专业知识或专门技能，进行创造性劳动并对社会作出贡献的人。衡量人才的一个重要标准是看其能否在相应的领域贡献价值、取得成功。人才也即成功的人，所以大学的根本使命是培养成功的人。能否培养出一流的成功的人，是评价一所大学是否一流的重要标准。哈佛、剑桥、牛津等大学之所以被称为世界一流大学，关键就在于这些大学培养了大批政治家、科学家、企业家等成功的人。

大学以培养成功的人为根本使命，就要教育和引导学生正确把握成功的内涵和本质，

树立科学的成功观，不断培养提升自己的成功素质，积极努力地追求和实现成功，用自己追求成功的行为和成果为社会发展与进步做贡献。

(二)大学教育的根本任务是培育大学生的成功素质

大学教育的根本任务是由大学的根本使命决定的，也是成功素质决定律的必然演绎。

取得成功的决定因素是人们自身具有的成功素质，是成功素质决定律的最基本最核心的内涵。根据成功素质决定律，大学要想培养成功的人，就必须以培育大学生的成功素质为前提和基础。换言之，大学以培养成功的人为根本使命，要想教育、引导和促进学生追求和实现成功，培养成功的人，就必须以培育大学生的成功素质为根本任务。

大学教育以培育大学生的成功素质为根本任务，就是要帮助大学生克服和革除失败因子，进而促成大学生学业成功和就业成功，并为其创业成功和事业成功奠定素质基础。大学倘若不能有效培育大学生的成功素质，也就不可能培养成功人才。

(三)大学生学习的根本目标是锻造自身的成功素质

大学阶段是每个学生求学生涯的高级阶段。每个学生从进入大学学习之日起，就应该确立明确的学习目的，努力丰富自己的知识，锻炼自己的能力，修炼自己的品行，锤炼自己的体魄，从而毕业后继续深造或走向社会找到理想职业，进而实现个人价值和社会价值。毋庸置疑，走向成功是大学生学习的根本目的。

为实现成功的根本目的，锻造自身的成功素质必然成为大学生学习的根本目标。所以，大学生要在理解和掌握成功及成功素质基本理论的前提下，在了解成功的主要路径及其成功法则的基础上，积极主动地锻造自己志向高远、奉献担当、敬业拼搏、意志顽强、能力超常、创新突出的成功素质并努力革除与之相对应的失败因子，真正为走向成功奠基和创造条件。

上篇

成功法则

第一章 从研成功法则

从研即从事科学研究工作。从研成功是从研者的理想和追求，要取得从研成功，必须遵循从研成功的基本法则。

第一节 从研成功的主要表现

科学研究是探索认识自然、社会、思维及其客观规律的活动。我国教育部对科学研究的定义是："科学研究是指为了增进知识包括关于人类文化和社会的知识以及利用这些知识去发明新的技术而进行的系统的创造性工作。"（引百度百科）可见，科学研究既包括自然科学、人文社科和思维科学领域的基础科学与应用科学的研究，也包括新产品、新技术的发明研究。从研成功主要表现为发现、发明、创造及其成果得到认可。发现、发明、创造的价值越大，表明从研成功的层次越高。

一、科学发现

科学发现指科学研究活动中对未知事物或规律的揭示。即经过探索研究，一是认识或找到前人没有认识或看到的事物或事实。如原子的发现、微生物的发现、新病毒的发现、新大陆的发现、重大考古发现等；二是发现和揭示新的规律。如遗传基本原理、天体运动规律、物种进化规律、牛顿运动定律、人类社会发展规律等。随着科学技术的发展，人们对世界认识的手段和方法不断改进，必然带来对世界认识的广度和深度不断拓展和深化。科学发现不仅指人类认识以前尚未触摸和涉及的新领域，而且包括对现有认识领域中固有的并习以为常的知识进行有理有据的辩驳或考证，从而得出全新的论断。

根据不同的标准，可将科学发现划分为不同类型。依据学科领域的不同，可分为自然科学的发现和社会科学的发现。依据发现的价值不同，可分为重大发现和一般发现。依据发现方法的不同，可分为观察发现，即通过观察方法而导致的发现，如红移现象的发现；实验发现，即通过实验方法而导致的发现，如质子的发现。纯理性发现，即通过纯理性的方法而导致的发现，如相对论和行星运动三定律；非理性发现，即通过直觉、灵感、想象、顿悟等跳跃式思维方法而导致的发现，如苯环结构的发现。依据发现性质的不同，可分为革命性发现和拓展性发现。革命性发现即对事物产生全新的认识或对人们原有的认识产生颠覆性影响。如太阳中心说对地球中心说的颠覆等；拓展性发现即对系统内原有认识的深化、拓展和完善。如伴性遗传现象的发现、微生物系统中发现新的微生物等等。

科学发现最显著的特点是客观真实性，即任何对新事物和事物内在规律的认识都必须符合客观实际的真实状况。科学发现成果一般以公开发表的论文、研究报告学术专著的形式表现出来。

科学发现的重大意义：

其一，可推动人类进一步加深对世界的认识。认识世界和改造世界是人类进步的根本原因，也是科学研究的使命。重大科学发现往往也是人类进步的标志，人类要改造世界必须在科学发现建立新的理论依据基础上才能得以实现，科学发现是人类认识世界和改造世界的前提。世界是无限的，客观世界是普遍联系和发展变化的，其运动变化发展规律也是无穷尽的。现代科学发现的视野，已在宏观和微观领域大大拓展和加深，在各个领域中加强了对事物及其运动规律的探索，从而大大加深了对世界的认识。如人类对宇宙的认识经历了由模糊到清晰，简单到复杂，迷信到科学，肤浅到精深的过程。在古代，人们只能仰望夜空，用肉眼观察。随着近现代相对论等理论的提出及太空望远镜及人造卫星的出现，在探索宇宙的过程中，人类发现了太阳系以外的更广阔的宇宙空间，认识到地球只是宇宙中很小的一分子，对地球及宇宙的形成发展规律有了更深入的认识。在微观领域，通过一系列科学发现，人们对物质的认识水平从分子、原子、原子核、夸克等一步步深入。科学研究取得每一次重大的科学发现，都表明对世界的认识得到一定程度的拓展和加深。人类进入 20 世纪以后，科学发现新成果的高速增长。第二次世界大战后，科学发现的数量大约每 10 年翻一番。近 30 年中，科学发现的新成果比前 2000 多年的总和还多。科学发现带来了知识的高速增长。有人估测，世界知识在 19 世纪是每 50 年增加 1 倍，20 世纪中叶是每 10 年增加 1 倍，当今是 3 到 5 年增加 1 倍。科学发现的成功促进了人类知识的增长，不仅大大加深了人们对世界的认识，而且对于丰富人们的精神生活，推动思维方式的变革，更新人们的思想观念，破除迷信等具有重要意义。可见，近代科学诞生以来，科学上的新发现，使人类大大拓展和加深了对世界的认识。

其二，有利于人类加速改造世界，推动人类社会的文明进步。科学发现是发明创造的基础，发现和发明创造的区别在于，发现是对自然现象、事物及其规律的认识，发明创造都是在科学发现而创立成熟的理论成果基础上的创造出新技术或新产品，发现的对象是自然、社会、思维领域的现象及其规律，而发明创造的对象是技术方案或新的事物。任何重大的发明创造都是建立在科学发现而创立成熟的理论成果基础上的创造出新产品或新技术。如万有引力公式、宇航三定律的发现，促进了人造卫星、宇宙飞船等空间技术的发明；在电子发现及其光电理论建立的基础上，人们发明了一系列电气设备。电磁波的发现为后来无线电通信技术的发展开辟了道路。从电磁感应到发电机，从电磁波的实验到无线电技术的发展，这段科技历史雄辩地说明了科学发现对生产的巨大的能动作用，说明了科学发现是生产力的重要组成部分。当今世界，科学、技术、生产日益结合为统一体系科学技术化与技术科学化，使当代科学技术在物质生产中的地位和作用大大加强，已成为现代社会生产力发展的第一要素。科学发现往往走在生产的前面，为生产的发展开辟各种可能的途径，准备各种前提条件，形成了科学—技术—生产的发展顺序。从获得基础科学知识开始，经过发明创造，然后在生产上得到应用，并收到经济效益，这一全过程的周期也大大缩短，使科学发现迅速成为直接生产力，提升人类改造世界的能力。在当代，任何技术的发展离不开科学的突破和指导。科学发现与技术发明相互依赖，相互促进，紧密结合，导致了技术科学化和科学技术化的发展。可见，科学发现可催生技术发明和创造，促进社会生产力发展，进而有利于人类加速改造世界，推动人类社会的文明进步。

其三，重大的科学发现，往往催生重大理论的提出，带来某一专业、学科甚至整个科学的革命。现有的科学理论，无不是在重大科学发现基础上提出和建构的。如牛顿在发现三大运动规律基础上创立了经典力学理论。马克思在发现剩余价值和社会发展规律基础上创立了马克思主义。任何重大科学发现及其科学理论的创立都能够为科学大厦增砖添瓦。可见，重大价值的科学发现，必然会推动学科专业的发展甚至带来科学的革命。

二、技术发明

技术发明指利用成熟的理论研究成果设计或制造出新的技术方案或新产品。如对机械、装置、产品、技术、工艺、制度的研发、创新、改进的过程；在一般意义上，人们在技术活动中做出的有新颖性、先进性和实用性的创造和改进都属于技术发明；《中华人民共和国专利法》（以下简称《专利法》）对技术发明作了明确界定，《专利法》第二条规定："本法所称的发明创造是指发明、实用新型和外观设计"。发明是指对产品、方法或者其改进所提出的新的技术方案。实用新型是指对产品的形状、构造或者其结合所提出的适于实用的新的技术方案。外观设计是指对产品的形状、图案或者其结合以及色彩与形状、图案的结合所作出的富有美感并适于工业应用的新设计。可见，受国家法律保护的发明主要指对方法或产品及其形状、构造以及外观设计等方面的新的新的技术方案或新设计。根据《专利法》要求，发明必须具有新颖性、先进性和实用性特点。新颖性指提出了尚未公开的或前所未见的技术方案。先进性指新方案比原有技术在原理、结构特别是功能效益上优于现有技术，有显著进步，而不是细微的改进。实用性即价值性，包含适合国情的社会价值，对于违反国家法律、社会公德或妨害公共利益的发明创造，不授予专利权。当今社会，发明成果必须以取得专利证书、科技鉴定书、新产品鉴定书等形式表现出来。专利证书由国家知识产权局颁发。科技鉴定书（技术鉴定书）由国家及省市科委统一颁发。新产品鉴定书是相关研发部门及其主管单位组织专家对新产品从技术、经济和生产准备等方面进行全面评价，并确定能否定型生产的结论意见书。

按创新程度的不同，可将发明分为开创性技术发明和改进性技术发明两大类。开创性技术发明其新技术方案所依据的基本原理与已有技术有质的不同，又称基本技术发明。这类发明往往导致技术系统的根本性变革，其意义重大；改进性技术发明是在基本原理不变的情况下，对已有技术作程度不同的改变和补充，又称改良性技术发明。改进性技术发明可能以新的科学发现为前提，但在很多情况下是靠长期的经验积累和经验摸索。在技术发明中，数量最多的是改进型的。完善与基本技术有关的材料、结构、工艺和功能都会导致改进性技术发明。

技术发明的重大意义：

其一，有利于实现科学发现的价值，推动新的科学发现出现。科学发现的价值就在于推动人类社会的文明进步，而这种价值是通过技术发明实现的。技术发明不同于科学发现，科学发现主要是揭示未知事物的存在及其属性，而技术发明主要是利用科学发现基础上创立的科学理论制造出过去没有的事物或方案，以解决社会生产和生活中的某种问题，满足一定社会需要，让科学发现变成生产力，为社会创造物质精神财富，简而言之，一个回答"是什么""为什么"的问题；一个回答"做什么""怎么做"的问题；一个是认识出事物及客观固有的规律，一个是创造出人为的人造物与技术方案。技术发明本质上是以把科学发现的成果转化为直接生产力为宗旨，以改造世界、造福人类为目的，是将历史上某个时期的科学发现怎样变成人类文明的进程。它是人类能动地变革、改造自然客体，将认识世界和改造世界相统一的过程。没有发电机及灯泡等照明工具的发明，电子的发现及相关物理学理论就失去了意义。

技术发明不仅可使科学发现实现对于人类社会的推动作用，而且可使科学发现具备更科学更有效率的技术手段，推动新的科学发现成果的涌现，进而推动相关科学理论的发展。如射电望远镜的发明促进了人类对星空现象新的发现，推动了空间物理学说的发展；高能粒子对撞机的发明，不仅使人类可认识量子粒子的新规律，新粒子，促进物理新发现，而且能够验证现存的宇宙起源理论正确与否。20世纪后半叶科技发展的一个突出成就就是计算机的及互联网的发明，大大拓展了人类认识世界的广度和深度及认识世界的效率，深刻影响了人类的生产生活方式即人类文化的发展，伴随海量信息几乎无成本地全球流淌，伴随人与人、人与物、物与物之间囊括一起的连接，可极大促进科学发现新成果的产生。

其二，可满足不断增长的社会需要，解决各种困扰和难题，为社会创造出更大的物质精神财富，推动人类改造世界的进程。取得具有重大价值的发明成果，不仅可帮助企业解决关键的技术问题，取得自主知识产权，推动企业发展，更重要的是可为国家发展与强大和人类文明进步作出贡献。发明是技术和生产活动的起点，有了打制石器、人工取火的发明和应用，才开始了人类的文明历史。人类的文明史首先是一部发明创造史。在人类历史的进程中，发明起着决定性作用。古代社会的进步依赖于石器的磨制、冶铜炼铁、制陶晒砖和养蚕织丝等发明。18世纪蒸汽机、纺织机的发明，催生了产业革命。正是无线电、飞机、塑料、电视机、青霉素、计算机、DNA、人造卫星、器官移植、试管婴儿等一系列20世纪的重大发明，推动人类社会进入现代文明时代。今天，人类命运共同体迫切需要我们在对客观世界认识的广度和深度不断提升基础上，发明创造出更多的新产品和新技术，促进人类整体的生存环境和条件不断改善，幸福指数不断上升。在古代中国，具有享誉世界的"四大发明"。然而在近代社会中，多数重大发明产生于西方国家，致使我国积贫积弱，被动挨打。当今世界国与国之间的竞争，表面上是综合国力的较量，实质上就是科技水平的竞争，而技术发明是科技水平的重要标志。在中国特色社会主义建设中，任何人如果能够通过技术发明突破科技前沿的重大问题和"卡脖子"的关键技术问题，提高生产效率及产品质量，无疑就会为我国社会创造出更大的物质精神财富，使我国在激烈的国际竞争中立于不败之地。

三、科技创造

创造是人类有意识地对世界进行的探索性劳动。人们将两个或两个以上概念或事物按一定方式联系起来，主观制造出能被人普遍接受的事物，以达到某种目的的行为就是创造。简言之，科技创造就是指科学发现及技术发明基础上，把以前没有的理论或事物给创立或者制造出来。可见，创造是一种典型的人类能动性自主行为。

科技领域的创造主要包括两大类，一是创立科学理论。即在重大发现基础上提出和构建新理论、新学说。如经典力学理论、进化论、氧化学说、大陆漂移学说、相对论、马克思主义等；二是在科学理论和新发明基础上创造出新的事物。如某种新材料、新能源、新设备、新产品、新制度、新模式等。此外，诸如创办某种公司、创设某种环境、设立某种新机构、成立某种新组织、创造某种不平凡的效益、文学艺术作品的创作等，都不属于科技范畴的创造。

科技创造虽然与技术发明紧密联系，有很多共同特征，但也有区别，其中最显著的不同是，技术发明多表现为提出一种新的方法或新的技术解决方案，而科技创造则是在技术发明提出的技术解决方案基础上创造出新的事物，也就是说创造不再是抽象的图纸、思路或设计，而是具体的实物或事物，如某种新材料、新能源、新设备、新产品、新制度、新模式等。再者，技术发明不可能创立科学理论，而创立科学理论是科技创造的重要内容。

创造最突出的特点是首创、原创，具有独特性，一定是过去没有人做过，或者没有人做成功过的东西，是一种崭新的存在。模仿、仿造、模拟，在原有基础上改进、更新、革新、完善等，都不属于创造。

科技创造的重要意义：

其一，可使科学发现和技术发明的价值得以显现，同时也可促进更多的科学发现和技术发明成功成果的产生。科学发现是创立新的科学理论的基础，而创立科学理论是创造的重要内容。有新的科学发现而不能或尚未建构创立相应的理论学说，就不可能得到深入的论证、展示和检验，也无法得到社会承认，更不能指导社会实践，这些发现就可能胎死腹中，不能实现科学发现的价值。比如，如果牛顿只停留在万有引力的发现，不能创立经典力学理论，这种发现就失去了其重大价值；同样，有发明的新技术或新的方案而未能创造出新的事物或物品，可能成为纸上谈兵，技术发明就不可能转化为社会生产力，也不可能为社会创造财富，实现技术发明的价值。同时也得不到社会认可，因而就不能称之为成功。比如，如果只有人造卫星的方案或设计图纸，最终没有能够制造出人造卫星，就不可能彰显这种技术发明的价值。

科技创造不仅可使科学发现和技术发明的价值得以显现，而且对新的科学发现和技术发明成果的产生起到促进作用。人类在科学发现基础上创立的先进科学理论，可为更深更广地认识世界提供理论基础和指导。如，相对论和量子力学的提出给物理学带来了革命性的变化，它们共同奠定了现代物理学的基础。相对论极大地改变了人类对宇宙和自然的"常识性"观念，提出了"同时的相对性""四维时空""弯曲时空"等全新的概念。人类在技术发明基础上创造出很多认识世界和改造世界的设备、工具，可进一步促进产生更多具有更大价值的科学发现和技术发明成果。这样的例子举不胜举。

其二，推动人类社会文明进步和经济社会的发展。科技创造是人类文明的源泉和历史前进的动力，也是国家富强民族振兴的根本所在。一部人类历史，就是一部创造的历史，人类文明的每一次进步，都是靠创造活动的辉煌成就来推动的。人类社会经历了农业文明、工业文明发展到现代文明，无不源于创造。尤其是现代科技的突飞猛进，是科技创造的成果爆炸式增长，为社会生产力发展和人类的文明开辟了更为广阔的空间，有力地推动了经济和社会的发展。计算机、通信、生物医药、新材料等高科技企业的迅速增长，极大地提高了全球的产业技术水平，促进了工业、农业劳动生产率大幅度提高，有力地带动了社会经济的发展。科技创造也是人类文明的标志。现代无线电及互联网方面的科技创造成果的普及应用，为人类提供了广播、电视、电影、录像、网络等传播思想文化的新手段，使人类精神文明有了新的载体。同时，它对于丰富人们的文化生活，更新人们的思想观念等都具有重要意义。科技创造已经为人类创造了巨大的物质财富和精神财富。"科技是第一生产力"，科技创造是这一论断的依据。经济的发展、社会的进步、国家的富强、人民生活水平的提高，都与科技创造息息相关。我国要实现国家富强、民族振兴、人民幸福的"中国梦"，希望在于中华民族的奋发创造的大无畏精神和创造力的充分展现。只有充分发挥全体国民特别是科技工作者的创造性，中华民族才能立于不败之地。

四、成果得到认可

科研成果得到学界、政府和社会认可是从研成功的重要表现形式。科研成果获得认可主要有两种形式：

一是在权威学术期刊发表高水平学术论文或在高级别出版社出版学术专著，以及获得具有重大价值的专利证书、科技鉴定书、新产品鉴定书等证书或新产品(物品)样品、模型通过评审鉴定。

科学发现、技术发明及科技创造的成果主要表现为高水平学术论文或学术专著以及专利证书、科技鉴定书、新产品鉴定书或新产品(物品)样品、模型等。高水平学术论文或学术专著需要在权威学术期刊发表或高级别出版社出版，这需要通过严格的审稿程序，经相关领域权威专家学者的严格审查。专利证书、科技鉴定书、新产品鉴定书的获得或新产品(物品)样品通过评审鉴定，都需要按照《专利法》及相关政策法规的要求，按一定程序，由主管部门组织具有较高学术及技术水平的专家组成鉴定委员会对相关科技发明和科技创造成果进行严格的鉴定评审。是否具有"重大价值"体现在能否解决经济社会发展需要的关键问题，是否对相关领域的发展具有引领和促进作用。没有高水平学术论文或学术专著以及相关证书或评审鉴定意见，相关发现、发明、创造就不可能得社会承认，甚至可能被搁置而很快失去新颖性而变得过时，也不有利于社会认识和法律保护相关成果，使其转化为生产力，形成社会需要的物质精神财富。可见，在权威学术期刊发表学术论文或在高级别出版社出版学术专著，以及获得具有重大价值的专利证书、科技鉴定书、新产品鉴定书或新产品(物品)样品通过专家评审鉴定，是科研成果得到认可的重要表现，也是从研成功的重要表现。

二是获得高级别科研奖项以及获得高级专业技术职称或相应的学术称号。

为激励广大科技工作充分发挥积极性和主观能动性，攻坚克难，奋力创新，努力创造出一流的原创性科研成果，勇攀科学高峰，为表彰其有重大价值的研究成果，国家设立了多种科研成果奖项。自然科学方面如国家自然科学奖、国家技术发明奖、国家科学技术进步奖、国家最高科学技术奖、中华人民共和国国际科学技术合作奖等。人文社会方面如国家哲学社科规划办颁发的国家社会科学基金项目优秀成果奖、教育部设立的高等学校科学研究优秀成果(人文社会科学)奖等等。各省市及相关学术组织也设立了各种奖项。由于申请相关奖项需要经过严格的程序层次选拔，相关管理部门会组织专家对申请人提交的成果进行严格的评审鉴定，获得相关奖项无疑可视作从研成功。获得的奖项级别越高，表明其从研成功的程度越高。

高级专业技术职称是相关领域的主管部门对科技人员的专业技术水平以及科研成就认可的高等级称号，其范围涵盖国民经济的各行各业，如教授、研究员、高级工程师、主任医师、高级经济师、高级会计师等。学术称号是国家及相关学术组织授予或社会公认的具有突出能力和杰出贡献的科术工作者的荣誉称号。一定专业技术职称和学术称号的获得需要符合有关政策要求，按一定程序经过严格的评审、选拔，反映了学界及社会对科研工作者专业技术水平、研究成果及综合业绩的认可和肯定。没有相关科研成果和较突出的综合业绩，就不可能获取相应的职称和学术称号。因而获取较高专业技术职称和学术称号也是从研成功的一种重要的认可标志。获得职称和学术称号的层次越高，表明对其从研成功的认可度就越高。可见，获得高级别科研奖以及获得高级专业技术职称或相应的学术称号是从研成功的重要表现。

第二节　从研成功法则

要取得从研成功必须遵循以下法则。

一、真理法则

真理是客观事物及其规律在人的头脑中的正确反映，或者说是人们对客观事物及其发展规律的正确认识。人类对真理的不断追求，是人类社会不断发展和人自身发展完善的动力源泉和根本原因。

"真理法则"指从研者要取得成功必须以追求真理为根本遵循。其基本内容包括崇尚真理，坚持真理，探究真理。崇尚真理即视真理为最高尚、最尊贵和最有价值的追求目标，自觉将追求真理作为自己的毕生事业，甘愿为追求真理付出毕生精力；坚持真理即以"吾爱吾师，吾更爱真理"精神，不畏权威，敢于挣脱世俗、破除迷信，解放思想，不计名利，不怕牺牲，在任何情况下都能够坚持和捍卫真理，坚持实践是检验真理的唯一标准；探究真理即以探求真理为人生最大乐趣，从客观事实出发，实事求是，严谨治学，立足科学、大胆假设、扎实求证、反复推敲，严格验证，坚韧不拔，刻苦攻关，有所发现，有所发明，有所创造，有所前进，勇攀科学高峰。

遵循真理法则对于从研成功的重要意义：

只有遵循真理法则，才能获得重大的发现、发明、创造。

其一，只有遵循真理法则，才能树立崇尚真理的理念，以追求真理为科研工作的宗旨。要取得重大的发现、发明、创造，就必须崇尚真理，把握正确的研究方向。科学研究的本质就是探求真理。追求真理是任何科学研究的根本遵循和指向。遵循真理法则就必然会崇尚真理，视真理为最高尚、最尊贵和最有价值的追求目标，自觉将追求真理作为自己的毕生事业，甘愿为追求真理付出毕生精力。像钱学森、霍金等科学家那样，自觉为科学事业奉献一辈子；相反，背离追求真理的方向，科研工作就会因各种干扰而陷入迷茫的歧途，不可能取得重大的发现、发明、创造。

其二，只有遵循真理法则，才能在破除迷信，解放思想，在同各种谬误和阻力的斗争中坚持真理。要取得重大的发现、发明创造就必须坚持真理。在科学发展史中，很多重大的科学发现和发明都是科学家矢志不移地追求探索并与传统及谬误的斗争中产生的。如哥白尼提出的"日心说"，有力地打破了长期以来居于宗教统治地位的"地心说"，实现了天文学的根本变革。达尔文的进化论对物种起源和发展规律的揭示颠覆了传统的宗教神创论等。只有遵循真理法则，才能不畏权威，敢于挣脱世俗、破除迷信，解放思想，在任何情况下都能够坚持和捍卫真理，坚持实践是检验真理的唯一标准，突破传统思想的束缚，不唯书不唯上，不盲目崇拜权威，不随波逐流，敢于摆脱思维窠臼和路径依赖，大胆质疑，敢于批判，不为名利所累，不为表象所迷，甚至不怕牺牲，以探索真理为使命，在各种世俗和谬论的迷雾中坚持真理。相反，不能坚持真理，人云亦云，随波逐流，甚至为私利所驱使，畏惧权威就不可能发现真理，也不可能取得具有重大价值的发现、发明、创造。

其三，只有遵循真理法则，才能在科研工作中发挥主观能动性，不断潜心探究。重大发现、发明、创造都离不开科学工作者对真理的终身艰苦卓绝的探究，遵循真理法则，就能够使研究者自觉将追求真理作为毕生事业和人生最大快乐，越是接近真理，便越是发现真理的迷人，从而充分发挥主观能动性，永葆仰望星空、探求真理的好奇心，甘于清贫，乐于寂寞，意志顽强，纵有千难万险，遭受挫折失败，仍忠贞不渝，无怨无悔，立足科学、大胆假设，扎实求证、反复推敲，严格验证，坚韧不拔，刻苦攻关，勇攀科学高峰。并从中不断获得内在动力，发掘潜质潜能，奋力拼搏，勇往直前，敢于为发展科学、为人类进步事业而献身。相反，科技过程中如果不能潜心探究真理，就会轻率浮躁，瞻前顾后，或虎头蛇尾，骄傲自满，就不可能取得重大的发现、发明、创造。

其四，只有遵循真理法则，才能在科研工作中敢于创新，不断深化对客观事物及其规律的认识，发展真理。要取得重大的发现、发明、创造成果就必须根据发展变化的客观实际不断加深对真理的认识，发展真理。真理是绝对的，也是相对的，是绝对性和相对性的统一。事物是不断发展变化的，人们对真理的认识也必将随着客观实际的变化而发展。既然真理是人们对客观事物及其形成发展规律的正确认识，那么探求真理的根本途径是实事求是，即从不断变化的客观事实出发，探求事物的内部联系及其发展的规律性，认识事物的本质。毛泽东在《改造我们的学习》中指出："实事"就是客观存在着的一切事物，"是"就是客观事物的内部联系，即规律性，"求"就是我们去研究。习近平于2018年在两院院士大会上强调："在基础研究领域，包括一些应用科技领域，要尊重科学研究灵感瞬间性、方式随意性、路径不确定性的特点，允许科学家自由畅想、大胆假设、认真求证。"任何对真理的认识已经到达的高度也绝非顶峰，只有敢于突破、不断创新，才能开拓新域、攀至新高、抵达新境。只有遵循真理法则，才能根据发展变化的客观实际不断加深对真理的认识，勇于创新，敢于突破，发展真理，从而不断获得新的有价值的发现、发明、创造。

遵循真理法则的基本要求：

一是立志为追求真理奋斗终身。遵循真理法则首先应立志为真理奋斗终身，具备为真理献身的精神，自觉将追求真理与民族振兴与人类文明进步联系在一起，敢于坚持真理，将追求真理作为毕生事业。立下这种宏志就会产生追求真理的无穷力量，像无数科学家那样，为探究真理耗尽毕生精力而无怨无悔。没有这种志向，就可能沉湎于追求名利或享乐之中致使目标迷茫，很难战胜困难产生有价值的研究成果，更难达到科学的高峰。

二是始终贯彻科学精神。科学精神就是理性、唯实的精神，即科学研究自始至终必须从严格确定的客观事实出发，实事求是，求真务实，从感性认识、经验认识层次上升到理论认识层次，摒弃一切情感、情绪因素的干扰，不唯权威、不唯名利，反对"有用即真理"的实用主义，反对一知半解和夸夸其谈，反对主观臆断、揭穿虚伪和谬误，循序渐进、严谨治学。

三是扎实求证，严格验证。确定性或精确性是科学的显著特征之一，科学研究离不开科学假设和大胆预测，但必须正确反映客观实际及其规律，求实求真，不仅需要对事物进行准确的定性描述，而且要进行严格精确的定量分析，根据可重复、可检验原则，通过实验、实证反复验证成果的科学性。坚持实践是检验真理的唯一标准。正如科学家李四光所指出的，"真正的科学成果，是要经得起事实考验的"。

四是坚持开拓创新。开拓创新是科学的生命，科学活动的灵魂。真理不会停止前进的步伐，会在发展中不断显示无限生命力。任何真理都是绝对和相对的统一。人的认识具有反复性和无限性，科学精神就是求实、批判、创新的精神。因此，对真理的探究和认识必须随着客观事物和社会实践的发展变化而发展变化，不断发现和解决新问题，敢于创新和超越，用更新更有价值的研究成果发展真理。在追求真理的实践中，敢于质疑传统、权威，向其挑战，立足不断变化发展的客观事实探索真理，不断开拓创新，发展真理，不断创造出新颖有价值的研究成果。

五是淡泊名利，专心致志。追求真理是艰苦复杂而长期的工作，要实现目标及所追求的价值需要付出全部精力甚至穷尽毕生心血。在追求真理过程中要不考虑个人得失，不为身外声色犬马所诱惑，耐得住寂寞，守得住清贫，如同中共中央《关于进一步弘扬科学家精神加强作风和学风建设的意见》所要求的："潜心研究，静心笃志、心无旁骛、力戒浮躁，甘坐'冷板凳'，肯下'数十年磨一剑'的苦功夫。"要加强修养，自觉以古今中外仁人志士为榜样，内修于心，外修于行，"安于贫而乐于道"。像邓稼先、郭永怀、周光召、钱学森等"两弹一星"的功勋科学家那样，淡泊名利，甘于奉献，以有价值的科研成果报效国家、造福人类。

六是具有坚韧不拔的意志。探索真理没有免费的午餐。科学发展的历史表明，不管是自然科学、思维科学还是人文社科领域的研究，都会遇到种种意想不到的困难，都难免遭受无数次挫折和失败。因而要想探究真理必须具有坚韧不拔的顽强意志，咬定青山不放松，用精卫填海、水滴石穿的精神，朝着目标前进，生命不息，奋斗不止。华罗庚说过："面对悬崖峭壁，一百年也看不出一条缝来，但用斧凿，能进一寸进一寸，得进一尺进一尺，不断积累，飞跃必来，突破随之。"

七是严守学术道德规范。学术道德规范是科技创新的基石。如果有剽窃、抄袭、代写代投、买卖数据、实验外包等学术不端的想法和行为，就不可能取得真正的研究成果，反而会受到社会重责和良心谴责。因此在追求真理过程中，各个环节如项目申请、预实验研究、研究实施、结果报告、项目检查、执行过程管理、成果总结发表、评估审议、验收等，都必须坚持追求真理、实事求是，遵循科研伦理准则和学术规范，确保各种数据的真实性，尊重同行及其劳动，防止急功近利、浮躁浮夸，坚守诚信底线，自觉抵制学术不端行为。

二、科学法则

科学指"运用范畴、定理、定律等思维形式反映现实世界各种现象的本质的规律的知识体系"。（《辞海》1999 年版）同时也指使主观认识符合客观事实及其规律的科学研究活动。科学也通常被称作科学性。科学性就是符合客观实际的真实属性，主要指主观认识是否符合客观事实及其发展规律，是否符合逻辑。日常所说的某种说法或行为"是否科学"指的就是科学性。

"科学法则"是指要取得从研成功，就必须遵循科学研究规律，使整个研究活动具有科学性。逻辑性、系统性、实证性是科学研究规律的基本要求。逻辑性要求科学研究必须遵循客观世界和人类思维活动的发展规律，定义、判断、推理和论证恪守逻辑规则，具有程序性和严密性，主观认识符合研究对象的客观实际；系统性要求科学研究必须将研究对象相互作用、相互依赖的若干组成部分按一定秩序和内部联系结合成具有特定功能的有机整体，而且这个有机整体又是它从属的更大系统的组成部分；实证性要求科学研究必须从调查、观测或实验获取的足够数量的样本数据和资料中，探求事物的本质，归纳总结出带规律性的结论，科研成果经得起实证检验。"整个研究活动具有科学性"包括研究课题的科学性、研究过程的科学性、研究方法的科学性和研究成果的科学性。

遵循科学法则对于从研成功的重要意义：

其一，只有遵循科学法则才能保证选择正确的且具有重大价值的研究课题。科学研究是一个系统工程，研究方向和研究课题的选择是其龙头，直接关系到科学研究的成败和成果价值的大小。不同的选择必然导致不同的结果。研究方向和课题选择正确，就有可能实现研究目标和价值。遵循科学法则，就会以科学理论为指导，以事实为依据，紧贴学科发展前沿和社会重大关切，使课题既具有研究的必要性且价值较大又具有研究的可行性。相反，不能遵循科学法则正确选择研究课题，或选择错误而不能适时调整，就会越错越远，不可能成功。在科学研究实践中，有的人开始怀有浓厚兴致而中途半途而废；有的人穷尽毕生精力却一事无成，其重要原因之一，就是未能遵循科学法则正确选择研究方向和研究课题。

其二，只有遵循科学法则才能保证主体在研究过程中时刻严谨认真。遵循科学法则，就会对研究对象的"是什么""为什么""怎么办"的问题把握准确，概念清晰，判断准确，推理严谨，真实可靠，经得住实验和未来的检验。既能处处着眼于全局，又能每个细节一丝不苟，尽量避免因细节疏忽而失败。相反，违背科学法则，随意主观臆断，遮掩破绽，就不可能取得真正的研究成果。

其三，只有遵循科学法则，才能选择运用科学的研究方法保证又好又快地取得研究成果。研究方法的优劣及其应用水平，直接影响着科学研究的成效。如在自然科学研究中采取科学实验或借助科学观察工具，就能够根据研究的需要，在简化、纯化的状态下认识研究对象，有指向性地减少或消除各种可能影响事物变化无关因素的干扰，以发现、确认事物之间的因果联系，正确认识事物和揭示事物发展变化的规律。相反，如果不进行科学实验或借助科学观察工具，不可能较快实现研究目标。同样，社会科学研究如果不采取文献研究、社会调查、比较研究、实证研究等方法，就很难得出科学的结论。遵循科学法则，就能够根据研究方向和研究内容，选择运用科学的研究方法，将定性和定量研究相结合，保证又好又快地取得研究成果。

其四，只有遵循科学法则，才能保证研究成果的正确性和科学性。科学法则要求任何科研成果都要经过严格的试验验证，反复验证，确保检验数据准确充分，真实可靠，要客观冷静地观察验证结果，排除一切主观情感因素及现存经验或学说的干扰，正视事实，依赖数据，揭开层层假象，以获得对客观事物本质及其规律的正确认识。遵循科学法则，就会坚持实践是检验真理的唯一标准，将研究成果反复验证，在实践中从正反两个方面反复检验研究结论的正确性和普适性，确保科研成果符合客观事实及其发展规律，具有科学性。

遵循科学法则的基本要求：

一是在选择确定研究项目和课题方面，必须以科学理论为指导，以事实为依据，具有研究的必要性和研究的可行性。"以科学理论为指导"即必须坚持辩证唯物主义世界观，用普遍联系、变化发展、对立统一的观念看待世界万物。同时，还应以相关领域已有的科学理论为基础，不能与之相悖；"以事实为依据"就是要求研究项目的背景、研究的必要性和可行性、发现和提出的问题等都必须符合客观事实，包括现实事实和历史事实，不能凭空想象或主观臆断。提出的科学假说或预测一定以相当数量的事实、资料为依据，在此基础上通过思考，提炼、推导出具有预见性的科学问题；"研究的必要性"指能够积极应对人类社会发展有待认知和解决的重大问题，不断满足社会发展及人类认知发展的需要，研究的价值取向有利于人类文明进步而不是相反。如果从事毒品、生物病毒或电脑病毒、破坏人类生存自然环境等反人类的研究，显然不是正确的研究方向；"研究的可行性"即研究方向能够与人类现有认知手段和认知水平相适应且符合客观规律，是研究者长期学习思考具有一定积累或较深造诣的领域。如果选择以"地震控制""海水变油"等人类现有认知手段和认知水平难以解决或不符合客观规律的问题，或是自己并不熟悉的领域为研究项目，就不具有可行性。

二是在研究过程中必须唯真求实，严谨治学。思维要有严密的逻辑性、严密性、系统性。能够多视角观察和多方求证，对相关事物和概念进行精准定义，能够清晰厘清事物及概念之间的逻辑关系，判断准确，推理严密。能够严格遵循科学的操作程序，每一个细节无失误，确保研究过程做到程序性和精细化；客观冷静地观察求证，排除一切主观情感因素及现存经验或学说的干扰，正视事实，依赖事实，揭开层层假象，真正搞清楚"是什么""为什么"和"怎么办"的问题，切实有效解决问题。不为先入为主的观念或想当然及个人好恶所左右，以获得对客观事物本质及其规律的正确认识；要精益求精，注重细节处理，任何情况下都能够一丝不苟，不留瑕疵，追求尽善尽美；自觉克服急功近利、粗枝大叶、夸夸其谈、松散随意、主观臆断、遮掩破绽等与科学法则相悖的作风。

三是要善于选择运用科学的研究方法。要根据研究方向和研究内容，通过书本等媒体及导师或同行学习相关研究方法，认识其功能及重要性，掌握其要领，广泛吸收，博采众长；要积极参与和主动开展科学研究活动，在科学研究实践中有意识地探索和运用科学方法，熟悉相关研究方法的长短优劣，逐步使各种有用的研究方法运用自如，得心应手；要根据不同学科和研究课题的性质、特点、对象选择科学的研究方法。如在物理学领域，实验物理首先要考虑的是运用观察法和实验法，获得相关数据后再借助数学方法、统计方法进行加工整理，最后再分析数据，通过模型法、比较法等来得出一个科学结论。而理论物理则通常是建立假说，设计模型，然后通过动手实验、理想实验来验证假说；要学会多种研究方法的综合使用，优势互补，从多个角度来对问题进行全面的研究，从而得到科学的结论。总之，要根据特定研究对象和研究目标，利用或创造一定条件，正确选择恰当的研究途径、方式、工具和手段，探索掌握相关研究技巧，以取得事半功倍的研究效果。自然科学研究主要采取科学假设、科学实验等方法。社会科学研究主要采取文献研究、社会调查、比较研究、实证研究等方法。定性和定量研究相结合是各门科学研究的基本方法。

四是研究成果要经得起检验，具有科学性。要坚持实践是检验真理的唯一标准，成果能经得住反复验证，在实践中从正反两个方面反复检验研究结论的正确性和普适性，能够反映出研究对象的本质和内在规律。其概念、定义、论点正确，论据充分，实验材料、实验数据、实验结果真实可靠，所引用的历史事实、案例以及图表、数据、公式、符号、单位、专业术语和参考文献准确无误，前后一致。根据国家有关部门发布的《关于改进科学技术评价工作的决定》《科学技术评价办法》等文件，通过第三方评审鉴定，接受国际相关评价。自觉反对从本本出发和从个人主要思想情感出发来判断正误，反对凭印象或经验估计判断而缺乏铁的事实和精准数据证明。自然科学成果要用充分的科学实验数据说话，不同时空状态下的实验数据要准确充分，善于随时联系实证和实验结果发现问题，反思得失，及时整改或重新研究，随时纠正错误；要举一反三，善于在实验中捕捉新信息，发现新事物、新变化，并能够从已知信息中触类旁通，由一件事物推及其他事物，使成果更具有价值拓展性。

三、前沿法则

学科前沿是指某一学科中最能代表其发展趋势的相关学说或制约其发展的重大、关键性问题或难题。中国科学院科技战略咨询研究院、中国科学院文献情报中心联合每年发布研究前沿报告。如《2021研究前沿》报告中，遴选展示了在农业科学、植物学和动物学，生态与环境科学，地球科学，临床医学，生物科学，化学与材料科学，物理学，天文学与天体物理学，数学，信息科学，经济学、心理学及其他社会科学11个高度聚合的大学科领域中，较为活跃或发展迅速的110个热点前沿和61个新兴前沿问题，较为客观地反映了相关学科的前沿和发展趋势。

"前沿法则"指从研者只有站在和把握学科发展的最前列或顶端开展研究，才能取得成功。即要熟悉相关学科专业的国内国际发展动态，如证明什么问题，取得什么重大进展，有什么重大发现，出现什么新观点、新理论，出现什么新的实验设备及新的实验技术和方法等，进而把握学科专业前沿，紧贴前沿思考问题选择确定研究课题，进行学术创新或产品、技术创新，推动和促进学科专业发展。

遵循前沿法则对于从研成功的重要意义：

只有遵循前沿法则，才能取得有重大价值的发现、发明和创造。前沿是重大科研成果的摇篮。学科前沿不仅反映了某一学科中最能代表其发展趋势的相关学说或制约其发展的重大、关键性问题或难题，而且往往反映了社会发展需要关切和亟待解决的重大问题，其中蕴含着获得重大发现、发明和创造的机遇。遵循前沿法则可找到一些能够最能代表某一学科发展趋势的或制约其发展的重大、关键性问题或难题以及重大社会需要作为研究方向和研究课题，从而发现和把握成功机遇。一旦取得研究成果，不仅会建立新的理论学说，引发学科革命，极大推动学科建设和发展，而且可能在获得理论突破基础上产生重大发明、创造，解决社会需要解决的重大问题，为社会创造出巨大的物质和精神财富。在科研实践中，一些重大的发现、发明和创造的成果无不源于学科前沿。相反，不能遵循前沿发展，就会"吃别人吃过的馍"，不仅不可能取得重大研究成果，而且会使研究过程走弯路，研究成果过时而失去研究价值。

只有遵循前沿法则，才能打开研究视野，激发研究激情和兴趣。遵循前沿法则必然要去了解国内外相关学科专业研究状况的全貌，包括历史和现状及发展趋势，这可使研究者打开视野，突破现有眼光和思路，多视角考虑问题；同时，人们往往习惯于在悬念中索求原因和结果。前沿问题引发的悬念及其研究价值可极大调动研究者的主动性和积极性，激发他们探究问题的兴趣，研究思路，培养提升研究者的瞻前意识，促使其更新思维方式，或提出科学假说和预测，进而提高其创新能力。

遵循前沿法则的基本要求：

一是经常查阅相关政府组织或学术团体的官网，从中及时找到适合自己研究的前沿课题。现在已进入大数据时代，各种中文外文资源、常用资源、最新资源等专业数据库为研究者提供快捷便利的服务。如在网上搜索查阅近年来的中国科学院科技战略咨询研究院等单位联合每年向全球发布"研究前沿"报告，查阅政府有关部委发布的招标研究课题的课题指南，搜索查阅相关学科顶级权威学术期刊设置的学术动态或综述栏目等等，通过网络数据库可快速俯瞰相关领域的学术前沿状况和查找相关前沿问题。从国内外相关学术或行业组织及国家相关招标课题、自然科学领域具有世界意义的难题等途径了解前沿信息。

二是学会站在巨人肩头。前人特别是巨人的研究成果是学术研究者向高峰攀登的阶梯，任何学术研究成果都建立在相关学科专业已有的创新研究基础之上。要经常关注本学科领域的经典学术专著以及权威学者的最新论著或高水平学术论文，在吸收他人最新研究成果的基础上，结合自己的心得体会，敢于与国内外权威进行思想碰撞，在质疑中提高。同时要争取机会，创造条件，积极主动向名师请教，探讨，争取成为他们的学生。

三是积极参加相关学科研究的高端学术会议。各学科相关学术组织每年都会举办一些国际国内高端学术会议，会议报告及相关信息中往往透露出很多前沿信息，同时也可在其中接触和认识相关学术名人，找到获取名师指点的机会。要大胆推荐和展示自己，敢于交流发言，积极参与讨论，大胆阐述自己的学术观点，主动将自己融入学术氛围，在交流商榷中捕捉前沿信息。

四是积极开展社会调查，从社会实践、社会需求中了解前沿信息。恩格斯说："社会一旦有技术上的需要，则这种需要就会比十所大学更能把科学推向前进。"如在自然科学领域，人类关于宏观世界及微观世界新认识，以及社会发展对新能源、新材料、新技术等需求；在社会科学领域，如何应对人类命运共同体面临各种挑战等。这些社会实践和社会需求信息往往引发治学者的内在能动性，成为治学成功的动力源。要结合自己的研究思考和学术积淀，善于站在全局高度思考研究关键性问题或热点问题。

四、创新法则

创新是指发现尚未发现的或发明、创造从前没有的事物以及改进现有事物的活动。"创新法则"指从研者只有具备创新素质，坚持不断创新才能取得成功。"创新素质"指从研成功者所具备的一种改变旧事物，创造新事物，追求卓越的品质，包括创新意识、创新精神、创新品格、创新能力。其中的关键是创新思维。创新思维是人们突破既有经验的局限或常规思路的束缚，以新颖、独特的视觉和方法发现和解决问题，在现有理论和实践基础上寻求超越的思想活动，具有新颖性、独到性、突破性、超越性等特征。创新思维包括发散思维、逆向思维、想象思维、联想思维、超前思维、系统思维以及逻辑思维、辩证思维等主要方式。所谓"坚持不断创新"，即在科学研究过程中持续进行创新思维，不断发现新事物，提出新概念或新见解，建构新理论，发明新技术或新产品，创立新理论或创造新事物。

遵循创新法则对于从研成功的重要意义：

只有遵循创新法则，才能有所发现。世界是无限的，物质的运动变化也是无限的，在物质的运动变化中，孕育着无数新生事物，在各种事物的现象里面隐含相关的客观规律。科学研究只有遵循创新法则，才能在繁纷复杂的客观世界及其运动变化发展过程或习以为常的现象中提出新问题，找到适合自己的研究对象和研究课题，发现新事物和新规律；才能解放思想，敢于突破权威和思维定式的束缚，标新立异，找到解决问题的新思路和新方法，或正确预测事物的发展方向和轨迹；才能建构新的理论架构，产生新认识，发现新事物和新规律。没有创新，就会停留在人们现有的认识水平，不可能发现新的事物及其规律。人类社会的发展就是在不断创新中不断认识世界和改造世界的过程。

只有遵循创新法则，才能有所发明。技术发明就是利用成熟的理论研究成果制造的以前不存在的事物，或为满足人们新的需要，提出新的解决方案的过程。没有创新就意味着还是原有的东西或方案，就无所谓发明。可见，发明的本质就是创新，根据《专利法》要求，发明必须首先具备新颖性、先进性特点。新颖性指提出了尚未公开的或前所未见的技术方案。先进性指新方案比原有技术在原理、结构特别是功能效益上优于现有技术，有显著进步，而不是细微的改进。可见，开发新产品、新技术无一不是创新的结果。只有遵循创新法则，才能发现新的社会需求与现有产品及技术的矛盾，突破常规思维定式的束缚，发现问题，找到解决问题的突破口。只有遵循创新法则，才能运用科学原理解决技术领域中特有问题而提出创新性方案、方法或发明新产品。相反离开创新法则，就不可能取得新颖、有价值的发明成果，只能在前人的探索道路上亦步亦趋。一部科技发展史就是一部创新的历史，从蒸汽机的发明到汽车、火车、飞机的发明到今天人工智能的一系列发明无一不是创新的结果。

只有遵循创新法则，才能有所创造。其一，只有创新才能在重大发现基础上提出和构建新理论、新学说。人类在自然科学、思维科学和社会科学领域的一些重大理论的建立无一不是创新的结果。如经典力学理论、进化论、氧化学说、大陆漂移学说、相对论、马克思主义等，没有创新，就不可能突出和建构新的理论；其二，只有创新才能在科学理论和新发明基础上创造出新的事物。如某种新材料，新能源、新设备、新产品，新技术、新工艺、新制度、新模式等。没有创新，人类的社会生产和生活就会只能停留在过去，不可能创造无比辉煌的现代文明。总之，从研成功本质上就是创新的结果。遵循创新法则是从研成功的关键，正如习近平所指出的，"唯创新者进，唯创新者强，唯创新者胜"。

遵循创新法则的基本要求：

一是要培养创新意识，养成创新思维习惯。要有强烈的从研成功的意识和目标，具备强烈的创新欲望，对所接触的世界保持好奇心和问题意识，摆脱从众心理，不迷信书本知识，善于独立思考，在日常的学习、生活、实践中有意识寻找创新点，将新发现、新想法、新设想、新建议、新计划及时记录。

二是要加强创新的理论知识学习，熟悉和掌握各种创新理论知识和创新技法。在学习中应多向导师和专家请教，多与同行讨论交流，在不断学习中开发自身的潜质潜能，将书本知识和他人的经验内化于心，外化于行，提高自己的创新能力。

三是要勇立时代发展的潮流，把握国家发展和人类进步的需要，勇攀科学高峰。只有勇立时代发展的潮流，把握国家发展和人类进步的需要，勇攀科学高峰，科研创新才能具备大格局，产生大成果，中共中央办公厅国务院办公厅1919年6月印发的《关于进一步弘扬科学家精神加强作风和学风建设的意见》指出："大力弘扬勇攀高峰、敢为人先的创新精神。坚定敢为天下先的自信和勇气，面向世界科技前沿、面向经济主战场、面向国家重大需求、面向人民生命健康，抢占科技竞争和未来发展制高点。敢于提出新理论、开辟新领域、探寻新路径，不畏挫折、敢于试错，在独创独有上下功夫，在解决受制于人的重大瓶颈问题上强化担当作为。"每一个科研工作者，都应该有高度的使命感和责任感，在科研实践中弘扬科学家精神，自觉遵循创新法则。

四是要勇于创新实践，在实践中提高创新能力。如积极参与导师的科研项目，在比较熟悉的领域主动寻找选择课题撰写学术论文，自觉开展科技发现和发明活动，组织或参与科技兴趣小组并在其中多交流研讨等等，在创新实践中要学会精细观察，善于积累总结，进而启发思路，打开视野，开发自身潜质潜能，不断提高创新能力。爱迪生就是因为敢于创新实践，并善于在创新实践不断发现问题和寻求解决问题的思路，才取得了巨大成功。

五是敢于标新立异。尊重学术权威但不迷信，挣脱已取得的研究成果和以往研究经验的束缚，敢于挑战已有的定论，常带着质疑、批判的眼光提出问题，多视角审视问题，大胆想象，敢于做前人或别人没有做过的有价值的探索。

讨论——辩论

1. 举例说明，从研成功有哪些主要表现？
2. 举例说明，要取得从研成功必须遵循哪些从研成功法则？

第二章　从技成功法则

从技泛指从事专业技术类工作,主要包括从事工程、制造、运输、农林牧渔、信息技术、医护、经济、法律、教育、文化和旅游等领域的工作。从技成功是每一个从技者不懈的追求与理想,从技成功必须遵循从技成功法则。

第一节　从技成功的主要表现

体现从技成功的表现可以多视角分析,从质量上看从技者深耕技术、技能程度如何,从数量上看从技者创造发明技术、技能成果多少,从价值上看从技者被社会的认可度。总体来说,从技成功的主要表现有以下几个方面。

一、技术精湛

技术精湛是指从技者技术精深娴熟。技术岗位专业性强,从技者不仅需要学习系统的专业知识,还需要经过长时间的培训、模拟和实操才能胜任,如 IT 工程师、医生、教师、研发工程师等。正如习近平在庆祝"五一"国际劳动节大会上的讲话中指出:"一切劳动者,只要肯学肯干肯钻研,练就一身真本领,掌握一手好技术,就能立足岗位成长成才"。各行各业的从技者只有本领过硬、熟练地掌握一技之长,才能实现人生梦想、创造社会价值,取得从技成功。张俊廷是北京天坛医院神经外科主任,被誉为神经外科领域的"亚洲第一刀"。数不清多少次,他带领团队勇闯脑干肿瘤和颅底肿瘤疾病的"手术禁区",用手术刀与死神交锋,无数患者的生命被他挽救,无数家庭因他重拾欢笑,有患者康复后复诊时说:"别人都说我命硬,其实是张俊廷主任的本事硬啊。"他每年成功完成颅内复杂疑难性肿瘤及脊髓内肿瘤显微手术近 500 例,无论手术例数还是手术效果均居国际领先水平,令世界同行侧目,世界神经外科联合会前主席马吉德・萨米(Madjid Samii)教授曾在看过这些病例后评价"技术精湛!疗效满意!"他还开展过多项创新性的研究,从手术入路、显微手术操作技巧、神经功能保护到手术后病人的康复,总结出一整套的治疗常规和易于推广的临床经验,不仅在国际医学领域获得巨大反响,也为我国颅底肿瘤外科遇到的技术瓶颈作出了重大突破和杰出贡献,获得"首都十大健康卫士""最美医生"等诸多荣誉称号。

技术精湛是从技成功的标志。从技者只有熟练掌握岗位知识、练就精深娴熟的操作技术,才能在工作实践中解决关键技术难题,才能成为队伍中的核心骨干,取得从技成功。例如在医护领域,医护人员仅仅拥有慈悲之心是不够的,必须拥有精湛的医术才能解除患者的病痛,技术不精的医者只会使病人遭受更大的伤害。在信息技术领域,流行一句话

"前端开发易学、难精通,技术精湛的前端议价能力最高。"可见对于 IT 从业人员来说,技术熟练还不够,还需要不断深入学习,确保技术精湛,才能拿到更高的薪酬,技术不精的 IT 从业人员在如今科技日新月异的时代里容易被替代、被淘汰。在建筑工程领域,工程师必须有扎实的理论基础和高难度技术的操作能力,才能善于发现和解决一线技术问题从而保证工程质量,工程师如果没有精湛的技术傍身,那么其参与修建的桥梁、隧道、房屋等会导致出现工程质量问题。由此可见,技术精湛是从技成功的重要标志,技术不精的从技者一定无法取得从技成功。

技术精湛是从技成功的基石。从技者只有不畏挑战、不懈奋斗,不断提升专业本领、追求技术精湛,方能持续进步,成为同行业的领跑者,取得从技成功。反之,技术不精湛的从技者因为基础不牢,技术就难以更上一层楼,在行业中也容易被替代或者边缘化。如果所有从技者都技术不精,国家重点技术就无法持续发展进步,最终影响工程设施、电子设备、医疗技术等众多领域的生产及创新,导致诸如经济萎缩、人们的生活水平下降、疾病的治疗受到限制等负面影响,从技者们更无从谈起实现从技成功的目标。因此,从技者只有技术精湛,才能为从技成功奠定基石。

二、技能超群

技能超群是指从技者技术能力高超、出类拔萃。技能是把技术知识广泛应用到生活和工作中的能力,是往往依靠练习就能完成一定任务的才能。相较于更强调专业性、理论性的技术岗位,技能岗位实践性更强,特指一些操作性、生产性的基础岗位,比如驾驶员、测量工、电工、木匠、车间工人等。技能岗位的从技者一般经过短期的培训即可掌握技能,培训后在工作中即可熟练掌握和运用。近年来,党和政府倡导弘扬工匠精神,习近平高度重视技能型人才培养,在中国科学院第二十次院士大会上明确提出要"培养更多高素质技术技能人才、能工巧匠、大国工匠",还在致首届全国职业技能大赛的贺信中强调"大力弘扬工匠精神,激励更多劳动者特别是青年一代走技能成才、技能报国之路,培养更多高技能人才和大国工匠,为全面建设社会主义现代化国家提供有力人才保障"。被评选为 2022"大国工匠年度人物"的冯新岩是一位"电网医生",也是一位从技成功者。他的工作岗位专业技能要求独特——专职给超高压、特高压变电站的"心脏"做检查、做"手术",发现并消除变压器的设备隐患,确保电网安全稳定运行。他不仅能在百万伏特高压电磁环境下辨别出特高压核心部件的异常放电信号,分析出十亿分之一秒级别的数据差别,还自主研发高速采样装置和信号处理模块,提炼出一整套干扰识别的方法,掌握了设备内部放电精准识别技能,彻底改变这一领域依赖国外技术的局面。工作二十余年来,冯新岩凭借自己卓越、超群的技能累计发现设备重大缺陷 100 余次,避免因设备故障可能导致的损失超 10 亿元。如今他已成为国家电网特、超高压变压器检修的首席技术专家,荣获全国五一劳动奖章、"全国电力行业技术能手"等诸多荣誉称号,取得从技成功。

技能超群是提升核心竞争力取得成功的必经之路。当今时代,面对强大的竞争压力,从技者只有技能超群,才能提高个人核心竞争力,做到"人无我有,人有我优",才能确保自己在众多同行中脱颖而出,在职场中立于不败之地。从技者技能高超、出类拔萃,也就拥有比别人更胜一筹的本领，做到别人做不到的事情，就能成为众多从技者中的佼佼者。20 世纪美国作家菲茨杰拉德曾说："真正的一技之长，会让生活成功得多。"从技者的专业技能越强，其不可替代性越高，离成功就越近。反之，如果从技者碌碌无能，在自己所从事的领域内无足轻重，就经不住风吹雨打，随时会被别人抛在身后。因此，从技者只有不断提升自己的技能，做到卓越超群，才能不害怕被替代，不担心被淘汰，才能练就挑战高难度从技工作的信心和抵御未知风险的底气。

技能超群是从技成功的雄厚实力。从技者只要拥有出类拔萃的技能，哪怕身处最基础的岗位，也能成才、成功。据《庄子·养生主》载，庖丁是一名给文惠君宰牛的厨师。普通厨师不了解牛的内在组织，盲目用刀砍骨头，好的厨师虽可避开骨头，却免不了用刀去割筋肉，而庖丁则不然，他对牛生理上的天然结构、筋骨相连的间隙、骨节之间的窍穴了如指掌，凭借其游刃有余、神乎其技的"解牛术"实力为世人赞叹。当今，很多职业技术学校的毕业生凭借超群的技能水平而深受企业欢迎，成为企业急需的人才，成长为企业生产、经营、管理的骨干，不仅促进了企业的进步和发展，也为我国经济腾飞作出了自己应有的贡献，取得从技成功。

三、成果丰硕

成果丰硕是指从技者取得的成绩显著、成就非凡。例如工匠攻克技术难关，改进生产工艺，研发的产品获得国家奖项或专利；医生竭尽全力救死扶伤，在疾病预防治疗、医学人才培养、医学科技发展等方面作出贡献；律师靠扎实的法学功底为当事人争取到满意的案件结果，维护了社会的公平正义；教师教育科研成果丰富，培养的学生成人成才，实现了"桃李满天下"等。习近平 2014 年 9 月在北京师范大学代表座谈会上的讲话中指出："做老师，最好的回报是学生成人成才，桃李满天下。想想无数孩子在自己的教育下学到知识、学会做人、事业有成、生活幸福，那是何等让人舒心、让人骄傲的成就。"浙江省杭州学军中学前校长陈立群就是这样一位获得"桃李满天下"成就的教育领域从技者。他在花甲之年拒绝某民办中学开出的百万年薪，选择受聘担任贵州台江县民族中学校长，分文不取，扶贫支教，一干就是四年。在这四年当中，学校本科上线率从 10% 左右跃升至 79.2%，2200 名学生考上本科，走出贫瘠的大山。陈立群潜心育人、甘为人梯，将教育的种子播撒在大山，用爱点亮莘莘学子的希望，被国家授予"时代楷模""全国优秀共产党员"等荣誉称号，取得从技成功。

成果丰硕是衡量从技成功的基本标准。俄国世界级短篇小说巨匠契诃夫曾经说过："才能的被人认识不仅要靠才能的质量，而且也要凭才能所成就的数量。"技术与技能可以产生力量，但成果才能放出光彩。成果丰硕不是从技者从技的目的，但一定是衡量从技者从技情况的指标。价值交换原则表明，企业提供给客户产品、价值和服务，客户回馈给企业员工的是业绩和营业额。同理，从技者给企业或者所在的领域创造出丰硕的成果，企业或者领域才会给予到从技者应有的薪酬待遇和发展平台。从技者创造的成果愈多、成就越大，不仅自身获得的收益和回报越大，其从技成功的价值也越大。

成果丰硕是从技者赢得社会认可的前提。从技者凭借丰硕的成果得到社会认可，从而激发从技者的积极性，增强其自主创新的能力和战胜各方困难的信心。在管理学中，成果激励是一种重要的激励手段，是利用人们对于成就感的追求来激发人们的工作积极性的方法。取得丰硕的成果，可以充分调动从技者的积极性和创造性，进一步创造良好的从技环境，营造从技成果转化的整体氛围，激发市场活力。反之，如果从技者没有产出越来越多的成果，一方面可能会导致从技者无法得到社会充分认可，对社会发展贡献少；另一方面从技成果转化率也会变低，难以形成真正的生产力，造成社会资源的浪费。

四、社会赞誉

社会赞誉是指从技者成为各技术门类的优秀、高级乃至顶尖技术人才并得到行业与社会的高度认可，赢得相关赞誉或者荣誉称号。例如医生凭借其医学理论造诣深厚、学术成果斐然、医学思想或技术经验独到而被尊称为"名医"；工程师通过提出具有重大技术价值或开创性的研究问题、承担完成国家或省（部）级重大工程技术或研究项目、解决关键性的技术难题等而被评为"教授级高级工程师"；制造业、建筑业工匠用自己的灵巧双手匠心筑梦，追求职业技能的完美和极致，最终脱颖而出跻身"国宝级"技工行列，被评为"大国工匠年度人物"；教师因其学识渊博、教艺精湛、业绩超群而荣获"省级教学名师""国家级教学名师"等都是从技成功的体现。根据成功的程度不同，从技者往往会收获不同层级的社会认可或荣誉。其一，成为某一领域的行业专家。具体表现有成为某一单位或行业领域的技术人才，能够创造性地解决本行业技术难题，或者生产出优质的产品或制作精良的作品等。其二，成为地区或省市一级的杰出高级技术人才。主要表现包括：获省市级科学技术奖或专利，在同行中享有较高声誉；获得县市省级技术能手称号，在各级职业技能大赛获奖，例如杰出的农业类从技者在省级农业行业职业技能大赛中取得优异成绩而被授予省级"农业技术能手"称号等。其三，成为国内乃至国际顶级技术人才。如有重大发明创造或重大技术类革新成果，产生重大经济、社会效益；具有他人不可替代的绝技绝活，在积极挖掘和传承技术上作出重大贡献，产生较大社会影响；获国家科学技术进步奖或专利、世界级大赛奖、国家一类大赛奖，在同行中享有极高声誉等。如教育领域从技者荣获全球最大教育单项奖、有教育诺贝尔奖之称的"一丹奖"，建筑工程领域从技者荣获我国建筑设计领域的最高奖项"梁思成奖"等。

社会赞誉是从技者奋斗的目标和方向，更是一种驱动力。人生不能复制，精神却能共鸣。从技成功者的卓越技能和高尚品质不仅让人们感动追慕，也激励带动更多从技者们见贤思齐，把榜样的力量转化为实实在在的美好追求。社会赞誉有利于引导每一位从技者立足岗位做好本职工作，在今后的从技工作中树立坚定信念，以获得社会赞誉的从技成功者为榜样，锐意进取，奋发有为，在中国特色社会主义建设大业中建功立业、大有作为。

社会赞誉是从技成功的综合表现。社会赞誉对从技者个人来说是一种精神需求，能为他们带来巨大的精神动力。正如古罗马著名政治家西塞罗所说："一切有志于钻研的人，无不受着荣誉感的激励。"伟大出自平凡，平凡造就伟大，从技成功者往往和其获得的赞誉相得益彰。获得社会赞誉能进一步激发从技者的工作热情，鼓励其担当技术重任，促进其不断提升不断突破专业瓶颈技术，勇攀技术高峰，从而取得从技成功。

第二节 从技成功的法则

俗话说"没有规矩不成方圆"，这里的"规矩"就是指法则，世界上做成任何一件事情都要遵循一定的法则，所以，从技者要取得成功也应遵循自身的法则。从技成功的法则主要有以下三条。

一、勤学苦练法则

勤学苦练指认真学习，刻苦训练。勤学是做好诸事的前提。人非生而知之者，任何知识和技能都是"学而时习之"得来的。古训有云"一勤天下无难事，一懒世间万事休"，从技者只要肯学习，肯勤学上进，迟早都会出成绩。苦练是做好诸事的秘诀。正如《警世通言·勤奋篇》里所说"宝剑锋从磨砺出，梅花香自苦寒来"，从技者过硬的本领不可能唾手得来，也不是一蹴而就的，需要持之以恒，千锤百炼。

勤学苦练法则是指从技者只有坚持勤奋学习、保持刻苦训练，才能取得从技成功。

只有坚守勤学苦练法则，从技者才能提升技能、精进技术。日本"寿司之神"小野二郎有句名言："你必须穷尽一生磨炼技能，这就是成功的秘诀，也是让人家敬重的关键。"通往成功没有捷径可走，也没有顺风船可驶，从技者只有遵循勤学苦练法则，在勤奋学习中将一切有益的技术本领入脑入心、沉淀在血液里，才能在工作中为自己所用；只有在刻苦训练中修炼自我、追求卓越，才能不断提升自身技能，在新时代、新征程上展现新气象、新作为，抵达成功的彼岸。"勤学"旨在修炼内在修养，"苦练"旨在锻造实操技能。如果一直停留在理论学习而缺乏持之以恒的练习和实践相佐，从技者的能力提升和自身长进终将浮于"冰面"之上，未可窥见技术更深层次的"冰山"全貌；如果一味埋头苦练却没有理论学习作为基础打底，从技者的技术也终将经不起推敲和琢磨，容易一击即溃。从技者必须将"勤学"和"苦练"有机结合，二者缺一不可，方能提升技能、精进技术。反之，从技者如果不坚守勤学苦练法则，就没有过硬的技术傍身，技能也无法提升，一定无法取得从技成功。

只有坚守勤学苦练法则，从技者才能磨炼意志、超越自我。我国明代著名哲学家、教育家王阳明认为"人须在事上磨，方立得住；方能静亦定，动亦定"，意指真功夫一定来自事上磨练，不是作壁上观，更不是坐而论道。人必须在事上勤学苦练，才会取得成功。越是困难、复杂的从技工作，越能练胆魄、磨意志、长才干。而坚守勤学苦练法则正是锻炼从技者综合能力、磨砺其坚强意志的重要环节。从技者只有在勤学苦练中不断提高分析和解决实际问题的能力，练就敢于担当的"铁肩膀"，才能在攻克技术性难关时来之能战、战之必胜，才能不惧一时的挫折与失败，不断超越自我，取得从技成功。反之，从技者如果缺乏勤奋学习的态度和不畏辛劳的刻苦历练就一定会技艺不精，不仅造成技术发展缓慢或停滞，还会在面对从技工作的困难和挫折时缺乏顽强的意志力，容易轻言放弃、虎头蛇尾，无法实现从技成功的目标。

遵循勤学苦练法则要求从技者做到以下几点：

其一，吃苦耐劳，潜心钻研。吃苦不是指单纯的承受痛苦，吃苦耐劳的本质是长时间为了一件事聚焦的能力，是为了实现自己的目标坚持不懈地努力，以及在这个过程中忍受不被理解和孤独，即使自己身处泥潭，也不忘给自己增加更多的技能，一步步地走出困境；即使自己身处高位，也要勤奋上进，向更高的目标前进。可见吃苦耐劳的本质是一种自控能力和自制能力，以及坚持能力。全国五一劳动奖章获得者魏丽超是湖北时瑞达重型工程机械有限公司的一名焊接工人。焊接工最重要的就是手稳，为练稳定性，魏丽超每天早上第一件事就是蹲马步端砖：胳膊平举，两只手掌虚握，然后各放一块红砖，一端就是十几分钟。多年的吃苦耐劳造就了他在焊接时的极高稳定性，也让他坚信要想技术拔尖必须勤学苦练。别人每天练习焊接用 10 公斤焊条，而魏丽超每天练习能用 30 公斤焊条。在别人休息时，魏丽超常常找来一些废弃材料练习平焊、立焊、仰焊等技术。为追求更好的焊接质量，他经常偷偷跟老师傅的焊缝比，比不过就蹲旁边学，然后自己去操练琢磨，经常一蹲就是几个小时。这种吃苦耐劳、潜心钻研的精神正是魏丽超十年如一日与弧光焊花相伴的奋斗人生最真实的写照。凭借这种精神，他荣获"全国劳动模范"等诸多荣誉，取得从技成功。

其二，勤于思考，终身学习。从技者在吃苦耐劳的同时，还要勤动脑、善思考，有终身学习的态度和习惯，方能日有精进、事半功倍。事业上有建树的人都有一个共同特质：他们都是终身学习者，都勤于思考，对知识有着常人难以想象的渴求。全球著名的投资人巴菲特，如果你拿着计时器观察他，你会发现他醒来的一半时间是在看书，剩下的时间大部分用在跟一些非常有才华的人进行一对一的交谈，有时候是通过打电话，有时候是当面。从技成功离不开勤于思考、终身学习的加持。中国工程院院士、天津中医药大学校长张伯礼就是一位勤于思考、终身学习的榜样人物。作为医生，也作为教师，张伯礼一直坚守岗位，不仅长期在教学一线指导研究生、亲自给传承班当班主任，还利用自己的休息时间出诊，把医院和课堂作为临床实践和教育培养人才的基地。他早期从事舌诊研究时，根据项目需要购置了专业相机，自己学习摄影，仅舌诊照片就拍了几万张。现在年轻医生出门诊拍片子，他一眼就能看出年轻医生拍照动作的不对并耐心提醒纠正。他曾说"医生职业就是要终身学习。我今年都七十岁了，看了五十年的病了，但我每天还在学习，因为社会进步、医学发展太快了，不断有新知识需要我们学习掌握。"因此，除了自己的专业领域以外，他还自学了流体力学、统计学、中药栽培、制药工程学等。勤于思考、善于思考的张伯礼为国家的教育和科技进步特别是在中医教育、科研和管理等方面作出了突出贡献，先后获得"人民英雄""国医大师"等国家荣誉称号。

其三，千锤百炼，刻苦实操。从技者不仅要勤学，还应坚持刻苦训练以不断提高技能，用坚定的信念、顽强的意志，练就"玉经雕琢方成器"的韧性；要脚踏实地做起而行之的实干家，要摒弃得过且过的惰性，主动走出"舒适区"；要勇于接受实操的考验，在千锤百炼中练就一身真本领，方能取得从技成功。古诗有云"人才自古要养成，放使干霄战风雨"，意指谁都不可能轻轻松松地成才，只有多经受磨难、摔打，才能成为堪当重任的人才。"以技筑梦"的"名师"李粉霞就是这样一位从技成功者。多年来她坚守三尺讲台，攻坚克难屡创佳绩。曾经为备战全国首次数控技能大赛，入校仅 4 年的李粉霞不顾有孕在身，主动请缨备战比赛，她白天给学生上课，晚上在实验室苦练数控铣床加工技能，持续 5 个月的艰苦训练过后，李粉霞所在团队一举夺得山西省职工组第一名，"拼命三娘"的绰号也在校园中不胫而走。在接下来的三届比赛中，李粉霞和团队一鼓作气连续拿下三次第一。她常对青年教师说："打铁必须自身硬，要想学生'半桶水'，自己须先蓄满水，重复的事情认真做，以技服生，才配做职教教师。"李粉霞也因此获得"全国教书育人楷模""国家级教学名师""十大杰出知识女性"等荣誉称号，耀眼的不是这些称号，而是一个千锤百炼、永远向前的心。

二、精益求精法则

精益求精指一项工作本来做得已经很好，但还不满足，还要做得好上加好，做到极致。要成就一番事业，光有满腔热情和苦行僧似的坚持是远远不够的，如果真心想把工作做得令人满意，除了竭力做到极致之外，别无他法。

精益求精法则是指从技者只有秉持精益求精的态度，不满足于已经很好的现状，继续追求极致、追求尽善尽美，才能取得从技成功。

只有坚守精益求精法则，从技者才能用心把每一个细节做到极致。俄国著名作家列夫·托尔斯泰曾指出，人类的使命在于自强不息地追求完美。从古至今，大凡功勋卓著者，多是追求完美之人。俗话说"慢工出细活""细微之处见端倪"，天下大事，必做于细。要做好从技工作，就必须认真细致地做好每一个技术细节，追求每一个细节的极致，这样才能做到尽善尽美，而当无数个尽善尽美的细节得以完成时，自然就积累出巨大的成绩。反之，不秉持精益求精法则的从技者往往不注重细节，只追求短时的利益却忽略长远的未来，也难免自己给自己设限、得过且过或者消极应付从技工作，必然无法取得成功。在如今这样一个讲究效率的时代，不厌其烦地专注于一件事，并耐心处理好事情的每一处细节实属不易。可若是在从技工作中浅尝辄止，在工作还没有臻于完美的时候便匆匆了事，结果必然是错漏百出，不尽如人意。

只有坚守精益求精法则，从技者才能养成凡事追求极致的思维方式和工作习惯。秉持精益求精法则的意义不仅仅在于助益事业成功，若能使精益求精成为一种习惯，融入血液，从技者们往往更能收获生活的精彩。坚守精益求精法则不仅是从技者实现从技成功的制胜法宝，更是一种态度和思维方式，它坚持"持续改善"的原则，致力于以更高的标准进行工作、活动或思想。从技者如果要实现从技目标，那就必须将从技工作改进到最优状态。精益求精法则可以敦促从技者们将自身的潜力发挥到极致，以更高标准要求自己，不仅有助于从技者在事业上取得成功，还能养成凡事都精益求精、追求极致的工作习惯，从而处理问题时更加思虑周全，将生活打造得绚烂精致。反之，从技者如果抱着"差不多就好""敷衍一下"的人生和工作态度，放弃自我较真的狠劲，不把精益求精视为人生和从技追求，只会把自己原本理想的生活搞得一塌糊涂，一副好牌也打成烂牌，更无法实现从技成功的目标。

从技者践行精益求精法则，必须做到以下几点：

其一，坚持高标准严要求，拒绝"凑合"或"差不多"。古语有云："取乎其上，得乎其中；取乎其中，得乎其下；取乎其下，则无所得矣。"从技者要想把工作做好，做到极致，做到完美，首先就要以最高的标准要求自己。对细微之处计较，精益求精，才能将事情做到极致，也容易做成令人惊叹的产品。在"七一勋章"获得者、湖南华菱湘潭钢铁有限公司焊接顾问艾爱国的眼里，一把焊枪，能在眼镜架上"引线绣花"，能在紫铜锅炉里"修补缝纫"，也能给大型装备"把脉问诊"……不管什么材质的焊接件，多么复杂的工艺，基本没有拿不下的活儿，能工巧匠的世界从来没有"凑合""差不多"。一份调查资料显示，中国人平均每天都会说一句"差不多"。你问他们工作是否做好了，他们会说"差不多了"。对照标准检验时，他们会说"差不多就可以了"。这种"差不多先生"做事马马虎虎，不追求精益求精。可能只差一点点，而这一点点，慢慢会造成巨大的差别。所以，差不多就是差很多，差不多就是差一大截。从技者要想取得成功，就必须拒绝"凑合"或者"差不多"。

其二，不给自己设限，没有最好只有更好。从技者的技能水平一般是通过各自工种的技术等级来区别，例如通过理论知识考试和技术操作测试综合得出初级、中级、高级等职称，技术的评价等级虽有封顶，但从技者的技能却没有极限。三十余年来扎根一线的飞机钣金工孙滨生就是不给自己设限、追求技艺完美的从技成功者代表。"要干，就干精品，每一个钣金件制造，都力争将其做成艺术品。每当产品完好交付，或攻克了技术难题，内心非常自豪。"孙滨生常对人们这样说，也始终是这样干的。从技以来，他一直保持加工零件一次合格率均达100%，为国产直升机翱翔蓝天立下汗马功劳，更用自己的实际行动践行着"大国工匠"精神。永不满足现状，努力追求，永远不满足于现在的成绩，并坚信将来可以取得更大的成绩，这才是从技者该有的精神，这样从技者才能保持一颗永不满足的心，在成绩面前不骄傲、不自满，始终盯着下一次的目标，相信下一次会更好，一切的不可能才会变成可能。所有从技成功者都从来不给自己设限，而是精益求精、永无止境。

其三，不断磨炼技能，追求卓越。任何一个事情重复去做，就能成为专家；重复的事情用心做，就能成为赢家。从技者经过大量的练习，不断地磨炼，追求卓越至善境界，就能成为该领域的能手和专家。一方面，从技者要努力学习相关知识，不断夯实自己的基本功，不断提高技术本领；另一方面，从技者要不断追求卓越、苛求极致。北京2014年APEC峰会期间，我国送给各国元首的国礼之一是一份名为《和美》的纯银丝巾果盘，这份出自錾刻师孟剑锋的作品让世人都被中国古老的錾刻工艺惊艳。果盘有粗糙感，丝巾却有光感，想要在一块0.6毫米厚度的银片上展现一条栩栩如生的丝巾，让坚硬的金属展现丝质的效果实属不易。孟剑锋从不同角度进行上百万次的錾刻敲击。为用银丝做出支撑果盘的四个中国结，孟剑锋只能反复将银丝加热并迅速编织。银丝快速冷却变硬不可弯曲，需要无数次尝试才能成功。其他人可能会选择机械造出中国结底托再黏合上去，而他却无法容忍伴随机械制造而来的细小砂眼，也不愿违背纯手工的诺言："要把中国人五千年的文化传统在盘子上体现出来，必须追求极致。"所以，即使右手被烫出大泡，起了厚厚的茧，也丝毫没有动摇孟剑锋精益求精、不断追求极致的决心，最终完成这一精美作品，得到世人赞誉。

三、专注执着法则

专注执着指全部精力凝聚到认定的目标，并长久为实现这一目标而努力，不达目的誓不罢休，无怨无悔永不言弃。专注，意指内心笃定、专心致志、全神贯注；执着，意指对某一事物追求不止，长久坚持，永不放弃。俗话说，时间是陶冶匠人的熔炉，专注是成就大师的天梯。有记者曾专访袁隆平院士提问："科学家最大的特点是认真，做什么都非常认真，您内心对此是怎样的感受？"袁隆平院士回答："专注地做好一件事，无论它是大还是小，都用心去做。"

专注执着法则是指从技者只有具备专注执着的品质，集中精力、心无旁骛、持之以恒地投入于从技工作，才能取得从技成功。

只有坚守专注执着法则，从技者才能内心笃定，一心追求卓越，成为"大国工匠"。从技者把提升技能当作职责，全身心地投入、肯下苦功夫，这种着眼于从技细节的耐心、专注、坚持的精神，就是新时代所弘扬的工匠精神。再将工匠精神内化为一种习惯，从技者定能日日精进，在平凡岗位上干出不平凡的事业，取得从技成功。"心心在一艺，其艺必工；心心在一职，其职必举。"清代纪昀所著的《阅微草堂笔记》中这两句话是说，一心一意专注于某一件事的时候，他的工艺必定是精湛的；一心一意专注于某一职业的时候，他的职业一定是成功的。从古到今，但凡从技者，都离不开"心在一艺"，都离不开拥有凝神专注、深钻细研的工匠精神，他们对技能的追求甚至会如痴如醉。调查显示，现代一个稍微复杂的技术岗位胜任期需要操练 3~5 年，而灵活应对本岗位各种作业要求能力的具备，则需要 10 年以上的积累和磨炼。内心焦虑，行动浮躁而不秉持专注执着法则的从技者，往往只追求"短、平、快"（投资少、周期短、见效快）带来的即时利益，却忽略技术工作的灵魂，更无法取得从技成功。

只有坚守专注执着法则，从技者才能明确目标、倾心投入，成为行业翘楚。安心者有大艺，专心者成大事，痴迷者成大业。专注于心，执着于行的从技者会把自己的全部精力凝聚到自己认定的目标，一心一意走好自己的路，成为行业翘楚，最终取得从技成功。在林林总总的选择和五光十色的诱惑面前，从技者只有多一些专心致志，少一些心浮气躁；多一些持之以恒，少一些朝三暮四，才能将自己有限的精力专注到自己所从事的行业。只有干一行、爱一行、钻一行，日积月累方能成就伟业。当今互联网经济时代，人们的视野渐渐被碎片化的信息充满，闲暇时间大家不愿学习、不愿钻研，沉迷于手机，大量的时间被浪费，不多久就发现自己已经与成功失之交臂。信息科技吸引着人们的注意力，又把人们的注意力分散支离。每个人的信息储存容量都是有限的，想法越多，就越难抵制诱惑去专注和执着于一个目标。很多从技者不是因为他们的能力不够，而是因为他们把能力和注意力分散到太多的目标上，无法潜心于事业，最终导致从技失败。

遵循专注执着法则，从技者必须做到以下几点：

其一，设立目标，坚守目标。想要有所成就，一开始就必须不断地为自己设立明确的目标，如此才有专注工作的动力。《人民日报》在"每日金句"中写道："择一事终一生，执着专注。"人的能力各有不同，不可能样样在行、样样精通，只有认准一件事、再目标如一地做好一件事，才能成功。任何行业都是博大精深的，足够花费一生的精力去钻研和奋斗；而人的精力却是有限的，四面出击，这山望着那山高，则可能颗粒无收。清华大学政治学副教授刘瑜在《不确定的时代，教育的价值》演讲里提道："人生的目的并不是越高、越快、越多，而是找到适合自己的位置。"从技者确定自己的志向或目标，找准自己感兴趣的或擅长的领域或工种再"择一事终一生"，专注地干好该干的，才是成功。目标明确，不相干的不想不做，不去浪费时间；干自己能干的，不用去羡慕别人的岗位和薪酬，在自己的能力范围内做事情，才是踏实可靠的。没有奋斗目标、做不到目标始终如一的从技者，往往甘于平庸地生活着，面对突然的变故束手无策，只能随波逐流；而有目标并始终坚持朝目标前进的从技者，途中才会主动学习应对可能发生的一切，随着变化而变化，哪怕偶尔绕了弯路，最终也能走向成功。

其二，脚踏实地，心无旁骛。选准一个领域或一件事之后，就要脚踏实地、心无旁骛地践行。正所谓"艺痴者技必良"，古有战国墨家代表人物鲁班一生以制作齿锯梯器为追求、明末微雕家王叔远在寸木中能雕刻出栩栩如生的宫殿、人物、飞禽走兽；今有中国农民科学家吴吉昌为了周恩来总理的嘱托做棉花试验，"吃也想棉花，睡也想棉花"，日夜在棉田里观察研究，连吃饭都端着碗蹲地低头，日日夜夜坚持做实验，终于培育出棉花新品种，为祖国的农业发展作出巨大贡献，被国务院授予"全国劳动模范"等诸多荣誉称号。从技成功者都是脚踏实地，一步一个脚印，务实稳步地向成功逐渐迈去，坚持每天进步一点，最后达到成功的彼岸；失败的从技者哪怕再有才干，若缺乏脚踏实地、心无旁骛的精神，最终也会导致失败。

其三，锲而不舍，永不言败。做一个决定或立下一个目标是很容易的，难的是能否为这个决定或者目标进行锲而不舍、不惧失败的努力。很多人在年华老去的时候回首往事，内心总是充满感慨，只因为自己选择了放弃，所以也就选择了平庸的人生。其实，很多从技者离成功仅一步之遥，而这一步便是锲而不舍、永不言败。被誉为"中国律师界的良知""中国律师的良心"的新中国第一代律师张思之生前担任过很多重大案件的辩护律师，他不仅关注整个律师群体的权益保障，还关注国难民生、社会热点，曾在2003年以76岁高龄代理"郑恩宠"案、2004年代理"黎元江"案、2007年为轰动全国的"聂树斌案"向河北省高院递交申诉状。青年学者萧瀚评价说："我不知道在世界范围内还能否找到一位像张思之先生一样，几十年如一日地涉险办案，却从未气馁的律师。因为有了张思之，作为中国人的我们或许可以骄傲地声称，世界上最伟大的律师也许就在中国，而不在任何一个法治成熟的国家或者律师完全无以存在的国家。"一桩桩、一件件棘手案件的背后，张思之展露出来的都是一种知其不可为而为之的坚持和永不言败的信念。他面对的大多是极为困难或敏感的案件，这些辩护看起来毫无胜算，但他仍以徐徐努力博取渺渺希望，从未动摇过使用法律维护人权的坚定信念。正如他所说："律师的黄金时代还在远方向我们招手，为了这一天的临近，我们应坚持不懈，锲而不舍，百折不挠，在任何情况下都不发表告别词，都不说再见。"正是这种永不言败的执着，试图将一个又一个案件推向公正终点的不懈努力让张思之取得从技成功，也在业界被同行一致推崇。

📖 **思考题**

1. 举例说明从技成功的主要表现。
2. 举例说明从技成功必须遵循的从技成功法则。

第三章　从商成功法则

从商即从事生产经营管理类职业。从商成功是从商者的理想和追求，要取得从商成功必须遵循从商成功的基本法则。

第一节　从商成功的主要表现

从商成功主要表现为企业产生良好的效益，不断做大做强，创造出品牌效应，为经济社会发展作出贡献等。经济效益越高，发展势头越好，品牌效应越久，对社会贡献越大，表明从商成功的程度越高，成功的价值也越大。

一、良好的经济效益

经济效益是指资金占用、成本支出与纯利润之间的比较。即以尽量少的资金及综合成本取得尽量多的纯利润，或者以同等的资金和综合成本取得更多的纯利润。衡量经济效益的标准是企业纯利润的总量。在投入既定的情况下获得纯利润才能说明经营活动有效益，纯利润总量越大表明效益越好。若产生的纯利润为零或负值，则表明无效益或亏损。良好的经济效益，从短期看是指从商者在付出一定投入后，能够获得较大的纯利润。从长远看，表现为从商者能够在不断追加投入中追求利润的最大化。这是实现从商目标的前提，是一切从商活动的基本出发点。

经济效益反映的是从商者亏损或盈利的经营效果，是企业生存和发展的基础。只有持续产生良好的经济效益，才能使企业具有经济积累，形成再次生产经营的能力，获得生存的经济基础；才可能扩大生产经营规模，有能力在各方面不断创新，进而增强企业的市场竞争力，奠定和不断增强可持续发展的基础；才能充分发掘和利用有限的资源创造更多的社会财富，满足人民不断增长的物质文化生活需要。相反，没有产生效益或效益不能持续，就会导致创业者或市场经营主体破产，从商成功就无从谈起。比如，有些中国企业在取得一定效益后，跟风盲目投资海外市场，因缺乏对海外投资环境的透彻了解及市场调查等多种原因，结果投资巨大，旷日持久，成为烂尾工程，非但不能创造经济效益，而且不断亏损，进而导致投资失败。任何从商成功首先表现为产生了良好的经济效益。没有经济效益企业就不能生成和发展。不管是创业还是守业，不管经济实体的大小，产生和提高效益是第一位的。在合法经营下，效益越好，持续越久，表明从商成功的程度就越高。

二、持续做大做强

"做大做强"这里指从商者使企业的盈利持续增长和实力的不断提升，在已领先的竞争领域和未来扩张的经营环境中不断可持续发展。"做大"即生产经营规模不断扩张，从业人员、营业收入、资产总额等持续增长，市场占有率越来越高，企业由微、小型不断扩大到中、大型或特大、超大型。"做强"即企业的实力不断增强。企业的实力包括硬实力和软实力。"硬实力"是指看得见、摸得着的实力，如一个企业的经济体量、人才队伍、科技力量、创新能力等，主要表现为企业的核心竞争力不断增强，市场占有率足够高，拥有自有知识产权和知名品牌，具有价格话语权，在激烈竞争中具有难以撼动的地位，成为行业的龙头企业或地区、国家的产业支柱，抑或成为具有国际影响的知名企业；"软实力"作为企业实力的重要组成部分，指一个企业特有的经营理念、企业精神和企业文化及其所产生的吸引力、感召力、亲和力、凝聚力等无形的影响力，这种影响力既作用于企业内部全体员工，使全体员工的整体素质及工作质量不断提高，也作用于市场广大用户，使企业及其产品和服务的品牌效应不断增强，进而促进企业可持续发展。

企业"做大做强"关键在于做强。尽管企业"做大"是"做强"的前提和基础，没有一定的经济规模或体量，就缺乏做强的实力。但如果企业只追求做大，盲目搞规模扩张，不能尽力不断增强自己的硬实力或软实力，重视做大而忽视做强，就可能在激烈竞争中被淘汰，导致倒闭破产。如当年的创业明星"巨人"集团、绿丹兰集团，都是在创业辉煌期盲目扩张做大，不注重夯实基础，大力发展和不断增强企业的核心竞争力，做大而不能做强，最终都在十年左右从辉煌走向失败。

企业做大做强表明了从商成功。其一，做大做强可使企业在激烈竞争中立于不败之地。创办企业是一件不容易的事，而要取得发展，持续做大做强，面临的困难和挑战会更多。企业不断做大做强，获得可持续发展，表明企业的经济基础不断增强，其经营效益越来越好，企业充满生机活力，已具备克服困难的抗压和抗风险能力，具有很强的竞争能力，能够协调好内外部环境，整合各种因素，合理利用各方面资源，既发展又不盲目扩张和恶性膨胀，使企业的发展又好又快。

其二，企业做大做强可为社会作出更大贡献，更大限度地实现从商的价值。从商成功最终表现为能够为社会经济发展作出贡献，这也是从商的价值所在。企业不断做大做强，必然以更新、更多、更好的产品和服务为社会创造出更多的物质财富和精神财富，促进经济繁荣和社会发展。中国华为的创始人任正非及其团队，将一个诞生在一间破旧厂房里的小公司，从2万元资金起步，在激烈的市场竞争中甚至国外资本的打压下不断做大做强，只用了20多年就跻身世界500强，改写了中国乃至世界通信制造业的历史，成为从商成功的典型案例之一。可见，企业发展势头越好，规模越大，实力越强，表明从商成功的程度就越高，价值越大。而那些虽然初创成功，取得了短期效益，或者获得了短暂扩张，而结果昙花一现，销声匿迹的企业，就不能称之为从商成功。

三、创造出知名品牌

品牌是指消费者对某经营实体及其相关产品的质量、售后服务、文化价值的认知和信任程度。品牌源于市场的高度认可。人们在接触商品、服务以及使用过程中，通过与心目中已经熟悉的同类商品和服务对比，形成对某种商品和服务及相关经营实体的识别印象和评价，逐步上升为很信任的感受。当这种信任感受在一定范围形成共识时，相关产品和企业就形成了某种品牌。根据不同标准，可将品牌分为不同类型。如根据品牌性质不同，可分为制造商品牌、分销商的或自有品牌以及混合品牌；根据品牌是否具有自主知识产权，可分为境内自主品牌、境内收购品牌、境外品牌（贴牌生产）；根据品牌的知名度和辐射区域范围，可分为地区品牌、国内品牌、国际品牌。知名品牌是指那些获得市场高度认可，具有很高很广的知名度，能够产生长久的良好品牌效应的品牌。品牌效应也称品牌优势，是指由品牌为企业发展带来的好处。品牌效应可使企业拥有的市场更大更持久，卖得更多、卖得更贵，产生更大效益，从而在激烈的市场竞争中通过品牌优势站住脚跟，并促进企业在经营管理和质量、服务上更加精益求精，进一步做大做强。

能够创造出具知名品牌，是从商成功的突出表现。在科学技术高速发展、社会不断进步，人们对产品的质量要求不断提升的当今社会，从商者只有通过采用先进的科学技术，不断改进和完善自己的产品和服务，提高质量，进而创造出市场高度认可的品牌并保持持续的品牌效应，才能赢得客户和市场的认可，在激烈的竞争中保持优势，从而为企业带来更大的效益。在我国，由于劳动力成本逐年上升，"人口红利"逐渐消失，劳动密集型产业逐渐失去比较优势，企业要获得可持续发展就必须依靠科技创新和技术进步实现转型升级，创造出自己的品牌。特别是具有企业自主知识产权的品牌，既是企业自主创新成果的标志，也可为企业品牌提供法律保护和技术支持支撑。知名企业无不拥有自己的品牌。如华为、海尔等等。企业生产产品，客户购买品牌。产品可以被竞争对手复制，也可能很快过时，而知名品牌能够使企业长期占有市场，为企业带来持续的经济效益。我国每年都会发布一些有关企业或产品的品牌荣誉称号，如《中国名优产品》《中国著名（驰名）品牌》《中国3·15消费者可信赖产品》《中国××行业知名品牌》等。同时，每年《福布斯》杂志、WPP都会发布全球品牌价值排行榜。获得这些国家荣誉或上了此排行榜的企业无疑表明取得很大成功。企业创造出知名品牌，表明企业具备了较强的经济基础和创新能力，具有某种核心技术，能够在激烈的科技竞争、人才竞争和市场竞争占有优势，极大增强企业信誉，带来丰厚的利润回报，进而促进其跨越发展。

四、为经济社会发展作出贡献

从商成功的根本标志是能够为经济社会发展作出贡献，包括为所在地区的经济社会发展作出贡献、为国家经济社会发展作出贡献、为人类社会的文明进步作出贡献。贡献越大，表明从商成功的层次越高，价值越大。

企业是推动经济社会发展的主干力量，特别是大型和特大型企业是一个国家经济社会发展的主体。企业不管规模大小，只要为经济社会发展作出一定贡献，就能够在一定程度上体现企业价值，就会得到政府和全社会的认可，表明其取得了一定程度的成功。其贡献主要表现为：一是促进就业。企业的发展，必然要利用社会的人力资源，这就会为社会提供更多的就业岗位，缓解社会就业难问题，特别是残疾人、下岗再就业人群、农民工和高校应届毕业生群体的就业问题。二是促进消费。企业的经营商务活动、研发活动必然带来生产、管理、销售、服务等配套消费。企业员工的生活必然带来所在地生活消费量的增加。同时，企业创造的产品和服务也必然促进社会的消费。三是增加税收。企业按相关规定向地方和国家缴纳的税费以及企业员工缴纳的税费，必然增加地方财政收入和国家的财政实力。四是促进经济发展。企业的发展必然扩大所在区域和国家的经济总量，提高一定地区和国家的 GDP 和经济社会发展水平，增强国家经济发展总量和综合国力。作为行业或地方的龙头企业或国家的产业支柱，不仅会解决国家面临的重大挑战或国计民生的重大问题，还会带动地方产业链，推动行业发展，提高第三产业结构水平和区域经济竞争力。五是促进科技进步。一些国家支柱企业面向国家重大战略需求，通过科技创新解决国家发展的"瓶颈"问题，抢占科技竞争和未来发展制高点，提高国家的核心竞争力，使国家在国际竞争中立于不败之地。一些特大型、超大型企业特别是代表世界科技发展水平的高科技企业，不仅深刻地改变了自己的国家，也深刻地影响了世界。六是反哺社会。企业通过慈善捐款等公益事业反哺回馈社会。特别是在地方和国家碰到大型灾难及重大事件的危急时刻，企业能够在第一时间作出快速支援响应，为应对重大自然灾害及保卫国家提供经济科技支撑。七是促进社会文化和生态建设。一些代表世界科技发展水平和人类消费方向的企业，通过不断创新产品和服务及正能量企业文化为社会创造出更多的物质文明和精神文明，进而引领社会消费文化和正确的消费方向，改变人们的生活方式和习惯，推动社会文明的不断进步。同时，很多企业在发展过程中注意处理好人与自然的关系，采取有力措施减少环境污染，自觉保护生态环境，促进了人类社会的可持续发展。

任何企业的发展都有一个从小到大的过程，从商成功的层次和价值也会随之不断提高。不管企业大小，只要在追求效益，持续做大做强过程中心系社会，锲而不舍，不断满足社会日益发展的生产生活需要，自觉保护生态环境，为社会作出不同层次的贡献，都会促进经济社会的发展，从而得到社会和政府的认可，都可称之为从商成功。

第二节　从商成功法则

从商者要取得成功，必须遵循如下基本法则。

一、质量法则

质量概念的内涵十分丰富，随着科学技术和经济社会的发展，人们对质量概念的认识也不断发展和深化，国内外很多质量管理专家对质量概念作了多种大同小异的界定。国际标准化组织(ISO)2005 年颁布的 ISO9000：2005《质量管理体系基础和术语》中对质量的定义是：一组固有特性满足要求的程度。所谓"满足要求的程度"，一是指符合现行标准的程度，二是指适合顾客需要的程度。质量不仅指产品质量，还包括服务质量。产品质量指产品满足规定需要和潜在需要的特性总和，其"固有特性"归纳起来一般有六个方面，即性能可靠性、耐用性、维修性、安全性、适应性、经济性；服务质量指服务工作能够满足被服务者需求的程度，其"固有特性"包括服务的功能性、经济性、安全性、时间性、舒适性、文明性、连贯性等。当某种产品和服务达到规定的质量标准要求并满足其目标顾客的期望时，其质量就可认为是达到了优良水平。

"质量法则"是指从商者要取得成功必须坚持以质量为中心。即企业的生产、销售及一切经营管理活动必须以保证质量为底线，以不断提高质量为目标追求，坚持质量第一，以质量求生存，以质量求发展，用质量赶超世界同行业先进水平。

遵循质量法则对于从商成功的重要意义：

其一，质量决定市场。质量是企业在竞争中制胜的法宝。市场竞争实质上是产品和服务质量的竞争。没有质量，消费者就不会买单，产品和服务也就不可能获得用户认可，因而就不可能形成市场，已经拥有的市场也会消失。没有市场就没有经营效益，企业就不可能生存，更谈不上发展。可见，如果不能保证质量，企业必然被市场淘汰而破产，从商就必然失败，不可能取得成功。

其二，质量产生品牌。品牌说到底是因产品和服务的质量而形成的。没有质量保证，就不可能形成品牌效应，也不可能为企业带来更大效益。质量事故也可使已有品牌毁于一旦。张瑞敏怒砸不合格冰箱，凭着这样的态度把"海尔"品牌做成了中国唯一入选全球最具价值的 500 强品牌之一。相反，三鹿奶粉因质量问题伤害了婴幼儿，震惊国人，使其作为当时的名牌产品一夜间声名狼藉被唾弃。

其三，质量体现价值。质量好的产品和服务不仅可以为企业带来更多的经济效益，也是企业及企业家社会价值的重要体现。一种质量过硬的产品可为用户带来舒适和愉悦，同时也造福社会，成为社会和谐稳定及文明幸福的重要因素。相反，质量不能保证，如产品质量不能保证安全使用，就会为用户和国家带来重大财产和人身安全损失，相关产品及其企业就失去了价值。

综上可见，质量是企业的生命线，质量法则是市场经济的根本法则，也是从商成功的根本法则。

遵循质量法则的基本要求：

一是要强化质量意识。生产经营者真正树立"质量第一"的指导思想，提高全员质量意识，坚决纠正片面追求产值、利润，忽视质量和社会经济效益的倾向，教育全体员工自觉维护企业质量信誉。

二是尽量达到相关质量标准。要自觉贯彻国家颁布的一系列关于产品质量的文件精神，并以此为方针，加强质量管理，从决策层到管理者到具体生产经营者都要熟知并坚决执行相关质量标准，坚持长期开展产品质量"达标"活动，使产品和服务达到规定的质量标准。严格执行《工业产品质量责任条例》《食品卫生法》《药品管理法》《工业产品生产许可证试行条例》《进出口商品检验条例》等涉及产品质量的法律、法规，做到有法必依，坚决杜绝为"大捞一把"而打擦边球、踩红线的行为。

三是实行质量责任制。实行严格的质量责任制，从各个管理岗位到每个具体生产经营者，从工艺改造到产品更新换代，从主机到配套产品和零部件，从采购原材料到推销产品，都要建立一整套全面的质量保证体系和质量管理制度，使企业各级经营管理者和全体员工明确自身工作的质量标准及其奖惩规定，经常查问题，找原因，时刻把提高质量放在突出地位。

四是严把质量关。企业所有产品在生产、运输、销售、服务各个环节，都要严格把好质量关，坚决做到"五不准"。即不合格的产品不准出厂，也不得计算产量、产值；不合格的原材料、零部件不准投料、组装；已公布淘汰的产品不准生产和销售；没有产品质量标准和质量检测手段的产品不准生产；不准弄虚作假、以次充好、伪造商标、假冒名牌。要重视计量检测手段的建设，加强质量检查检测，与各级质量检测中心接轨，定期和不定期进行质量大检测，发现问题限期整改。

五是依靠科技进步提高质量。产品的科技含量高，就可能使其性能更优越，质量更好。要利用新兴科学技术有计划地进行技术改造、设备更新，加强技术研发、技术引进，不断提高产品的性能和质量。

二、效益法则

衡量经济效益的标准是企业的纯利润总量。在既定成本情况下，获得纯利润越高，说明企业经济效益越好。"效益法则"是指从商者要取得成功必须坚持以效益为导向。即必须以能够产生和不断扩大效益为经营目标，追求利润最大化。

遵循效益法则对于从商成功的重要意义：

其一，没有效益企业就不能生存。效益是企业生存的根本。商业活动本质上就是通过生产、交换、购买、销售等经营活动创造效益的行为。企业只有采取一切有效途径和方法产生出了更好更多的产品或服务并最大限度地占有市场，增加总产值，同时尽力控制成本，以尽可能少的投入创造尽可能多的纯利润，才能产生经济价值，实现利润增长，进而不断增加积累，使企业在激烈竞争中得以生存。没有效益的从商活动就是无效劳动，导致社会资源的浪费，最终必然导致破产。

其二，没有效益企业就不能发展。良好的效益可促进企业可持续发展。持续产生良好的经济效益，可使企业有能力加大资金投入不断创新，推动技术进步，研发更多的新产品和服务满足市场需要，进而不断增加利润，同时有能力引进和培养更多的人才以促进企业转型升级，推动企业可持续发展。没有效益去就会失去可持续发展的经济基础。可见，只有遵循效益法则才能推动企业可持续发展，不断做大做强。相反，不管是创业还是守业，如果较长时期没有经济效益，企业就会走向衰落最终导致破产。

综上可见，效益法则是企业生产经营最基本的法则，也是从商成功最基本的法则。

遵循效益法则的基本要求：

一是增加总产值。企业总产值指企业在一定时期内生产的以货币表现的产品价值，即企业的营业收入。通常称作毛收入。而企业利润是在营业毛收入基础上减去各种成本及税费产生的，没有产量何谈利润。因而要提高经济效益就离不开增加总产值。遵循效益法则需要通过增加和优化资源配置、追加投入、增加产品或服务的种类和产量以扩大生产规模、促进技术进步，改进生产工艺、提高机器设备的功效，增加从业人员等措施增加总产值，尽量使企业利润的基数增加。在增加产量的同时要注意加强和提升产品和服务的质量。以加大增强经营效益的可能性。

二是加强成本控制。成本是影响效益的直接因素。应通过成本核算，把一定时期内企业生产经营过程中所发生的费用，按其性质和发生地点，分类归集、汇总和核算，计算出该时期内生产经营费用发生总额和分别计算出每种产品的实际成本和单位成本，正确、及时地核算产品实际总成本和单位成本，提供正确的成本数据，为企业经营决策提供科学依据，并借以考量企业的经营效益。要注意量力而行，追加投入扩大经营规模应综合考量企业资金状况及市场变化，避免资金链断裂。否则不但不能创造效益，反而可能导致企业破产。

三是加强营销。以不断满足顾客需要为出发点，通过市场调查等多种手段，获得顾客需求量、购买力，以及对相关产品或服务的期望值等信息，采取科学的营销策略，进行正确的营销策划，广泛宣传产品优势，引导用户消费，综合运用价格、渠道、促销、公关策略等杠杆，有计划地组织各项经营活动，不断改进和创新营销模式和营销手段，如体验式营销、连锁营销、批零兼营、系列营销、电商营销、直销等等，推进跨区域和跨境营销，通过营销为企业创造更大效益。

四是以过硬的质量开拓和稳固市场。企业效益来源于市场，而市场竞争实质是质量竞争。产品和服务只有具备过硬的质量，才能赢得顾客，得到市场的长久认可，在竞争中立于不败之地。要占领市场，最根本的是企业必须始终站在用户的角度，以用户的眼光和要求精益求精地打造质量，以过硬的产品质量和高效的售后服务，尽量让用户满意，在稳固已有市场基础上不断开拓新市场。

五是加强企业科技创新和技术进步。要瞄准相关科技前沿，利用新的科技成果不断研发新产品，创造新工艺，以更新、更多、性能更优越的产品和服务满足人们不断增长的物质文化生活需要，扩大经营范围，增加企业总产值。要通过科技创新和技术进步创造企业自主知识产权，形成品牌，并通过相关法律程序，使企业自主知识产权明确归属，不受他人侵犯，为企业创造出最大效益。

三、资源法则

资源是企业拥有或可以利用的发展基础和条件，包括有形资源和无形资源。有形资源是指企业可以利用的物力、财力、人力及自然资源等各种物质财富的总和，包括财务资源和实物资源，它们是企业经营管理活动的物质基础，一般都可以通过会计方式来计算其价值；无形资源包括时空资源、信息资源、智力资源、技术资源、品牌资源、文化资源、管理资源、市场资源、社会资源、发明专利等等。相对于有形资源来说，无形资源没有明显的物质载体而看似无形，但它们却是企业发展的重要条件，能够为企业竞争带来无可比拟的优势。各种资源按对企业发展的作用来划分，可分为一般资源、重要资源、稀缺资源和不可替代性资源。在企业经济活动中，各种各样的资源之间相互联系、相互作用，形成一个结构复杂的资源系统，其中，资金、信息、人才、技术、市场是实现企业发展不可或缺的最重要资源。

"资源法则"指从商者要取得成功必须善于利用资源，即善于发现资源，不断整合资源系统，优化资源配置，充分发掘资源潜力，调动各方面的积极因素，聚集各种资源力量形成合力为企业发展服务。

遵循资源法则对于从商成功的重要意义：

首先，只有遵循资源法则，企业才能创造更大效益。企业的效益从根本上来说，来源于对资源的开发利用，是企业综合资源的升值。马克思在《资本论》中说："劳动和土地，是财富两个原始的形成要素。"（《马克思恩格斯选集》第四卷，第373页，1995年6月第2版）经营管理者只有整合资金、信息、人才、技术等现有资源加以合理利用，才能使企业不断创新，研发新产品，不断扩大经营规模，不断以更新或质量性能更优的产品和服务打开市场并拓展和占领市场，不断扩大总产值，增加纯利润总量，创造更大效益。

其二，只有遵循资源法则，企业才能创造品牌。品牌效应表现为产品市场地位的坚挺和占有率的持续走高，来源于客户的信赖和长久支持，而这一切依靠产品和服务的质量、性能的持续优势，这就必然要求经营管理者不断整合优化资源，特别是开发利用人才资源、增加投入促进企业科技进步，创造自主知识产权，进而用客户信得过的新产品和服务投放市场，形成品牌效应。

其三，只有遵循资源法则，企业才能持续发展壮大，做大做强。资源是企业发展的基础和条件。企业不断整合资源系统，优化资源配置，充分发掘资源潜力，就能够调动各方面的积极因素，使各种资源发挥应有的作用，进而形成合力使企业发展获取巨大力量，推动企业不断做大做强。相反不能自觉遵循资源法则，就会使资源闲置和浪费，不能发挥应有作用。一旦出现大量资源闲置和浪费，就表明企业离破产不远，就谈不上持续发展。现代企业无不重视人才和信息资源，通过人才来开发和汇集利用信息资源，并与其他资源有机地结合起来，形成不仅具有动力驱动而且具有智能控制的先进系统，为企业发展开辟无限广阔的前景。综上可见，资源法则是从商成功的重要法则。不遵循资源法则，就不可能取得从商成功。

遵循资源法则的基本要求：

一是要以敏锐独到的眼光发现资源，以过人的胆识占有和利用资源，及时捕捉商机。特别是一些与企业发展紧密相关的信息、人脉、人才、技术、市场等等稀缺资源和不可替代性资源，往往能够给企业巨大商机。经商如打仗，信息千变万化，商机稍纵即逝。成功的经营者能够密切观察社会动态，对于资源和市场保持极大的灵敏度，不放过任何有用的信息，以与众不同的视角对各种资源信息能够迅速感知、准确判断、果断决策，不断开拓新的经营项目。

二是要广结人脉资源。人脉是经由人际关系而形成的人际脉络。从商必须通过与人打交道来打开市场。人脉资源是从商成功不可或缺的重要资源。常言说"一个好汉三个帮，一个篱笆三个桩"。要想做成大事，必定要有做成大事的人脉网络和人脉支持系统。从商成功需要建立涵盖政府、金融、行业、技术、媒体、客户群以及思想智库等广泛的人脉资源，通过族缘、乡缘、地缘、学缘、事缘、客缘、随缘等各种有效途径和方式，建立和管理人脉资源数据系统，根据人脉资源重要程度的不同分为核心层人脉资源、紧密层人脉资源、松散备用层人脉资源。随时随机为实现从商成功目标服务。

三是合理开发和配置资源。在资源开发方面，制定企业资源开发战略和目标体系，完善各种制度，使资源开发处于有效管理中。开发利用外部资源，积极稳妥引进企业以外的资金、信息、智力等资源，包括从国际上引进外资、引进人才，引进先进技术和管理经验为企业发展服务。依照行业特点和企业状况开发无形资源，注重品牌经营，培育市场、培养顾客群，开拓更大的市场和潜在市场。同时要重视人力资源的开发利用，最大限度地调动员工的积极性和创造性，注重技术充分发掘其创新能力；在资源配置方面，要优先重点，兼顾全局，优势互补，物尽其用，人尽其才，充分调动各方面积极性。根据企业发展的需要，合理配置自然资源、不动产资源、无形资源、流动资源，充分发掘相关资源的潜力及其功能和作用，并适当预备和增加一些补充性或互补性资源，满足多样化和差异化经营的需要。

四是做好资源储备和保护。企业应想方设法扩大资源总量，增加资源的数量和种类，增强企业竞争的基础。要未雨绸缪，注意资源储备，不要等有急用时才想到寻找相关资源，这样往往难以找到具有优势的资源；要注重资源积累，在企业发展过程中不断创造和积累相关资源，在开发利用过程中甄别资源效能的优劣，扬长避短；要充分利用互联网数据平台，广泛收集和整理有利于企业的资源信息，增强资源聚集效率和速度。在资源保护方面，要增强法律意识，学会用法律武器保护企业的无形资源，如专利等自主知识产权。提高保密意识，防止在介绍经验、举办新技术展览时泄密。要通过制度建设等有力措施，想方设法增强企业有效资源的寿命，提高其含金量和生命力。要完善企业资源管理制度，减少核心资源的浪费和流失。

四、规范法则

规范是指按照既定标准、要求办事，即行为或活动不违反规定，不踩压红线，达到或超越规定的标准或要求。

规范法则指从商者只有规范管理，守法经营才能取得成功。"规范管理"最重要的是实行制度化管理，即建立规范的现代企业制度，形成由股东代表大会、董事会、监事会和高级经理人员组成的相互依赖又相互制衡的公司治理结构及合理的组织结构，在生产、供销、财务、研究开发、质量控制、劳动人事等方面形成行之有效的企业内部管理制度体系和执行考核机制，做到组织系统化、决策程序化、目标计划化、考核定量化、过程控制化、行为标准化、奖惩有据化等等，使企业的每一个岗位、每一份资产、每一个生产经营活动都处于有效控制之中。"守法经营"指不同所有制企业必须遵循《企业法》《公司法》《税法》《中华人民共和国劳动法》《合同法》《中华人民共和国刑法》以及环境保护相关法规进行规范化经营，各类经营活动遵纪守法，不踩踏法律红线，特别是不能踩踏《中华人民共和国刑法》底线。触碰《中华人民共和国刑法》底线，必然会遭受刑罚，从商就一定失败。

遵循规范法则对于从商成功的重要意义：

只有遵循规范法则，才能保证企业的生存和发展。

其一，只有遵循规范法则才能保证企业生产经营合法合规。任何企业的生产经营活动都在一定的社会环境中运行，包括政治、经济、文化、生态环境等等，只有规范管理，才能保证企业符合相关法律和政策规范标准的要求，不踩踏红线，不触碰底线，从而得到政府和社会的认可和支持，从而为企业的生存发展提供保障。相反，如果在经营中缺乏法纪意识，不能自觉按相关规定和要求办事，随意破坏生态环境，或逃税偷税，触碰法律红线，必然受到政府的责罚和社会的谴责，这样企业必然会迈入死胡同，不但不能发展，而且不能生存。

其二，只有遵循规范法则，才能保障企业生产经营的正常运行，实现目标。管理是企业各种组织活动中最普遍和最重要的活动，企业生产经营活动实质上是一个管理的过程。生产经营需要整合优化原材料、技术、人才、资金、信息等各种资源，以尽可能低的成本产生尽可能大的效益。没有管理，企业就不能正常运转，就不可能充分优化利用各种资源，最大限度调动各方面积极性实现目标；相反，如果缺乏系统的管理制度，没有实现规范管理，企业内部各部门和员工就会自以为是，各自为政，不可能有效集聚各种资源，发挥各方面积极性，共同形成合力，企业的经营目标就不可能实现。

其三，只有遵循规范法则才能增强企业的运作效率，降低风险成本。规范法则可让企业有明确的发展方向与科学的发展路径，通过决策、计划、组织、指挥、协调、控制等的规范化，对企业所拥有的人力、物力、财力、信息等资源进行整合优化，使企业财务清晰，资本结构合理，投资融资恰当，既可增强企业的运作效率，又可有效避免决策的盲目性，规避风险；相反，不遵循规范法则，就会是决策盲目，财务混乱，生产拉垮，金融、安全等方面的风险就会大大增加，企业的运行效率就会大打折扣，进而会严重影响企业的生存发展。

其四，只有遵循规范法则，才能从根本上保障产品和服务的质量。质量源于相关先进技术的运用，源于生产经营过程的严格控制，源于员工精益求精的工作态度及由此产生的工作质量，源于对各种工序的严格检验把关等，而这一切都离不开规范管理。我国航天工程之所以质量被发达国家同行瞩目，重要原因之一就是对每一零部件、每一工序及每个员工的工作质量层层把关，严格管理；相反，不能遵循规范法则，就会在产品和服务质量上达不到相关质量标准，最终导致企业在激烈竞争中被淘汰。

其五，只有遵循规范法则，才能使企业做大做强。当企业发展到一定规模，就需要更多人共同劳动和利用更多资源，这就更需要通过管理来指挥和协调，有效控制和调节整个生产经营过程，使分散的劳动和资源服从企业发展的总体要求。尤其是在科学技术高度发达、产品日新月异、市场瞬息万变的现代社会中，企业发展可能遇到更大风险和挑战，遵循规范法则可使企业充分利用信息资源实现弯道超车，跨越发展，让企业像生命有机体一样，具备健康成长和发展的内在功能。

遵循规范法则的基本要求：

一是加强学习培训，掌握相关法律和管理知识，增强规范意识。知法才可能自觉守法。一个法盲是难以取得从商成功的。我国已经具备了比较完善的经济法律法规体系，同时，经济管理作为比较成熟的学科专业，已形成了涵盖管理思想、管理原理、管理技能和方法等系统的理论知识体系。此外，国内外优秀企业已积累了很多成功的管理经验，可为从商成功提供参考借鉴。企业应组织相关人员系统学习培训，促使他们熟悉和掌握相关法律和管理知识，自觉增强规范意识，自觉遵循规范法则，快速提高经营管理水平。

二是要建立健全管理制度及执行机制，严格按制度办事。制度及其执行机制是规范管理的基础，是法治思维在企业管理中的体现。在企业规模比较大时，靠人治则鞭长莫及。建立健全规章制度及其执行机制，就是做到有法可依、有法必依，通过激励和约束，使员工按企业的规章制度去行事，在管理者的指挥下行动，管理的内容就会变成员工的行为。制定企业内部规章制度应根据企业总体目标要求，与实际情况相符合，同时必须符合国家有关法律、法规。

三是建立健全科学治理体系。要通过建构科学的管理组织机构以建立科学规范的管理体系，如目标管理(计划管理)、生产管理、物资管理、质量管理、财务管理、人力资源管理、项目管理、信息管理、营销管理、风险管理、成本管理等等。科学管理的重要特征之一是层级管理。特别是现代大型企业，只有建构三角形或正宝塔形的网格化的组织体系，将企业总体目标层层分解，落实到各个网格中，让相应才能的人处于相应的岗位，才能实行有效管理。各个组织网格既具有独立的规范、标准和权责、利益，又相互紧密联系。没有科学的层级管理组织体系，就难以调动基层和全员参与管理的积极性和能动性。

四是实行规范的信息化管理。现代科技背景下，规范的信息化管理是规范管理的重要内容。软件技术以通畅的信息交流体系、精准的决策支撑体系和有效的协作执行体系，跳出管理人的主观影响和经验束缚，使管理更加规范化、系统化、科学化和高效化。信息化管理的核心要素是数据平台的建设和数据的深度挖掘，通过信息管理系统把涉及企业的法律法规，以及企业的外部环境、采购、生产、制造、财务、营销、经营状况等各个环节集成，共享信息资源，有效地支撑企业的决策系统，降低管理成本，提高规范管理质量和生产效能，快速应变，以增强企业的市场竞争力。

五、诚信法则

诚信泛指待人处世真诚、老实、讲信用，一诺千金等。"诚信法则"指从商者只有诚信经营才能取得成功。诚信经营主要包括诚信履行合同、诚信对待客户、诚信对待政府、诚信对待员工等。

遵循诚信法则对于从商成功的重要意义：

其一，诚信履行合同，不仅可保证合同顺利执行，实现与客户的合作目标，达到双赢，而且能够形成良好的商业信誉，引来更多的合作伙伴，进而创造更大的效益；相反，如果不能诚信履行合同，不仅可能因合同不能顺利执行而使与签约方的合作目标不能实现，影响企业的经营效益，而且会承担违约金或赔偿等违约责任，若违约人的行为构成犯罪，违约人还应依法承担刑事责任。

其二，诚信对待客户，就能够赢得客户及市场的信赖，进而反复购买企业产品并宣传产品，久而久之就会形成企业的品牌效应，不断扩大市场，在竞争中立于不败之地；反之如果见利忘义，搞虚假宣传，欺骗客户，或以次充好、肆意欺诈、克扣压榨，不仅会失去客户的信任，被市场抛弃，而且可能会承担相关法律责任，最终严重影响企业的生存发展。

其三，诚信对待政府，就会获取政府及相关管理部门的认可和赞誉，不断改善和优化企业经营的社会环境，不但可减少和避免企业经营的麻烦或阻力，并可获得政府和社会对企业的反哺回报，有利于企业的更大发展；反之，如果在经营过程中缺乏法纪意识，不能按时足额缴纳相关税费，偷税逃税，或不能自觉承担相关社会责任，不能自觉维护社会和谐文明和生态文明，恣意破坏或污染环境、抑或不按相关安全生产要求，造成重大安全事故或重大国有资源损毁等事件，不仅不可能得到政府信任，而且会带来严重的法律后果而受到行政惩处或法律制裁，最终会导致企业消亡。

其四，诚信对待员工，就能提升全体员工对企业的认同感和归属感，视企业发展为自己事业发展的平台，进而充分调动和发挥团队成员的内在积极性和创造性，吸引人才和留住人才，实现企业目标。反之，在经营管理过程中如果不能诚信对待员工，不履行劳动合同，欺骗团队成员，随意克扣工资或减少相关福利待遇，诱导或强迫员工干一些非法或违反社会公益的行为，不仅不能积聚人心，充分调动他们的积极性和创造性，忠诚为企业服务，而且必然使其不会专心致志，踏踏实实工作，忠诚于企业目标，也不会使他们自觉维护所属企业、团体的集体形象、信誉和整体利益，甚至离心离德，与经营者背道而行，最终影响企业的生存发展。

综上可见，从商者只有诚信经营，企业才能在市场竞争中生存和发展，才能获得从商成功。反之，缺乏诚信、虚假宣传、假冒伪劣、以劣充优、坑蒙拐骗，甚至踩踏红线违法经营，如苏丹红事件、三鹿奶粉事件等，其结果必然是要么失去合作者和客户，被市场和社会唾弃，要么被政府处罚甚至被法律惩罚而破产出局，要么使内部员工离心离德，工作上消极抵制，甚至损害企业利益而导致企业走向衰败。

千百年来，诚信被中华民族视为行为规范和道德修养的基本准则，立身之本。"人无信不立""言必信，行必果""一言既出，驷马难追"等众多先贤名言，商鞅"立木为信"、季布"一诺千金"等无数诚信典故流传至今，警示人们。在市场经济条件下的当今社会，诚信被纳入中国特色社会主义的核心价值观，成为公民的第二"身份证"。诚信不仅是立身之本、齐家之道、交友之基，更是经商之魂。中国的华为、海尔、格力等众多知名企业之所以在激烈的市场竞争中愈战愈勇，不断做大做强，其重要原因之一就是诚信经营，进而赢得了用户、市场及社会的认可和赞誉。

遵循诚信法则的基本要求：

在诚信履行合同方面，要自觉遵守《合同法》，坚守契约精神，严格遵守合同的规定，认真履行相关权利和义务，保守商业秘密。一旦签订合同，哪怕是在己方吃亏受损的情况下，也应严格按合同规定办事。在与金融机构、供应商、客户交往时不欺瞒，不作假，信守承诺，按合同约定及时支付应付账款。暂时不能及时支付的要作出实事求是的说明并在承诺的时间内确保再支付并自觉承担延期补偿。

在诚信对待客户方面。要以客户为中心，以见利忘义为耻，处处考虑客户的利益与感受，不做虚假、夸大其词的广告和相关促销活动，促销宣传尽量与其产品、服务的品质相一致，以货真价实的产品和服务面对客户，自觉摒弃缺斤少两、以次充好、肆意欺诈、克扣压榨等唯利是图行为，自觉维护品牌信誉和企业形象。

在诚信对待政府方面，要在经营过程中增强法纪意识，自觉按时缴纳相关税费，不逃税不漏税，同时自觉承担相关社会责任，自觉维护社会和谐文明和生态文明，自觉规避环境污染、资源浪费等危害，不欺瞒不逃避，自觉接受相关检查和审计。

在诚信对员工方面，要如实告知企业经营状况和目标前提下，在工资、福利待遇、发展平台及考核奖惩等方面严格履行用人合同的相关约定，不欺骗团队成员，使其忠诚于企业目标，专心致志，踏踏实实，自觉维护所属企业、团体的集体形象、信誉和整体利益。

要树立全员诚信意识，构建企业诚信文化。通过系统培训等各种渠道，结合诚信经营的正反案例，在企业内部加强诚信的宣传教育，让全体员工充分认识诚信对于企业生存发展的重要性，牢固树立诚信经营理念，建构以诚实守信为荣、以见利忘义为耻的企业文化，在实际工作中，将诚信经营作为一项不能逾越的基本原则。

建立企业诚信管理制度，严格内控。建立诚信奖惩制度，使企业的诚信管理有章可循、有法可依，让全体员工明确应该怎么做和不应该怎么做，确保诚信底线不容践踏，法律红线不可逾越。在企业内部建立和完善自上而下、自下而上的诚信责任监督管理系统，把诚信经营要求全方位的责任分解，层层落实。并通过加强执行力，让企业内部的一切文件、制度、承诺都成为诚信的具体表现形式，强化内部信用。

📖 讨论——辩论

    1. 举例说明，从商成功有哪些主要表现？

    2. 举例说明，为什么要取得从商成功必须遵循从商成功法则？

第四章 从艺成功法则

从艺即从事艺术工作，主要指艺术创作、艺术表演、艺术策划等。从艺成功是从艺者的理想和追求，要取得从艺成功必须遵循从艺成功的基本法则。

第一节 从艺成功的主要表现

艺术是通过塑造形象、营造氛围来寄托和表达思想情感的一种文化形态。根据表现方式的不同，一般将艺术分为语言艺术(文学、播音等)、造型艺术(绘画、雕塑、建筑等)、表演艺术(音乐、舞蹈、相声、戏曲等)、综合艺术(电影、电视、歌剧、音乐剧等)四大类。从艺成功主要表现为创作出有价值的艺术作品，并且艺术成就得到社会认可。

一、创作出有价值的艺术作品

艺术作品的价值主要体现在社会价值、艺术价值、经济价值三个方面。

(一)艺术价值

艺术作品的艺术价值主要指艺术品所体现出的美学价值，故又称之为"审美价值"，主要包括通过形象反映生活、表现思想感情所达到的准确、鲜明、生动的程度以及形式、结构、表现技巧的完美程度。如艺术形象的独特性和典型性，艺术情节的生动性和曲折性，艺术结构的严谨性和完整性，艺术语言的准确性和鲜明性，艺术手法的精当性和多样性，艺术风格的独到性与成熟性等，反映了作者至真至善至美的艺术追求，可代表一定时代的艺术水平，对相关艺术形式的发展和创新起到推动作用。在艺术作品作为商品流通和收藏的近现代社会，作品的艺术价值从根本上决定了其市场价值的高低。市场价值通过价格来表现出来。艺术作品的价格虽然受作者的名气及市场供求关系影响，但艺术价值是交易价格的基础。因为消费者所欣赏的是蕴涵在艺术作品中的精神意境和造型本身的审美价值。一部作品的艺术价值越高，其作者的名气往往也越大，其市场价值就会越高。

(二)社会价值

艺术作品的社会价值是指艺术作品对于社会文明进步的促进作用，即能够通过思想性和艺术性高度统一的艺术形式为社会创造出更多的精神财富，推动人类社会文明进步。艺术作品的社会价值主要体现在三个方面：一是教育价值。艺术教育有着科学文化教育不可替代的功能。艺术作品是人类文明的重要载体，尤其是一些写实的艺术作品中往往会记录社会生活的某些重大事件和场景，可以帮助人们认识作品创作年代的社会风貌和历史事件的场景。同时，艺术以情感人，艺术作品通过真善美对观众的思想情感施加影响。人们可通过欣赏艺术作品满足审美的精神需求，陶冶情操，提高境界，为改造世界提供精神动力。二是文化价值。一些经典艺术作品不仅承载和传承各个民族优秀传统文化，而且凝聚了一定时代和地域的主流意识形态和文化追求，成为一定地区、民族乃至整个人类文化和文明的集中体现，对人们的精神追求和文化消费起到引领作用。三是历史价值。经典艺术作品具有永不衰退的生命力。经典艺术作品往往铭刻着民族文化的辉煌与荣耀，代表着该民族最高的艺术成就及其文明发展的历程，以其很高的艺术水准和丰厚的精神内涵对后世产生深远影响，愈是随着时光的推移，愈是显现其不可替代的历史地位及其当代价值。至今仍有许多艺术经典作品成为众多博物馆、图书馆以及研究机构的珍品或镇馆之宝，体现了其深厚的历史价值。

(三) 经济价值

当艺术作品作为一种特殊商品流通的时候，与其他商品一样具有经济价值。艺术品的经济价值是指为了换取维持自身生存的生活资料和进行创作的物质资料，或是被作为一种获取社会财富的手段而在市场交换所产生的货币效益。艺术作品的经济价值在艺术交易市场中产生，通常以价格呈现出来。决定艺术作品的经济价值主要有三个因素：一是艺术作品的艺术价值。一件艺术作品的艺术价值越高，能够体现某个时代或当代的艺术创作水平，或能够凝聚人们对真善美的追求，在艺术交易市场上就会产生越高的经济价值。相反，一件粗制滥造的缺乏艺术价值的作品，就不可能进入艺术交易市场，更不可能产生经济价值。二是艺术作品的稀缺性。当某种具有较高艺术价值或名人的艺术作品因一定的社会原因或历史原因造成稀缺，甚至成为孤品的时候，其在交易市场上就会产生巨大的经济价值。三是艺术作品的观赏性。很多具有一定观赏性的艺术作品，虽然其艺术价值不是很高，更不具有稀缺性，但能够满足广大人民群众的审美需求和装饰需要，往往能够在市场上被普通民众所认可和接纳，在交易中产生一定的经济价值。

(四) 三种价值的关系及其对从艺成功的意义

艺术价值、社会价值、经济价值紧密联系不可分割，对于一件成功的艺术作品来说缺一不可。其中艺术价值是社会价值和经济价值的基础，它决定和制约作品的社会价值和经济价值，一件艺术作品的艺术价值越高，往往产生的社会价值越大，经济价值也会越高，社会价值和经济价值是作品艺术价值的直接反映，没有社会价值和经济价值，说明该艺术作品的艺术价值没有得到认可，一件艺术作品的价值就难以体现出来。这三个方面的价值是从艺成功的直接表现形式，从艺成功首先必须创作出有价值的艺术作品，才有可能得到业界及社会的认可。

其一，艺术价值是艺术作品价值最直接的表现。没有艺术价值就不能称之为艺术作品，更谈不上从艺成功。艺术作品来源生活，又高于生活，能够让人们在欣赏的过程中产生美感、联想和共鸣，起到净化灵魂、陶冶性情的作用。艺术作品的艺术价值往往取决于艺术手法的精湛性、艺术形象的完美性，艺术效果的感染性，隐含思想的深刻性，以及物质材料手段运用的完善性等方面。缺乏艺术价值的作品，往往是由于作者缺乏良好的艺术修养，技艺不够精湛或粗制滥造。一件作品越能厚重凝聚和深度发掘人们在生活中对真善美的追求，对相关艺术领域及社会影响越大，其艺术价值往往越高。例如一部经典小说可通过对一定社会生活的浓缩来揭露黑暗，鞭挞丑恶，彰显人性，震撼人们的心灵，引发人们的共鸣；一些经典名画和乐曲寄托人们美好的共同情感，激发人们的激情，触动人们内心深处对真善美的追求。毛泽东在《在延安文艺座谈会上的讲话》中指出，"缺乏艺术性的艺术品，无论政治上怎样进步，也是没有力量的。"可见，艺术价值是从艺创作最基本的追求。

其二，社会价值体现了艺术创作的社会责任和使命。促进社会的文明进步是艺术创作的重要使命，也是每一位艺术工作者应尽的社会责任。一件艺术作品如果能够产生较大的社会价值，就表明其艺术形式和思想境界达到较高水准，对社会的文明进步起到促进作用。相反，艺术作品如果不能对社会的文明进步起到促进和推动作用，就失去了该作品的教育价值、文化价值和历史价值。艺术创作也就失去了意义。中外很多艺术经典作品对人类社会的文明进步起到史诗性的重要作用。如中国古代文学四大名著，西方文艺复兴时期产生的众多艺术瑰宝等。在中国近现代革命和建设过程中涌现的大批各方面的优秀文艺作品，反映了时代特征与民族特色，揭露黑暗、鞭挞丑恶、歌颂真善美，不仅能够不断满足社会生活多样化的精神需求，而且对一定社会人们的精神文化生活及其发展方向具有重要的引领意义，促进了中国社会发展和进步。如《义勇军进行曲》《歌唱祖国》等中国革命和建设各个时期的经典艺术作品对中国社会发展进步起到重要的鼓舞和推动作用。

其三，作品产生较大经济价值是从艺成功的不可或缺的重要表现。艺术作品通过市场交易来显示其不同层级的经济价值。一件作品如果能够进入艺术市场交易并得到客户购买，就表明其具有一定的艺术性和实用性，得到了社会认可，进而表明作者取得了一定的从艺成功。相反，艺术作品如果不能产生经济价值，就不可能将创作换成维持自身生存的生活资料和进行再创作的物质资料，也难以取得从艺成功。在交易市场上，影响艺术作品经济价值的因素很多。如作者的知名度、是否具有稀有性和不可代替性、品相是否完好、购买者的价值追求、供求关系的变化、经济社会发展状况等，但最根本的还是艺术作品的艺术水平和艺术价值。艺术作品的内涵越丰富、艺术形象越生动、艺术技巧的难度越大，艺术风格越独特、其作品的艺术价值就越高，经济价值也会随之提高，进而表明作者从艺成功的层次就越高。现今艺术作品市场的发展已经成为现代社会世界经济框架下不可或缺的一部分，艺术作品的经济价值也随之愈加凸显。

二、艺术成就得到认可

艺术成就得到艺术界及社会的认可是从艺成功的重要表现。认可的形式主要包括艺术作品在权威期刊发表或出版发行、参加较高层次的艺术展览或展演、获得较高级别的奖励、获准进入正规艺术品交易市场拍卖、被高级别博物馆或艺术馆收藏以及从艺者获取较高的艺术专业职称或荣誉称号等。

(一) 艺术作品在权威期刊发表或高级别出版社出版

艺术类权威期刊指国家行业主管部委或全国相关艺术行业学会及国家重点大学主办的艺术类刊物。各艺术门类都有相应的权威期刊。此类刊物在同行读者中影响较大并具有较高的艺术权威性，一般为顶级核心期刊；公开出版指艺术作品集子或文学作品如长篇小说、诗集等在国家新闻出版署批准成立的具备相关资质的高级别的出版社出版。

权威期刊所发表的作品必须经过多位相关艺术类专家严格的评审遴选，对艺术作品起到展示、公示、传播等作用。因而，从艺者所创作的艺术作品能够在相关艺术类的权威期刊上发表，表明其作品具有较高的艺术性，能够得到艺术界及社会的认可。发表期刊的层次越高，说明认可度越高，影响也越大。同样，由于出版物送进出版社后必须按规定的出版程序予以审查，由有资质的相关专家学者审稿，对原作品进行包括初审、复审和终审，并需要申请获得国际标准书号以及图书在版编目（CIP）数据、条码等。可以说，出版社的级别越高，对出版物的质量要求就越高，因而对作品的认可度相应就越高。可见，艺术作品在权威期刊发表或出版发行表明从艺取得了一定程度的成功。

（二）参加高层次的艺术展览、展演

艺术展览主要针对的是造型艺术作品，指在一定的时间和场所公开展示艺术作品的原件或者复制件并接受参观的活动。艺术展览一般由政府或某个单位和组织主办，另一些单位和组织承办，按规模可分为国际、国家、地区展览等级别，也有某企事业单位的单独展览。高层次的艺术展览覆盖造型艺术的各个领域，如全国美术作品展览、全国中国画展、国际油画展、全国性农民画展、全国雕塑艺术展、传统建筑艺术展、"艺术欧洲"国际建筑艺术展、国际城市雕塑大赛、造型艺术新人展、纪念中国人民抗日战争暨世界反法西斯战争胜利 70 周年美术作品展览、中国共产党建党百年美术作品展等。此外还有省市级别的各类展览。其中，全国美术作品展览是中国美术界最权威、规模最大的顶级展览，由文化和旅游部、文学艺术界联合会和美术家协会联合主办，代表着社会的主流意识和审美评判，反映了政府的话语权和鲜明的政策导向性。由于获准参展的艺术作品需要经过专家的层层评审和选拔，通过后一般都会获得相关参展证书或其他证明件。可见，参展的层次级别越高，表明该艺术作品所获得的艺术界或社会的认可度就越高。

展演指音乐、舞蹈等舞台艺术作品和优秀影视作品在一定的时间和场所举行的公开展示性演出活动。展演一般与竞赛评比联系在一起。我国政府为推动文艺繁荣，举办了多种高层次的艺术展演评比活动，如"中国梦全国青少年文化艺术展演""中国梦全国优秀艺术特长生展演""全国大学生艺术展演"，一年一度的国家大剧院"春华秋实"艺术院校舞台艺术精品展演周等。其中，中国艺术节是我国规格最高、最具影响力的国家级文化艺术盛会之一，每三年举办一届。高规格的影视展演评比活动有金鸡奖、华表奖、金马奖等影视艺术展演评选盛会。高层次的艺术展演一般要经过行业协会或主管部门批准，其作品需要经过层次选拔遴选，取得受众及专家充分认可并推荐后才能取得参展参评资格。同时，为了保证比赛的公平公正，还要接受监管。因而，获得高级别的展演、竞赛无疑表明相关艺术作品得到艺术界及社会的认可。

（三）获得高级别的奖励

为促进艺术的发展，政府及相应的艺术团体组织都设有相应的艺术作品或艺术创作者奖项。国家级别的如文学领域有老舍文学奖、茅盾文学奖、鲁迅文学奖、曹禺戏剧文学奖等；美术领域有中国美术奖、美术金彩奖、齐白石美术奖、徐悲鸿美术奖等；音乐领域有金钟奖、中国歌曲排行榜等；建筑领域有鲁班奖、詹天佑奖等。各省市等地方政府及地方艺术团体组织的艺术活动也设置有相应的奖项。此外，国际上也有相应的奖项，如大家熟知的诺贝尔文学奖、电影类的奥斯卡金像奖、音乐类的格莱美奖等等。从艺所创作的艺术作品要获得相应的奖项，必须经业内专家按一定标准层层严格评审选拔，有的还需通过公示确认无异议。一件艺术作品能够获奖，说明该作品的艺术性、新颖性、独创性、价值性已得到艺界和社会的认可。获奖的层次越高，表明从艺成功的层次就越高。

(四)获准进入知名艺术品交易市场拍出高价

拍卖是指从艺者创作的艺术作品(一般指造型艺术作品)进入拍卖市场进行交易,通过公开竞价的形式转让给最高应价者。知名艺术品交易市场往往是具有国家相关部门认可资质的拍卖机构,如中国嘉德国际拍卖有限公司、上海敬华艺术品拍卖公司、北京瀚海艺术品拍卖公司等中国知名艺术品拍卖机构。参加拍卖的艺术品首先须经过相关领域专家审核鉴定具有一定的拍卖价值后方可入场。在拍卖市场上,艺术品的价值通过拍卖价格来体现,艺术作品能够拍卖成交并拍出高价,表明其不仅能够满足受众的某种精神文明需求,还表明该艺术作品具有稀缺珍贵性和文物特性,使人们的收藏、投资和交易有了保值、升值的可靠保证等等。可见,拍卖市场形成的经济价值是艺术作品价值的重要表现形式,也是作品得到社会认可的重要方式。如果一件艺术作品能够在大型拍卖市场流通,有价有市场,则表明该作品受到一定程度的认可。拍出的价格越高,表明其价值越大。

(五)被高级别博物藏馆或艺术馆收藏

收藏是指具有较大艺术价值和历史价值的相关艺术作品被收集、保存和保护起来。收藏分为国家收藏和民间收藏。高级别博物藏馆或艺术馆收藏指国家及地方政府相关部门或公立大学专门设置的博物馆、艺术馆、美术馆依据有关法律法规规定,通过严格的收藏程序和审核标准,将特别优秀的艺术作品予以收藏。在确认收藏程序中,都会有专业水平很高的评审鉴定团队运用科学的方法,对入选作品的价值及其真实性和艺术性作出正确的鉴别,并按照特定收藏馆的入藏标准进行严格选拔,确定是否入藏。确定收藏后会向被收藏作品的作者颁发正规的收藏证书。所收藏的艺术品具有稀有性、不可替代性等特征和一定的历史价值。可见,一般作品很难被高级别博物馆、艺术馆及美术馆所收藏。一旦被收藏将对作品及其作者来说是极大的认可及鼓励,表明其获得了很大的成功。

(六)获取高级艺术专业职称或荣誉称号

艺术领域的高级专业职称范围涵盖艺术的各个门类。如国家一级编导、一级作家、一级作曲、一级导演、一级美术师、一级演员等;文艺界的荣誉称号指国家及相关艺术组织授予社会公认的具有突出能力和杰出贡献的文艺工作者的荣誉称号。如著名艺术家、人民艺术家、相关领域的艺术大师、全国优秀文艺工作者以及某艺术领域的明星、名人等,俗称"成名成家"。高级艺术专业职称或荣誉称号是国家、艺术界及社会对艺术工作者的艺术作品及艺术贡献的认可和肯定,其评审和认定有严格的标准和程序。没有相关艺术作品和艺术贡献,就不可能获取相应的专业职称和荣誉称号。因而获取较高专业职称和荣誉称号也是从艺成功的一种重要标志。获得职称或荣誉称号的层次越高,表明对其从艺成功的层次就越高。

第二节 从艺成功法则

从艺要取得成功必须遵循如下法则。

一、功底法则

"功底"指基本功或底子、基础。艺术功底指从艺者所具有的深厚扎实的艺术基本功。

即能够系统掌握相关艺术领域的基础理论知识，熟练运用相关艺术技法，具有较强的观察能力、形象思维与逻辑思维能力，较强的艺术表达能力等。如绘画艺术的基本功底主要包括素描、速写构图及其空间关系的准确性，对色彩的明度、纯度以及色彩搭配与调和等的把握，能够熟练运用绘画艺术的技法，并掌握美术基本理论知识，熟悉中国美术史及世界美术史等；文艺创作的功底主要指从事相应文体创作所必须掌握的基本知识和技能，如准确理解字词含义，积累大量词汇，纯熟掌握语法，修辞手法运用自如，有很强的语言组织能力、形象及逻辑思维能力，系统的文学理论知识及其运用的能力等。功底法则意指从艺者要取得成功必须具有深厚扎实的相关艺术基本功。

遵循功底法则对于从艺成功的重要意义：

其一，只有具备厚实的艺术功底，才能将相关艺术理论知识和技法融入艺术实践，进行巧妙的艺术构思，产生新颖的艺术创意，生动而准确的语言或形象表达，对情节或细节的完美处理，使作品形象、情感、思想有机统一，产生浓郁的审美性和强烈的感染力。

其二，只有具备厚实的艺术功底才能形成自己独特的艺术风格。独特的艺术风格是艺术家创作个性成熟的标志，也是作品达到较高艺术水准的标志。艺术风格不是无源之水，无本之木，而直接源于从艺者的扎实的艺术功底。不管是浪漫主义风格，还是现实主义风格，都源于从艺者的从艺经历、文化教养、艺术才能等所积累形成的艺术功底。庄子说："水之积也不厚，则其负大舟也无力。"根深而枝叶茂，打牢基础是根本。基础不牢，地动山摇。缺乏扎实的艺术功底，就会发挥不稳定，作品难以有所突破，不易形成自己独特的艺术风格。试想，如果一个美术工作者构图不准确，空间关系把握不当，一个文学创作者缺乏形象思维及逻辑思维能力，词汇贫乏，文理不清，就不可能创作出优秀的艺术作品。古今中外但凡经典的艺术作品，无不体现了作者深厚扎实的艺术功底，正所谓万丈高楼平地起。可见，艺术功底是从艺成功不可缺少的基础，要取得从艺成功必须先打牢基础。

遵循功底法则的基本要求：

一是苦练基本功，打牢基础。这就要根据不同艺术创作的要求，多读、多听、多看，多接触，勤于思考。如绘画应首先苦练素描，用线条及单一色彩表现明度变化及质感；声乐首先应苦练发音，打通"三腔"（喉腔、腹腔、颅腔）；书法应苦练临摹，领会笔画和间架结构要领；文学创作应多背经典和多练笔，不断加强文字表达及形象思维和逻辑思维能力。扎扎实实地打好基础，练好基本功，是从艺成功的"秘诀"。只有平日多学习，多训练，多积累，才有可能产生高水平的创作。达·芬奇的老师佛罗基奥教他画画，不是一开始就教他创作什么作品，而是要他反复练习画蛋。100个蛋当中没有两个是形状完全相同的，即使是同一个蛋，只要变换一下角度去看，形状也就不同了。画蛋看起来好像比较容易，其实这是严格训练达·芬奇用眼睛细致地观察形象，用手准确地描绘形象，做到手眼一致。可见基本功练习的重要性。

其二，基本功练习首先要知晓相应领域有哪些基本功，哪些基本功是关键。练习过程中要掌握正确的练习步骤、方法，掌握要领。要有目的地主动练习，探究式练习，思考为什么应该这样做而不应该那样做，及时记下练习体会，不断积累经验，将各种方法要领融会贯通，真正做到滚瓜烂熟，内化于心，挥洒自如，在进一步强化训练基础上形成思维和行为习惯。

其三，要特别要注意对优秀传统技艺的传承，理解、领会传统技艺的要点。熟练掌握传统技艺是艺术基本功的重要内容。首先要善于对相关艺术名作或艺术大师的指点认真理解，反复临摹或仿照，对不同和相似的传统技艺在模仿中仔细比较，思考总结传统技艺的特点和优势在哪。其次要多观摩学习传统名作，理解和领会其创作的思路和表达的情感，同时学习中外相关艺术发展史和传统的艺术理论，从中不断提升自己的艺术素养。

其四，积极主动开展艺术实践，在从艺实践中学习和训练相关技艺。如积极开展采风、户外写生、体验生活，平时主动习作，在习作中反复对比得失，提高技艺。还应多参与学校及社会的艺术活动，在各种艺术实践中打牢扎实的基本功。

二、名师法则

艺术名师指创作出传世的经典艺术作品，在相关艺术领域公认有重大贡献和影响的艺术大师、艺术家或名人。他们以传承和创新为己任，在相关艺术领域引领潮流，为艺术耗费毕生精力而获得成功，其作品具有很高的社会价值、艺术价值和经济价值，对相关艺术的当代及后世产生较大影响。艺术名师不局限于某一方面，包括语言艺术、造型艺术、表演艺术、综合艺术方方面面的名师。

名师法则指从艺者要取得成功必须以艺术名人为师。其含义包括两个方面。其一，通过一定途径拜名人为师，成为他们的弟子，接受他们亲临亲授的系统培育，熟悉他们的艺术成长和成名历程，对其德艺双馨耳濡目染，获得艺技和艺德的修养。或主动寻找机会经常接受他们的指点，虽无名义上的师徒关系，也能够得其真传；其二，现实中，因各种原因，从艺者不可能都有机会拜名人为师，特别是那些历史上的艺术大师，不可能接受其亲临教诲，这就需要"以名作为师"。即细致观摩和潜心研读艺术大师的名作，理解其技法特点，参透其要义精髓。如中国书法艺术发展中，书法大师一般都经历过大量临摹历代名帖。又如文学创作类，一般难有机会接受知名作家的亲自指导，更多的是从古今中外的名著中吸取营养。《红楼梦》不仅创造性承袭了《金瓶梅》，也大量吸收了楚辞汉赋、唐诗宋词等的营养。名作不局限于名画、名著，也包括四大艺术门类的方方面面的名作。

遵循名师法则对于从艺成功的重要意义：

艺术发展的一个显著特点，就是对优秀传统技艺的传承。传统艺术在其传承发展过程中形成了一些具有一定特点和风格的流派。艺术名家和名作往往得到相应艺术流派的真传，并在其基础上有所创新。获得名家的指点教诲和名作的启发，就能避免在黑暗中摸索，在成长过程中少走弯路，尽快得到其思想和技法的精髓，使得自己的作品更具备艺术性和思想性，也容易得到艺界的认可，进而更快取得从艺成功。古语有云：闷坐十年山，不如名师一指点。门里门外只隔着一张纸，纸没捅破就什么也看不见。但要是得到名师指点，就很容易捅破这层纸而容易入门了。很多艺术家成才成名的经历，都少不了名师指点。如达·芬奇成为一代宗师离不开其老师安德烈·德尔·韦罗基奥林的指点，李可染得到其老师林风眠的真传，继而又培养了徐建明、杨延文等关门弟子。正是一代又一代名师的传帮带，才使各门艺术的成功传人及经典作品层出不穷。可见，站在巨人肩头更容易成为巨人，名师法则是从艺成功的重要法则之一。

遵循名师法则的基本要求：

一是要有从艺兴趣和志向，并具备一定的艺术功底。没有艺术兴趣和志向，就失去了积极主动获取名师指点的动力，名师也往往不愿指点。没有相当的艺术底子，就无法接受和领悟名师的指点，名师也无从予以指点。比如，没有绘画的兴趣和志向，更不具备艺术功底，就不会主动去欣赏也看不懂世界名画。

二是考取相关艺术院校就读。当今艺术界的名师以及古今中外的艺术名作相对集中于高等院校，因而获得名师指点的最有效途径是选择性报考相关艺术院校本科生及研究生，以利于接受名师的系统培养。

三是主动寻求机会接受名师指点。从艺者应积极主动寻找和创造机会以艺术名人为师。如听相关讲座，参观相关作品展，观摩其艺术表演，送作品请求其批评指点，寻找机会拜名人为师成为其弟子等。

四是认真研读相关名作，仔细揣摩和理解其精髓。名作代表了一定历史时期相关领域的最高水平，成为人类发展历程中追求至真至善至美的时代经典，是启迪后人创新发展的精神和智慧的火花，通过认真精读研究相关名作，可吸取其艺术精华，有效提高相关创作水平。

五是消化吸收并在创作实践中内化。师傅引进门，学艺在个人。只有将名师名作的精髓内化为自己的艺术素质，才能实现名师法则的应用价值。

三、风格法则

艺术风格指作者在艺术创作实践中所呈现出来的独特的创作个性与鲜明的艺术特色，是艺术作品在内容与形式上所表现出来的较为一贯而稳定的艺术特色。中国古代南朝梁代文学理论家刘勰的在其《文心雕龙》中，把艺术风格分为典雅、远奥、精约、显附、繁缛、壮丽、新奇、轻靡等八类；晚唐诗人、诗论家司空图在其论诗专著《二十四诗品》中，把诗歌的艺术风格分为雄浑、冲淡、纤秾、沉着、高古、典雅、洗练、劲健、绮丽、自然、含蓄、豪放、精神、缜密、疏野、清奇、委曲、实境、悲慨、形容、超诣、飘逸、旷达、流动等二十四品类；一些艺术家和艺术评论者将近现代艺术作品的艺术风格分为现实主义、表现主义、立体主义、未来主义、抽象主义、印象派、野兽派、形而上主义、超现实主义、极简主义、新现代主义、后现代风格等；也有很多文艺评论家将艺术风格划分为浪漫主义和现实主义两大类。无论哪种分法，都是无法穷尽的。由于艺术家不同的生活经历、艺术素养、思想情感、对事物独到观察和理解及审美倾向的不同，且艺术风格的形成受到时代、社会、民族等历史条件的影响，同时又受到艺术题材及体裁、艺术门类对作品风格的制约，因而从理论上说，艺术风格具有无限的丰富性。在艺术发展史上不同艺术风格的作品灿若明星。中国特色社会主义的艺术，提倡政治方向的一致性和艺术风格的多样性，鼓励艺术家在"二为"方向、"双百"方针的指引下，发展不同的艺术风格。

风格法则指从艺者要取得成功必须形成自己独到的艺术风格。

遵循风格法则对于从艺成功的重要意义：

其一，只有形成自己的艺术风格，才能表明作者在艺术创作上趋于成熟。从艺者的成长道路无不经历模仿、揣摩、传承、试创作、自由创作等过程。一旦形成自己特有的风格，就代表自己达到一定的艺术水准，能够使作品的内容和形式高度统一，对事物观察体验独到深刻，思想情感精辟丰富，相关艺术手法运用娴熟，能集中而准确地反映出时代、民族或从艺者个人的精神气质和审美理念，从而说明在艺术上超越了幼稚阶段达到了成熟。

其二，只有形成自己的艺术风格，才能说明作者在艺术创新上有所成就。艺术风格的主要特征就是有别于其他相关作品的具有独特新意，或者说与前人同类作品相比较在角度选择、内容把握、表现形式及艺术手法等方面有创新之处。要形成特有的艺术风格必须摆脱各种模式化的束缚，在继承优秀传统基础上敢于创新，尽量体现自己对相关素材的理解，以及在创作手法的运用、塑造形象的方式、艺术语言的驾驭等方面的独创性，结合时代特点更为深刻并相对稳定地表达或展示审美对象，实现艺术创新。

其三，只有形成自己的艺术风格，才能超越平庸，获得艺界及社会的认可，实现艺术价值。一件艺术作品具有独到的艺术风格，就能深刻和生动地表达艺术对象和作者的思想情感，使作品更能打动观者，使人深思，引发共鸣，具有感染力和穿透力，从而被艺术界和社会认可和赞誉，更能实现作品的社会价值、艺术价值和经济价值。现实中，缺乏独特艺术风格的平庸作品比比皆是，往往使人过目即忘，难以留下印痕。艺术大师的作品无不以其独特的艺术风格引领潮流，并对当代艺术及后世产生巨大影响力。如意大利文艺复兴时代米开朗琪罗的雄强、达·芬奇的深沉、拉斐尔的优雅；又如我国古代汉魏六朝画作的"迹简而意澹"，初盛唐画作的"雄浑壮丽"，近代徐悲鸿的中西结合、齐白石的乡土气息等，均以典型的艺术风格流传于世。可见，风格法则是从艺成功的重要法则之一。

遵循风格法则的基本要求：

一是必须打牢艺术功底。任何艺术风格绝不是脱离艺术基础的胡编乱造，也绝不是以异想天开或怪诞来哗众取宠，只有打牢扎实的艺术功底，才能挥洒自如，神到笔到，精准深刻地表达个性。因而必须通过长期刻苦学习，脚踏实地潜心钻研，对相关艺术领域的各种技能技法运用自如，对相关基础理论知识融会贯通，使自己具备扎实的艺术功底。这是形成艺术风格不可逾越的基本途径。可见，从艺初期如艺术专业学生，还不具备扎实的艺术功底，最好不要过早刻意追求所谓"风格"。

二是要凝聚对事物独到的理解和思考，形成自己特有的思想情感。艺术风格从形成的主观因素来说，是作者个性人格的体现，思想情感是其中的主要因素。作者在具备扎实的功底及深厚的文化修养的基础上，对创作对象有着与众不同的深刻思考和丰富情感，并用独具特色的形象和手法表达出来，就形成了自己的风格。也就是说，思想情感是艺术风格的灵魂，要想形成自己的艺术风格，必须在作品中注入自己的灵魂。这需要从艺者尽量丰富自己的阅历，加强文化修养特别是哲学修养，积极拓展艺术实践，在创作实践中培养和提升思想情感，逐步形成自己独特的艺术风格。

三是要善于理解和把握民族特色和时代特征。艺术风格从形成的客观因素来说，一定民族特色及一定历史时期的社会风尚，政治、经济、文化方面的倾向对艺术家的个人风格产生巨大影响。作者的个性人格不可能脱离民族特色和时代特征。归根结底，民族特色和时代特征才是艺术风格的本质。这就要求从艺者必须继承和发扬民族传统文化精髓，并紧跟时代，将民族特色和时代特征有机结合融为一体，用具有特色的艺术语言展现出来，就会逐步形成独特的艺术风格。

四是勇于超越，大胆创新。要追求风格的独到性，就离不开超越和创新，超越既指对传统艺术表现形式及其技法的超越，也指对作者自己习惯思维及现有艺术水平的超越。要了解和参透相关艺术领域的多种风格，深谙其内在规律，汲取其精华，自始至终要抱着超越的理念去钻研，多学习并尝试各种不同的表现手法，学会在借鉴多种艺术表现手法和表达方式中融合自己的创意，找到最适合自己的且与那些我们已看见过的风格不同的艺术风格。

四、创新法则

艺术作品是创新的产物，没有创新就没有艺术作品。艺术创新是一种在追求至真至善至美的价值目标引领下，在传承优秀传统基础上发现、发明、改进、完善和超越的文化创新活动，主要包括创作理念创新、艺术题材创新、表现形式创新、表现方法创新、艺术风格创新以及发现新材料，发明新技法、提出新见解等等。这些创新的关键在于思维创新，即突破既有经验的局限或常规思路的束缚，以独到的眼光，全新的视角，新颖巧妙的艺术构思，更深更广地挖掘历史和现实及未来的各种题材，追求和弘扬真善美。创新法则指从艺者要想取得成功，必须坚持艺术创新。

遵循创新法则对于从艺成功的重要意义：

其一，创新是推动艺术发展的直接动力。传承前人的技艺和风格是艺术的重要特征之一。所谓非物质文化遗传，体现的就是一种传承精神。但只有传承而没有创新，只会停留在临摹和模仿阶段原地踏步，故步自封，停滞不前，这样艺术就失去生命力，不可能长足发展。从远古图腾到现代艺术，艺术的每一步重大发展，都离不开重大创新；

其二，创新是取得从艺成功的必然途径。只有开展创新思维，才能在繁纷复杂的社会生活或习以为常的想象中发现新的艺术素材和艺术形式，才能在传承传统艺术过程中发现需要改进和完善的地方，产生新的创意和摸索出新的技艺，找到新的表现手法，进而创作出优秀的艺术作品。如果因循守旧，不思进取，没有创新，就只能在前人的探索道路上亦步亦趋，不可能取得有价值的艺术作品。古往今来的无数艺术家的成功之道，就在于在传承基础上不懈创新。我国近现代著名画家齐白石先生曾五易画风，一生不停地改变、创新。其晚年作品比早期更加完美成熟，形成了自己独特的流派与风格。他经常告诫弟子的一句话是"学我者生，似我者死"。欧洲的教堂建筑从一开始呆板的巴雪利卡式到后来希腊的十字式，最终形成的纤巧轻盈，挺秀轻快的哥特式，其中无不渗透着艺术家的创新。徐悲鸿有一句名言："道在日新，艺亦须日新，新者生机也，不新则死。"

其三，只有创新才能创作出有价值的艺术作品。只有创新，才能发现新的艺术题材，找到新的表现方法，塑造新的艺术形象，形成新的艺术风格，追求至真至善至美，进而突破和超越前人，产生具有更适应时代要求的具有重大价值的艺术作品。在艺术发展史中，那些有重大价值特别是重大艺术价值的作品，无不是作者艺术创新的结果。相反，没有创新，只是传承和抄袭别人的作品，就不可能产生较大的艺术价值。可见，创新从艺成功最重要的法则。

遵循创新法则的基本要求：

一是要加强艺术创新思维理论知识的系统学习，并结合自己的艺术创作实践加以内化。要广泛涉猎，熟悉相关艺术发展史，学习和体会相关艺术家艺术创新的过程和创作经历，具有广博的知识面，从中获得激励和启发；

二是尽量丰富自己的社会实践阅历，积极开展艺术采风活动。生活是艺术的源泉。通过社会实践和艺术采风可锻炼自己敏锐的洞悉力，不断捕捉新的艺术素材，激发自己的艺术灵感；

三是训练自己独到的眼光，善于从与众不同的新视角思考问题。独到的艺术风格是艺术作品的生命，只有具备独到的眼光，善于从与众不同的新视角思考问题，才能形成不落俗套的艺术构思和创意，进而形成自己的艺术风格。

四是积极开展创新思维。艺术创新的关键在于思维创新，艺术领域的创新思维有形象思维、逻辑思维、发散思维、想象思维、联想思维等。其中，形象思维是艺术创作的主要思维方式。要善于联想和想象，塑造新颖的艺术形象，典型化、多样化地反映社会生活，表达思想情感。

五是善于在传承中创新。艺术创作离不开传承传统艺术的精髓，要学会边传承边思考，在传承传统技艺过程中留心注意与现实的差异和存在的不足，思考用什么新材料、新方法使其更完美，更适应现代和未来人类的审美需要；

六是不断追求卓越。做到每件作品每个细节殚精竭虑，不甘凡俗平庸，力求精益求精，追求尽善尽美。"衣带渐宽终不悔，为伊消得人憔悴"，达到"梦里寻她千百度，蓦然回首，那人却在灯火阑珊处"的境界。

📖 讨论——辩论

1. 举例说明，取得从艺成功必须遵循哪些从艺成功法则？
2. 举例说明，为什么要取得从艺成功必须遵循从艺成功法则？

第五章　从军成功法则

从军即参军入伍。从军成功是每个从军者理所当然的理想和追求，只有遵循从军成功法则，才能实现从军成功。

第一节　从军成功的主要表现

从军成功主要表现为以下四个方面：

一、为保卫祖国作出贡献

保卫祖国是指从军者履行捍卫国家主权、统一和领土完整的职责，维护国家安全。从军者为保家卫国作出贡献主要体现在三个方面：

抵抗外来侵略。1937 年 7 月 7 日，日军在我国北平（今北京）西南的卢沟桥附近，以军事演习为名，向当地驻军发动进攻，发动了全面侵华战争，中国全面抗日战争由此开始。抗日战争中，陈赓任八路军第 129 师 386 旅旅长一职，领导根据地军民浴血奋战，指挥了长生口、神头岭等游击战、伏击战，多次粉碎日军的围攻和"扫荡"。后来日军专门制定针对他们的作战方案，甚至打出了"专打 386 旅"的口号。陈赓在抗日战争中战果累累，为战争胜利作出了重要贡献，获一级八一勋章，一级独立自由勋章，一级解放勋章，于 1955 年被授予大将军衔，被誉为"常胜将军"。

维护国家主权。2001 年 4 月 1 日，飞行员王伟和战友在中国南海执行巡航任务，其间发现一架非法进入中国领空的美国侦察机。王伟奉命执行对美军电子侦察机的跟踪监视飞行任务，试图将美机驱逐出境。在飞行过程中，美机多次做出危险动作挑衅，并撞压王伟战机的尾部，将王伟驾驶的飞机垂直尾翼打成碎片，使得飞机翻滚坠落。此时，王伟仍继续驾驶着已经完全失控的战机，用自己血肉之躯为救护战机做最后的冲刺，后坠入南海，英勇牺牲。在执行这次任务时，王伟坚毅果敢，沉着冷静，英勇顽强，用自己的生命保卫祖国领空、捍卫国家尊严，谱写了一曲革命英雄主义的壮丽凯歌，被中央军委追授"海空卫士"荣誉称号，被追授"中国青年五四奖章"。

捍卫领土完整。2020 年 6 月 15 日，在中印边境加勒万河谷地区，印军公然违背与中方达成的共识，跨越实控线非法活动，发动挑衅攻击。按照处理边境事件的惯例和双方之前达成的约定，团长祁发宝本着谈判解决问题的诚意，带几名官兵前出交涉，却遭对方蓄谋暴力攻击。在前出交涉和激烈斗争中，团长祁发宝身先士卒，身负重伤；营长陈红军、战士陈祥榕突入重围营救，奋力反击，英勇牺牲；战士肖思远，突围后义无反顾返回营救战友，战斗至生命最后一刻；战士王焯冉，在渡河前出支援途中，拼力救助被冲散的战友脱险，自己却淹没在冰河之中。他们5位英雄戍守边防，将青春、鲜血乃至生命留在喀喇昆仑高原，为守卫我国边境、捍卫领土完整作出了重大贡献。

保卫祖国是从军者的根本职责。正所谓"天地生人，有一人当有一人之业"。古往今来，从军者从来都是与国家休戚与共，誓死保卫祖国是从军者的入伍誓言和崇高使命，守卫神圣领土、捍卫国家安全是从军者的天职。历史上许多从军者保卫祖国的壮举，生动诠释了"军人生来为报国"的高尚情操：戚继光身先士卒，实现了他的"封侯非我意，但愿海波平"的灭倭志向；邓世昌立志杀敌报国，率全舰官兵誓与军舰共存亡，最后以身殉国……千百年来，保卫祖国始终是从军者的崇高追求，已经深深融入从军者的血脉和灵魂。虽然新时代从军者的职能使命不断拓展，但保卫祖国的根本职责不会改变，保卫祖国永远是广大从军者共同为之奋斗的伟大事业。

为保家卫国作出贡献是从军成功的根本表现。保卫祖国直接关系到国家安全，是全国各族人民的根本利益所在。习近平多次在不同场合强调，国家安全是国家发展的最重要基石、人民福祉的最根本保障。从军者只有立志为保卫国家作出贡献，坚决捍卫国家的主权、统一和领土完整，国家安全才能有保障，才能为国家其他事业的发展提供保障，推动国家经济社会发展目标的实现，使人民过上安居乐业的生活。否则，国家独立可能受到挑战，甚至会面临国家解体或灭亡的危机，民族复兴也就不可能实现，从军成功就无从谈起。安而不忘危，存而不忘亡，治而不忘乱。如今，国内外环境发生深刻变化，威胁中华民族生存的各种不稳定因素依然存在。为了中华民族的伟大复兴，从军者必须永葆危机意识，练就一身保卫祖国的过硬本领，随时准备为保卫祖国作出贡献。

二、为保护人民生命财产安全作出贡献

保护人民生命财产安全是指从军者以全心全意为人民服务为宗旨，坚持人民至上、生命至上的原则，在自然灾害、事故灾难、公共卫生事件和社会安全事件等突发事件中，切实保护好人民的生命和财产安全，维护社会稳定。从军者为保护人民生命财产安全作出贡献主要体现在两个方面：一是积极参与突发安全事件的救援工作，做好人员搜救和伤员救治，妥善转移安置群众，减少人员伤亡；二是协助开展灾后重建工作，恢复人民群众生产生活秩序，减少人民群众财产损失。

2008年汶川地震中，原成都军区驻川某通信团时任七连副连长邓强，地震后一直在距自己家不到1公里的地方抢险救灾。连续奋战3个昼夜后，邓强接到父亲遇难去世的噩耗，部队考虑到此情况，特批他回家处理后事，但邓强面对国难大义凛然，坚持救灾，斩钉截铁回复领导："既然我已经没有了父亲，就只能尽可能让别人不再失去父爱。多一个人多一份力量，我掂得出孰轻孰重。"在完成了艰苦卓绝的抗震救灾斗争后，部队又立即转入灾后都江堰至马尔康通信光缆重建工程。由于重建任务巨大，自然灾害不断，部分官兵产生了松懈、畏难情绪，此时已升任连队指导员的邓强喊出了"共产党员站排头、向前冲"的口号，带领"党员突击队"专啃"硬骨头"。为了加快进度，他还带头脱掉手套，大声喊道："都把手套摘下来，赤手空拳跟我拉！"邓强和好几名官兵的手掌很快就磨起了血泡，连队文书多次把手套递上去，邓强都边推边笑说："为了早日为灾区架通'信息高速公路'，再多打两个血泡也无妨！"邓强在汶川抗震救灾中深明大义、奋勇当先、不畏艰

难，为保护人民生命财产安全作出了重要贡献。

保护人民生命财产安全是从军者践行"全心全意为人民服务"宗旨的具体体现。正如习近平所强调的，前进道路上，人民军队必须牢记全心全意为人民服务的根本宗旨，任何时候任何情况下都做人民子弟兵。人民子弟兵饱含着从军者和人民群众之间同呼吸、共命运的鱼水之情。从长征路上的"彝海结盟""小米加步枪""半条被子"到解放战争中的小推车，再到中华人民共和国成立初期新疆生产建设兵团开发中国大西北，和平建设时期重大灾害时军民患难与共、共克时艰的情景等，都是军民鱼水情的生动体现。而推动军民鱼水情形成与发展的关键就是从军者要贯彻全心全意为人民服务的宗旨，始终站稳人民立场，牢记为人民扛枪、为人民打仗的神圣职责，始终以人民的忧乐为忧乐、以人民的甘苦为甘苦，切实解决群众关心的问题，保护好人民生命财产安全，始终做人民信赖、人民拥护、人民热爱的子弟兵。

为保护人民生命财产安全作出贡献是和平年代从军成功的核心表现。和平时期，国家重心转向经济发展、社会进步，从军者的职责也随之有所变化。相较于战争时期，从军者必须为经济发展、社会进步提供更多的力量支撑。比如改革开放初期，邓小平提出了"军队要忍耐"的思想，自觉地服从国家经济建设的大局，以历史上最低的军费守卫祖国，助力国家建设和发展①。当前，民生问题是我国经济发展、社会进步的关键，守护民生、维护社会稳定则是从军者的重要任务。从军者只有立志为保护人民生命财产安全作出贡献，切实保障人民群众利益，才能赢得群众拥护，加强军政军民团结，加快军民融合发展，为军队建设发展提供保障；才能充实人民的安全感、幸福感，提升人民的满意度，为政治稳定、社会安宁提供有力保障。相反，如果从军者不积极保护人民生命财产安全，一方面，人民没有幸福感和安全感，就可能导致各种矛盾激化、社会动荡混乱等问题，严重威胁到国家与社会稳定；另一方面，从军者也无法得到人民的信任与支持，显然是不能成功的。

三、为国防建设作出贡献

国防建设是指国家为防备和抵抗侵略，制止武装颠覆和分裂，保卫国家主权、统一、领土完整、安全和发展利益所进行的军事活动，以及与军事有关的政治、经济、外交、科技、教育等方面的活动。从军者为国防建设作出贡献主要表现为三个方面：

参与军事训练，练就过硬的军事素质。军事训练直接为战争服务，目的在于生成与提高从军者的作战能力。2020年全军军事训练先进个人陈晶，入伍14年来，始终用行动践行着"当兵就当能打仗的兵"的入伍誓言：三伏天，他每天坚持趴在滚烫的靶场地面卧姿射击据枪练习3小时；下雨天，为避免枪支性能受影响他会将雨衣盖在枪上，自己却泡在雨水里继续专心瞄准。正是凭借成千上万次枯燥而寂寞的苦练，陈晶夺得了"狙击枪王"的称号，并在国际军事比武中多次创造佳绩，在全军发挥着榜样引领作用。

投身国防科技研究，促进武器装备革新。国防科技直接用于国防领域，是最现实和最直接的核心战斗力，关系到未来战争的胜负。20世纪末以来发生的局部战争充分表明，谁掌握了先进国防科技、谁拥有技术装备优势，谁就拥有更多的战场主动权。"国防科技

---

① 邓小平文选(第3卷)[M]. 北京：人民出版社，1993.

事业奋斗终身的科技工作者模范"林俊德院士,是我国爆炸力学与核试验工程领域著名专家。入伍 52 年来,他扎根戈壁,始终坚守科研试验一线,参加了我国全部核试验任务,带领科技人员突破多项核心技术,先后荣获国家科技进步奖 4 项、国家技术发明奖 2 项、军队科技进步奖 31 项,为铸就国防科技作出了卓越贡献。

开展军事理论研究,推动战略战术创新。军事理论作为军队建设的先导,是建成世界一流军队的强有力支撑,是战争制胜的前提条件。军事理论源于实践,是伴随战略环境、军事技术、战争形态的变化而发展的,绝不能因循守旧,必须依据时代背景加以创新。原军事科学院副院长李际均,被称为中国军队的"克劳塞维茨"。在军事科学院,他全身心投入科研,经常一个人在办公室通宵达旦,提出了大量极富理论价值的见解,诞生了许多重要的学术研究成果,如《军事理论与战略实践》《论战略》《军事战略思维》等著作,对在新的条件下建军强军有重要意义。

为国防建设作出贡献是从军者的基本目标。国无防不立,民无兵不安。国防实力作为国家综合力量的综合体现,国防越是强大,遏制战争发生的力量就越大,打赢战争的力量就越大,实现祖国统一和民族复兴的力量就越大。从军者作为国防建设的主体力量,是国家国防实力的重要组成部分。从军者只有为国防建设作出贡献,才能确保一旦有事拉得出、上得去、打得赢,才能有备无患,防患于未然,在未来战场立于不败之地。另外,参与国防建设也是从军者履行职责与使命的基础,是检验从军者能力的重要标准。正所谓"打铁还需自身硬,绣花要得手绵巧",从军者只有在各自岗位上兢兢业业,各司其职,练就打赢未来战争的过硬素质,研发适应未来战争的军事武器,构建引领未来战争的作战理论体系,才能保卫祖国、保护人民生命财产安全。否则,缺乏过硬本领,在危难时刻无所作为,是没有价值的从军者,无法取得成功。

为国家的国防建设作出贡献是从军成功的首要表现。参与国防建设是从军者的日常中心工作和经常性活动,是每位从军者的本职工作所在。不论是投身军事训练,还是参与国防科技和军事理论研究,只要每位从军者在各自的岗位做好、做强本职工作,均是在为国家的国防建设作出贡献。同时,从军者也只有在为国家的国防建设作出贡献的基础上,才能在国家和人民需要时作出更大的贡献。另外,并不是所有从军者都有机会参与保卫祖国、保护人民生命财产安全的实践活动中,尤其是当下正处于相对和平稳定的安全环境中。因此,为国防建设作出贡献是当下环境中从军者取得从军成功最直接的方式,也是从军者取得成功最主要的途径。

四、为维护世界和平稳定作出贡献

维护世界和平稳定是指从军者以构建人类命运共同体为使命,履行中国作为负责任大国的应有义务,积极为维护世界和平稳定贡献中国力量,做世界和平的建设者、全球发展的贡献者、国际秩序的维护者、公共产品的提供者。从军者为维护世界和平稳定作出贡献主要表现为:一是维护边疆地区和平稳定,坚决打击地区霸权主义行为;二是积极参与海外维和行动,完成雷场清排、物资运输、医疗救护、保护平民等任务;三是积极参与国际军事演习,加强国际军事合作;四是有效遂行国际人道主义救援等重大任务,如亚丁湾护航、非洲抗击埃博拉疫情、新冠疫情救援等行动。

中国第六批赴马里维和警卫分队快反中队中队长李庆昆，两次完成马里维和任务。2012年，非洲西部的马里发生军事政变，中国向马里派出维和警卫分队。得知所在部队奉命组建警卫分队的消息，正在参加全军特种兵比武的李庆昆第一时间报名。团领导的答复是："想去维和，拿比武成绩说话！"李庆昆拼命训练，最终取得3金1银1铜的佳绩，获得了参加维和的"资格证"。在对反政府军进行威慑的演习中，他以过人的胆识在反政府武装阵地前打响了第一枪；在奉命带队护送联合国官员的路途中，他发现异常情况后果断变更任务路线，以杰出的谋略躲过炸弹的袭击；在为受伤的联合国雇员取血途中，他与战友被武装分子拦截，他不惧直抵胸膛的枪口，高举五星红旗，以无畏的精神成功穿过检查站。在马里维和的500多个日夜里，李庆昆带领队伍5次成功规避恐怖袭击，完成警戒护送、处置恐怖袭击等数百次任务，用过硬的素质擦亮了"中国名片"，为维护世界和平稳定作出了重要贡献，两次被联合国授予"和平荣誉勋章"。

维护世界和平稳定是从军者的重要追求。从军者作为中华民族的和平使者，其参与维护世界和平稳定的行动代表了中国崇尚和平、希冀和平的强大信念，以及维护世界和平、促进共同发展的坚定决心，其在维护世界和平稳定行动中的一言一行关系着中国的国际形象和国际地位，因此，参与维护世界和平稳定的从军者都是被精心挑选出来的人才。比如，维和官兵不仅要具备扎实的军事素质和心理素质，而且要掌握基本的外语能力，他们必须过五关斩六将，通过严格考核，最终才能成为维和部队的一员。可以说，他们都是从军者的优秀代表，参与维护世界和平稳定的行动本身就体现了他们过硬的素质。

为维护世界和平稳定作出贡献是从军成功的重要表现。从军者只有积极为维护世界和平稳定作出贡献，彰显理性、自信、负责任的中国从军者形象，才能巩固我国的国际地位，为世界和平发展增加更多稳定性和正能量，为中国发展营造良好国际环境。如果从军者在维护世界和平稳定的行动中缺乏担当，不仅不利于人类命运共同体的构建，也将严重有损我国的国际形象和国际地位，甚至可能威胁到国家发展和安全。习近平在党的二十大报告中表示，当今世界之变、时代之变、历史之变正以前所未有的方式展开，和平、发展、合作、共赢的历史潮流不可阻挡。新阶段的历史使命，也赋予了从军者崇高的职责和艰巨的任务，从军者必须始终践行维护世界和平、促进共同发展的外交政策宗旨，在维护世界和平与发展中更加有所作为，为推动构建人类命运共同体贡献更多力量。

第二节　从军成功的法则

从军者想要取得成功，必须以新时代强军思想为根本遵循和行动指南。具体来说，从军成功必须坚持听党指挥、能打胜仗、作风优良、不怕牺牲法则。

一、听党指挥法则

听党指挥意指听党的话、跟党走，具体来说：一是以马克思主义信仰、共产主义远大理想、中国特色社会主义共同理想为信念，始终保持对实现中国梦、强军梦的坚定信念；二是对党忠诚，自觉坚持党对军队绝对领导的根本原则和制度，始终在思想上政治上行动上同党中央、中央军委保持高度一致，一切行动听从党中央、中央军委指挥。

听党指挥法则是指只有坚持听党指挥，才能取得从军成功。

只有坚持听党指挥法则，从军者才能坚定理想信念，把握正确的前进方向。马克思主义价值观理论认为，如果一个人、一个政党，不强调信念、理想这些理性价值观念的主导作用，欲望、动机等非理性因素就可能危及个体的生存和发展。在当代中国，坚决听党指挥就是从军者的理想信念所在，是从军者成长成才的价值遵循。从军者只有坚持听党指挥法则，才能在重大政治问题上旗帜鲜明、坚持原则，始终保持不为强敌所屈、不为金钱所动、不为名利所惑的革命气节。尤其是当前世界百年未有之大变局加速演进，意识形态领域斗争尖锐复杂，敌对势力始终把从军者作为意识形态渗透的重点，稍有不慎，就可能酿成大错。因此，从军者一定要坚持听党指挥。否则，就可能出现方向性错误，迷失方向、堕落变节。如红军长征途中，张国焘由于理想信念缺失，擅自率领军队南下，另立中央，企图分裂红军，投靠国民党，最终被中共中央开除党籍，背负骂名。

只有坚持听党指挥法则，从军者才能敢于担当，忠诚履行使命。听党指挥是从军者坚决履行职责与使命的精神动力，是从军者砥砺奋进、建功立业的成功"密钥"。从军者只有坚持听党指挥，才能坚决做到"党指向哪里，就打到哪里"，自觉地把国家利益和人民利益放到首位，真正做到只要祖国和人民需要，一声令下，挺身而出、主动请战，迎接一切急难险重挑战，圆满完成党和人民赋予的任务。否则，在危急时刻不能冲锋在前，紧要关头不敢担当作为，无法履行职责使命，必将是失败的从军者。在上甘岭战役中，黄继光所在营队所肩负的任务频频受阻，关键时刻黄继光挺身而出，请求担任爆破任务，在决心书上写道："坚决完成上级交给的一切任务，争取立功当英雄，争取入党。"为了战斗的胜利，他用自己的胸膛堵住了敌人的枪眼，直至壮烈牺牲，为部队冲锋扫清了道路，被授予"特级英雄"称号。

遵循听党指挥法则，从军者必须做到：

其一，坚定理想信念。法国著名作家罗曼罗兰说过："最可怕的敌人，就是没有坚强的信念"。理想信念是从军者精神上的"钙"，没有理想信念，或是理想信念不坚定，精神上就会缺钙，就会得软骨病。从军者必须加强党的科学理论武装，深入学习钻研马克思主义基本原理和党的创新理论最新成果，把学习成果转化为正确的世界观、人生观、价值观，不断筑牢信仰之基、补足精神之钙、把稳思想之舵，增强"四个意识"、坚定"四个自信"、做到"两个维护"，保持对中国特色社会主义共同理想和奋斗目标的清醒认知和崇高追求，始终做理想信念的坚定信仰者和忠实践行者。闽浙赣革命根据地主要创始人方志敏，1935年1月29日，在反"围剿"战斗中被俘后，困于南昌国民党驻赣绥靖公署军法处看守所，面对敌人以高官厚禄劝降，他斩钉截铁地回答道："我们军事上是暂时失败，政治上是不会失败的。我们一定会胜利，共产主义一定要在中国实现的！"方志敏始终保持从军者的革命气节，用生命坚守理想信念，被毛泽东称赞为"以身殉志，不亦伟乎"的人民英雄。

其二，对党绝对忠诚。习近平指出："对党绝对忠诚，要害在'绝对'两个字，就是唯一的、彻底的、无条件的、不掺任何杂质的、没有任何水分的忠诚"。对党忠诚，从军者必须以高度的政治责任感贯彻落实党的理论和路线方针政策、党中央作出的决策部署，做到党中央决定的坚决执行、党中央禁止的坚决不做。对党忠诚，从军者就要严守并维护党的政治纪律和政治规矩，始终在政治立场、政治方向、政治原则、政治道路上同党中央保持高度一致，自觉遵守和维护党的组织原则和党内政治生活准则，对于编造传播政治谣言、污化党和国家的言行，要敢于批评，敢于制止。"共和国勋章"获得者张富清始终高举旗帜跟党走：革命战争年代，张富清同志坚决做到"党指到哪里，我就走到哪里，打到哪里"，他多次参加突击组打头阵，因作战勇猛，受到彭德怀多次接见并亲手授功；新中国建设时期，张富清退役转业，尘封功绩，主动选择到湖北艰苦偏远的恩施来凤县工作，为贫困山区奉献一生。在退役军人信息采集工作中，他考虑再三，才让子女拿着60多年"压箱底"的立功证书去登记，出发点也是对党忠诚，他说"党和国家开展退役军人信息采集工作，如果不如实向党报告，那就是对党不老实。"张富清用一辈子践行着对党忠诚的誓言，是从军者的榜样。

二、能打胜仗法则

能打胜仗是指从军者具备召之即来、来之能战、战之必胜的过硬能力，能不折不扣完成党交付的各项任务，不仅能在战争上赢得胜利，也能圆满完成抗险救灾、重大军事演习等任务。

能打胜仗法则是指从军者只有能打胜仗，才能取得从军成功。

只有坚持能打胜仗法则，从军者才能具备从军成功的基本能力，实现职业价值。"军人生来为战胜，甘将此身常报国"，从军者生来为打仗，能打胜仗是从军者的立身之本、看家本领，是从军者的根本价值所在，能打胜仗的本领越过硬，就越能体现从军者的价值。俗话说："当兵不吃苦，回家卖红薯；武艺练不精，不算合格兵"，作为从军者，应该将能打胜仗作为全力以赴的主业，作为精益求精的专业，将一切工作紧紧围绕能打胜仗来展开，始终把"打赢"作为最高价值追求，进而实现人生价值。然而实际生活中，少数从军者存在着"不想谋战想谋生，不为打仗为打工"的思想，以及"仗打不起来""打仗用不到我"的侥幸心理，轻视当兵打仗的责任，不在提升本领上下功夫，而是在忧出路、思退路上动脑筋，能力与备战打仗要求相差甚远。从军者必须明白，如果不具备能打胜仗的本领，无法应对各种挑战和考验，就绝不可能实现从军成功。

只有坚持能打胜仗法则，从军者才能确保党和人民需要的时候能够拉得出、上得去、打得赢。孙子曰："兵者，国之大事，生死之地，存亡之道，不可不察也。"每位从军者作为战斗队的关键一环，其是否具备能打胜仗的本领直接关系到整个军队的战斗力水平，影响到国家的兴亡成败。从军者只有遵循能打胜仗的法则，具备敢打必胜、一剑封喉的真本事，才能让心怀鬼胎的觊觎者望而却步，才能在生死对决的战场上克敌制胜，才能捍卫国家主权、安全、发展利益，才能为中华民族的伟大复兴提供战略支撑，做到不辱使命、不负重托，让党和人民放心。否则，从军者断然打不败敌人，自身生命安全无法保证，到了战场上不是折臂断腿，就是折戟沉沙，难以赢得战争胜利，国家安全和人民安全也无法得到保障。

遵循能打胜仗法则，从军者必须做到：

其一，加强军事理论学习。军事理论来源于军事实践，揭示了战争的本质和基本规律，能为战争提供理论指导。党的军事指导理论是核心，从军者要认真学习毛泽东军事思想、习近平强军思想，全面理解把握军事基本思想和方针原则以及党中央、中央军委的重大方针决定。现代军事战略理论、现代作战理论是主体，从军者要积极了解国家安全形势、世界地缘政治斗争、军事发展大势，掌握现代军事技术、信息化战争，运用现代科技网络化思维、大数据思维，推动军事战略和作战理论创新。古代、近代军事思想是重要补充，从军者要积极钻研《孙子兵法》《吴子兵法》《战争论》《论大规模军事活动》等军事著作，从读兵书中学谋略、长知识、增技能，不断汲取打赢智慧。刘伯承一生不喜娱乐，一心钻研打仗，他利用作战和工作间隙，翻译了大量苏联的军事著作，系统研究了罗马战史、拿破仑战史、日俄战争史等，指挥了强渡大渡河、飞夺泸定桥等一系列战争胜利，被赞为"论兵新孙吴，守土古范韩"。

其二，狠抓军事化训练。训练是从军者锻造过硬军事本领的唯一途径。所谓"宜将剑戟多砥砺，不教神州起烽烟"，英勇善战的部队是练出来的，血性十足的从军者是训出来的，从军者必须坚持求真务实的原则，全部心思像打仗聚焦、各项工作像打仗用劲，加强负重越野、拉练等项目以提升体能素质，钻研专业训练、战法训练以提升专业技能，积极参与实战化训练以提升心理素质，锻造过硬本领。战国赵括饱读兵书，健谈用兵之道，但长平之战中，由于缺乏战场经验不懂变通，中了秦军的埋伏，赵军四十余万全部被俘，后被白起设计杀害。事实证明，从军者只有真抓实备，真正具备打赢能力，才能赢得胜利。反之，如果训战脱节，用虚劲、耍花枪，未来战场就要吃苦头甚至打败仗。

其三，发扬吃苦耐劳的精神。"故天将降大任于是人也，必先苦其心志，劳其筋骨，饿其体肤，空乏其身，行拂乱其所为，所以动心忍性，曾益其所不能"。从军者担负着保家卫国的重大使命，必定要承受艰难困苦的磨炼。战场上没有舒适和安逸，从军者只有发扬吃苦耐劳的精神，投身严格艰苦的军事训练中，把艰苦环境、复杂困难、极限挑战当成磨刀石，敢啃"硬骨头"，敢接"烫手山芋"，才能练就"受得战场千般苦"的品质和"不教胡马度阴山"的能力，更好地履行职责。否则，怕苦怕累，从军者就会裹足其间、止步不前，无法激发内在的潜能、练就过硬的本领，更别说适应战场、战胜对手。

其四，永葆危机意识。生于忧患，死于安乐，只有始终居安思危，常怀胜战之忧，从军者才能充分估计困难风险，做到未雨绸缪、防微杜渐，常尽备战之责。著名的"马其诺防线"是法国为防止入侵而构筑的防御工事，之所以修建是因为法国没有意识到武器更新换代对战争的影响，认为未来战争仍会以阵地战为主，高估防守一方的优势，使得"二战"期间德国直接击破"马其诺防线"，法国沦陷。当今世界，新军事革命大潮汹涌澎湃，各主要国家都在积极抢占军事竞争新的制高点，我国面临的安全形势也错综复杂，从军者必须牢固树立危机意识，从现代化战争需要出发，紧盯网络化、无人化、智能化等前沿技术，提升驾驭信息化装备、指挥信息化作战的核心军事能力，以适应未来战争。没有危机意识的从军者，不可能成为积极进取、能打胜仗的从军者。

三、作风优良法则

作风优良具体是指从军者要具备良好的思想作风、工作作风和生活作风等，具体表现为严守纪律，坚决做到听从指挥不讲条件、执行命令不打折扣；永葆艰苦奋斗的政治本色，坚决克服形式主义、官僚主义、享乐主义；坚持真抓实干，沉下身、沉下心、沉下力去干事；发扬无私奉献的精神，做服务人民的子弟兵。

作风优良法则是指从军者只有作风优良，才能取得从军成功。

只有坚持作风优良法则，从军者才能始终保持过硬的战斗力。作风反映着政治品格、思想境界、精神状态，好的作风提升凝聚力、激发战斗力。正如习近平所强调的："丢掉了好传统好作风，就是自毁长城"。古往今来，只有作风优良的部队才能打胜仗，作风散漫注定搞垮常胜之师。对于从军者而言，如果没有优良作风的支撑，满足于过日子、图舒服、享太平，从军者必然精神滑坡、意志不坚、战备松懈、纪律松弛，出现战斗力萎缩的结果。尤其是新形势下，从军者所处的社会环境、面对的时代条件和担负的使命任务发生了深刻变化，从军者更容易精神懈怠、耽于安乐，丢掉好传统好作风，丧失战斗力。

只有坚持作风优良法则，从军者才能获得人民的信任和支持。作风优良是人民群众对从军者的重要判断标准，也是从军者凝聚民心的有效手段。人民群众的眼睛是雪亮的，从军者的作风是否优良，人民看在眼里。正所谓得道者多助，失道者寡助，军人只有作风优良，热爱人民，才能凝聚民心、积聚民智、汇聚民力，赢得胜利。朱德始终保持密切联系群众、艰苦奋斗的优良作风，抗日战争中，他一有空就出去帮助乡亲们推碾磨粮，了解人民群众的疾苦，宣传党关于改善人民生活的政策，许多人民群众就是在与朱德的交流中走上了革命道路，促进了抗日战争革命队伍的壮大。也正是凭借着优良的作风，朱德深受人民爱戴与支持，被亲切地称为人民的忠实勤务员。

遵循作风优良法则，从军者必须做到：

其一，严守纪律。习近平强调："军队是最讲纪律的，纪律严明是战斗力的重要源泉。"作为从军者，必须守好政治纪律关、道德底线关、廉洁从政关。一方面，只有内心认同尊崇纪律，才能真正使严守纪律成为一种行动自觉。这要求从军者要加深对严守纪律重要性的认识，坚持用理想信念、初心使命筑牢遵守纪律的思想根基，正确认识和处理个人与集体、纪律与自由的关系，切实增强守纪如铁的思想自觉和行动自觉。另一方面，严守纪律体现在一言一行当中，从军者要从具体小事做起。常言道："针尖大的窟窿能透过斗大的风""小洞不补，大洞吃苦"。只有防微杜渐，在私底下、无人时、细微处不放纵不逾矩不越轨，才能真正做到纪律严明。抗日战争时期，在车桥战役中，战士们恪守"禁止发洋财"的纪律规定，其中战士黄祥缴枪20余支，对散落在地的钞票一张没拿，这就是纪律严明，既要做到在大是大非问题上立场坚定、旗帜鲜明，也要在生活小节、平常小事上谨言慎行、遵规守矩。

其二，做到绝对服从。古今中外的任何军队中，绝对服从都是从军者的天职。军队作为特殊的战斗团体，只有统一指挥，统一意志，统一行动，才能确保军事行动的顺利进行，圆满完成作战任务。只有具有服从品质的从军者，才能在接到命令后勇于履行职责。反之，从军者如果在战争上没有绝对服从的思想，拒绝执行任务，整个战术思想就无法完成，可能导致任务失败。抗美援朝战争中，邱少云所在连队担负着攻击391高地的任务。为缩短冲锋距离，他和战友们奉命潜伏在高地下的草丛中，美军发射的一颗燃烧弹正好落在他身边，火势迅速蔓延到他身上。为了不暴露目标，确保全体潜伏人员安全和攻击任务完成，他强忍被烈火烧灼之痛，一声不吭、一动不动，直至壮烈牺牲。面对个人生死与战斗胜负，邱少云坚决执行作战命令，用自己的生命换来了战友的安全和战斗的胜利，是听令而行、视纪律高于生命的典范。

其三，坚持艰苦奋斗。奢靡之始，危亡之渐，一个人丢掉了艰苦奋斗的精神，必然导致工作干劲的减弱、革命意志的衰退、理想信念的动摇以及违法变质行为增加。古往今来，上自帝王将相，下至凡夫俗子，离开艰苦奋斗，没有不倒在声色犬马之中的。从军者必须继承发扬艰苦奋斗的精神，坚持"工作上向高标准看齐，生活上向低标准看齐"的理念，以俭修身、以俭兴业，厉行节约、勤俭办事，坚决抵制享乐主义、奢靡之风，始终保持淡泊名利、甘于奉献的精神风貌，切实做到吃苦在前、享受在后。共产主义战士雷锋是艰苦奋斗的模范，他说："发扬艰苦奋斗，勤俭节约的优良传统，不乱花一分钱，不乱买一寸布，不掉一粒粮，做到省吃俭用，点滴积累，支援国家建设。"同时雷锋也一直用行动积极践行着自己的誓言。面对繁重的劳动和恶劣的生活环境，他总是主动请缨、冲锋在前，挑重担、抢着干。他认为只要始终保持奋斗，是没有战胜不了的困难的。

其四，坚持真抓实干。习近平指出，空谈误国，实干兴邦。从军者做到真抓实干，就要坚持立说立行，力戒形式主义，真正把党中央、中央军委的决策部署落到实处；就要端正工作指导思想，自觉做到不图虚名，力戒浮躁，把工作的出发点和落脚点真正放在提高战斗力上；就要坚持一切从实际出发，积极探索把握规律，不断提高训练实效。何贤达新兵下连，一心梦想发射导弹的他却被分到了炊事班，自此他一边练厨艺，一边自学导弹发射专业知识和操作技能。经过艰苦磨砺，他通过了一次次考核，实现了从炊事员到发射"1号手"的跨越。何贤达满怀"把岗位当战位，把职业当事业"的热血，凭着真抓实干，执行了30余次重大任务，9次将导弹送上蓝天，排除200余起装备故障，夺得14次比武冠军，被表彰为"全军爱军精武标兵"，荣获"全军士官优秀人才奖一等奖"。其间，何贤达因为种种阴差阳错先后2次与成为军官失之交臂，别人劝他不要太拼，认为再拼也只是兵，而他义正词严地说道："兵有兵的舞台，兵更有兵的担当！当兵，我也要当一流的兵！"他始终以饱满的战斗激情投身战位，立起冲锋好样子。

其五，树立坚定的人民观。全心全意为人民服务是中国军队区别于其他军队的典型特质，可以说，来自人民、服务人民、依靠人民，是从军者优良作风的根本基础。从军者要始终忠实地实践全心全意为人民服务的根本宗旨，坚持人民至上，重视人民利益高于一切，永远保持人民子弟兵的政治本色，做到"哪里有危难，哪里就有中国从军者在冲锋；哪里有需要，哪里就有人民子弟兵在奉献"。共产主义战士张思德，被誉为全心全意为人民服务的典范。他始终牢记为人民利益工作的使命：长征途中过草地时，为了让战友们能够挖食无毒的植物充饥，他亲尝毒草；延安时期，因为粮食不足战士们总是吃不饱饭，为了让大家多吃一些，他每次吃到一半时提起水桶去打水；大生产运动时期，他主动到陕北安塞县执行烧炭任务，在即将挖成的窑洞突然塌方时，他奋力把战友推出洞去，自己却被埋在窑洞。毛泽东对张思德的牺牲，作出了高度评价："张思德同志是为人民利益而死的，他的死是比泰山还要重的。"

四、不怕牺牲法则

不怕牺牲是指从军者必须秉持甘于奉献的精神，甘愿为国家、为人民牺牲个人的一切乃至生命，做到"一不怕苦二不怕死"。

不怕牺牲法则是指从军者只有不怕牺牲，才能取得从军成功。

只有坚持不怕牺牲法则，从军者才能不畏艰苦，练就实现从军成功的过硬本领。"自古军旅多艰险，从来为武少安闲。"从军者从来就与安乐和舒适无缘，而总是与"苦、累、险、忧"相伴。宝剑锋从磨砺出，梅花香自苦寒来。没有凭空而来的成绩，从军者只有不怕牺牲，敢于吃苦，才能不屈不挠，锐意进取，敢于啃硬骨头，勇于攻坚克难，锻造过硬素质。否则，在艰难困苦的演兵场上，将缺乏英勇顽强、坚韧不拔的毅力，很难培养出过硬的军事素质，在急难险重任务面前，自乱阵脚、败下阵来。现实生活中，同样是入伍当兵，有的人刻苦训练，取得了骄人的成绩；而有的却不求上进，最终两手空空地离开部队，这正是是否具有不怕牺牲精神的结果。成功永远属于不怕牺牲、意志坚强、扎实苦干的从军者。

只有坚持不怕牺牲法则，从军者才能敢于冲锋陷阵，战胜敌人，赢得胜利。习近平深刻指出："没有顽强的意志，没有敢于牺牲的品质，再好的武器装备也不能保证胜利。"如果从军者害怕牺牲，在真打实抗的战场上将缺乏勇往直前、浴血奋战的动力，战斗时难免畏手畏脚，战斗力就会大打折扣，更不用说赢得战争胜利。尤其是现代信息化作战条件下，过去那种白刃相搏、刺刀见红的作战场景大大减少，但战争的突发性、残酷性却会空前增大，使从军者面对的生死考验更加严峻，对于没有真正参与过战争的当代从军者来说更是一大挑战，对从军者的意志品质、心理素质的考验远超以往，对从军者的不怕牺牲精神要求更高。历史上不乏由于害怕牺牲而战败的例子：1840年中英鸦片战争爆发，余步云被任命为浙江提督，协助镇守定海和镇海。定海沦陷后，英国侵略军舰队分两路，同时进犯金鸡山和招宝山，镇守招宝山的余步云临阵溃逃，致使友军孤军奋战壮烈牺牲，镇海失守。次年，道光帝批复，"余步云未能擒获敌军一兵一卒，临阵退缩，弃城而逃，畏死贪生。此等行为，若不军法处置，如何面对为国捐躯的忠臣将士？"

遵循不怕牺牲法则，从军者必须做到：

其一，强化使命意识。使命意识是从军者不怕牺牲的精神之源，只有具备强烈的使命意识，从军者才能有坚定的理想信念，在危难时刻临危不惧、挺身而出，誓死捍卫祖国和人民利益。献身使命是当代从军者价值实现的基本途径，从军者必须始终牢记"使命重于生命，责任重于泰山"，自觉锻造忠贞不渝、威武不屈的革命气节，始终忠于党、忠于祖国、忠于人民，视党和人民的利益高于一切，随时准备为党和人民牺牲一切，坚决完成党和人民交给的各项任务。排雷英雄杜富国，参与边境扫雷3年来，他累计进出雷场1000余次，拆除2400余枚爆炸物，处置各类险情20多起。2018年10月11日下午，在执行扫雷任务时，面对危险，命令战友"你退后，让我来!"排查过程中，突遇爆炸，用血肉之躯挡住了手榴弹爆炸的弹片，守护了战友的平安，而自己却失去了双手双眼。杜富国用行动诠释了新时代从军者勇于献身使命的家国情怀，以及敢于牺牲的时代风貌。

其二，磨炼顽强的战斗意志。顽强的战斗意志是从军者不怕牺牲的有力保障，只有具备顽强的战斗意志，从军者才有可能在面临险境时，勇敢奔赴一线，即使遭受挫折，亦能保持斗志昂扬的必胜心态，发挥主观能动性，尽最大努力赢取战斗的胜利。平时没有流血牺牲的胆气，战时就难有以死相搏的勇气，顽强的战斗意志不是与生俱来的，而是在艰难困苦的军事训练和军事实践中磨砺出来的。因此，从军者必须在实战实训中、在真刀真枪的比拼中磨炼意志、熔铸血性。2020 年全军军事训练先进个人颜鹏志，入伍 26 年来，始终坚持地面苦练、空中精飞，提升训练水平和战术素养，在同批飞行员中率先熟练掌握"莱维斯曼""倒 8 字盘旋"等高难度飞行动作，被誉为低空利刃"掌刀者"。他认为，雄鹰只有在风雨雷电中历经磨难才能把翅膀练硬，飞行员只有在实战实训中飞出极限才能克敌制胜。2007 年 8 月，在赴俄罗斯参加联合军演过程中，颜鹏志与战友克服云层厚、气流急、空气薄等困难，成功飞越中俄边境高达 4373 米的友谊峰，创下了 6 项纪录。颜鹏志敢于挑战最难的飞行技术、最前沿的战法，在千难万险中锤炼顽强的战斗意志，是从军者的榜样。

其三，崇尚荣誉。对于荣誉的追求是从军者不怕牺牲的强大精神动力，只有崇尚荣誉，从军者才能始终保持高昂的斗志，不辱使命。春秋战国时期著名军事家吴起曾言："凡治国治军，必教之以礼，励之以义，使有耻也，夫人有耻，在大足以战，在小足以守。"朱德也曾形象地说："部队中人人精神振奋，你也想立功，我也想立功，这样就会打胜仗。"这些话语都清晰地指出了对荣誉的追求是从军者不怕牺牲的强大精神动力这一道理。中国自古以来重视军人荣誉建设，汉武帝为西汉名将霍去病修建大型墓冢；唐太宗李世民请画家阎立本为二十四位功臣画像，修建临烟阁放置画像；党的十八大以来，以习近平同志为核心的党中央明确提出"推进军人荣誉体系建设"。作为从军者，要牢牢把握军人价值评价的标准，自觉地崇尚荣誉，把对荣誉的追求体现在高举旗帜、听党指挥上，体现在苦练精兵、矢志打赢上，体现在英勇顽强、不怕牺牲上。崇尚英雄才会产生英雄，争做英雄才能英雄辈出，从军者要继承并发扬英雄精神，以英雄为模范，争做英雄，勇于献身使命，创造荣誉。同时，从军者必须正确对待荣誉评选的得与失，在荣誉面前，保持清醒头脑，谦虚谨慎，戒骄戒躁，永不停步，再建新功。

📖【思考题】

1. 举例说明从军成功的主要表现。
2. 举例说明从军成功必须遵循的从军成功法则。

第六章　从政成功法则

从政，指从事政府公务工作、党务工作或公共事务工作。从政成功是每个从政者理所当然的理想和追求，只有遵循从政成功法则，才能取得从政成功。

第一节　从政成功的主要表现

从政成功主要表现在以下四大方面：

一、促进经济社会发展

经济发展通常包括四层含义：第一，经济增长，即一个国家或地区在一定时期内产品和服务的实际生产量的增加。第二，结构优化升级，主要包括产业结构的优化升级。三是福利的提高，即社会成员生活水平的提高。第四，环境和经济的可持续发展，经济发展不能以损害环境为代价。

社会发展主要是指文化、教育、卫生、社会福利和社会保障等方面的发展。通常包括文化繁荣、教育公平均衡、卫生体系健全、社会福利高以及社会保障能力强等方面。

经济社会发展既指经济发展又指在经济发展基础上的社会发展。

1. 促进经济社会发展是从政者的第一要务

发展是解决一切问题的基础和关键。邓小平提出"发展才是硬道理"，揭示了经济社会发展的普遍真理，是在总结了我党近半个世纪以来社会主义建设经验以后，得出的具有深远意义的结论，为我国建设中国特色社会主义指明了前进的方向。

2. 促进经济社会发展是衡量从政成功的首要标准

从政者只有在国家和区域经济社会发展中作出成绩和贡献，才能实现以民为本的从政理念，才能获得民众的认可和拥戴，才能成为成功者。否则，将失去民心，必然沦为从政失败者。从政成功的首要表现就是要在促进经济社会发展方面有所作为，有所贡献。

二、提升民生福祉

民生是指民众的基本生存和生活状态，以及民众的基本发展机会、基本发展能力和基本权益保护状况等。福祉代表美满祥和的生活环境、稳定安全的社会环境、宽松开放的发展环境。民生福祉则是指民众在物质生活和精神需求上表现为美满幸福的生活状态。主要包括居者有其屋、病者有其医、勤者有其业、读者有其校、弱者有其助、老者有其养等。提升民生福祉就是不断提升民众的获得感和幸福指数。

1. 提升民生福祉是从政者践行"执政为民"的本质要求

习近平在党的二十大报告中提出，增进民生福祉，提高人民生活品质。"江山就是人民，人民就是江山。"中国共产党领导人民打江山、守江山，守的是人民的心。治国有常，利民为本。从政者必须在坚持发展中保障和改善民生，鼓励共同奋斗创造美好生活，不断实现人民对美好生活的向往。着力解决好人民群众急难愁盼问题，健全基本公共服务体系，提高公共服务水平，扎实推进共同富裕。

2. 提升民众福祉是衡量从政者成功的根本标准

谋民生之利，解民生之忧，不断提高保障和改善民生水平是从政者的永恒追求。增进民生福祉，不断提高社会建设水平，注重解民忧、纾民困，及时回应群众关切，持续改善人民生活，既是从政者工作的终极目标，也是衡量从政者成功与否的根本标准。

2015年6月30日习近平在会见全国优秀县委书记时发表讲话指出：县委书记特别是贫困地区的县委书记在发展上要勇于担当、奋发有为。要适应和引领经济发展新常态，把握和顺应深化改革新进程，回应人民群众新期待，坚持从实际出发，带领群众一起做好经济社会发展工作，特别是要打好扶贫开发攻坚战，让老百姓生活越来越好，真正做到为官一任、造福一方。

福建省有一个叫东山的小县，在春节前后总会举办一个祭拜"谷公"的仪式，这个"谷公"就是东山县前县委书记谷文昌。

20世纪50年代，新中国刚刚成立，全国各地百废待兴，其中"田地沙漠化"是新中国成立初期我国农业面临的一个重要难题。谷文昌刚走马上任东山县书记，就发现自己面对着一个强敌，那就是从海滩刮来的黄沙。面对恶劣的自然环境，东山十几万人民苦不堪言，他们无法发展农业，很难自给自足，当时全岛大部分人出海打鱼，靠卖鱼换粮食来养活自己。但如果遇上台风天，渔民们无法出海，整个东山县的经济都会陷入停摆，人民将面临饥荒。为了当地经济发展，治沙摆在东山县委、县政府工作的首位。谷文昌买了一大堆有关治沙防沙的书籍，每晚都伴着灯光读到半夜，经过近一个月的学习和实践后，他终于摸出了一条治沙的巧法子。谷文昌坚持"先围后打"，他带着当地人民挑土砌砖，建成了一条上千米的防沙堤，成功将风沙拦截下来。拦截下来的风沙会在原地积聚继续飘散，谷文昌亲自下场，和乡亲们一起挑土压沙，防止沙子到处乱跑。沙子降服之后，得想办法让它们造福人民转变成"农业生产力"，谷文昌对此给出的方案是"植树造林，发展旅游业"。谷文昌开始鼓励当地居民自发造林，造林活动持续了四年，大半个东山岛因此披上了一件绿色的新衣。

三、促进社会和谐

社会和谐是指全社会大多数成员能够遵守共同的社会规范，维护现行的社会秩序，呈现出国家稳定不动荡，人民安居乐业的和谐状况。"民主法治、公平正义、诚信友爱、充满活力、安定有序、人与自然和谐相处"是社会和谐的主要内容。社会和谐主要表现为：(1)社会主义民主法制更加完善，依法治国基本方略得到全面落实，人民的权益得到切实尊重和保障；(2)城乡、区域发展差距扩大的趋势逐步扭转，合理有序的收入分配格局基本形成，家庭财产普遍增加，人民过上更加富足的生活；(3)社会就业比较充分，覆盖城乡居民的社会保障体系基本建立；(4)基本公共服务体系更加完备，政府管理和服务水平有较大提高；(5)全民族的思想道德素质、科学文化素质和健康素质明显提高，良好道德风尚、和谐人际关系进一步形成；(6)社会创造活力显著增强，创新型国家基本建成；(7)社会管理体系更加完善，社会秩序良好；(8)资源利用效率显著提高，生态环境明显好转；(9)实现全面建设惠及十几亿人口的更高水平的小康社会的目标，形成全体人民各尽其能、各得其所而又和谐相处的局面。

1. 促进社会和谐是从政者不懈追求的理想

和谐社会是人类孜孜以求的一种美好社会，同时也是马克思主义政党不懈追求的一种社会理想。中国共产党提出将"和谐社会"作为执政的战略任务，"和谐"的理念要成为建设中国特色的社会主义过程中的价值取向。全面建设社会主义现代化强国和实现中华民族伟大复兴，是我国新时代现代化发展的既定目标，而要实现这个目标首先需要和谐的社会环境。从政者唯有促进社会和谐，才能奠定从政成功的基础。

2. 促进社会和谐是检验从政者执政能力的基本标准

21世纪以来，和平、发展、合作成为时代潮流，改革发展面临难得的机遇和有利条件，但国际形势复杂多变，综合国力竞争日趋激烈，影响和平与发展的不稳定、不确定因素增多。要有力应对来自外部的各种挑战和风险，就必须把执政者该做的事情办好，始终维持经济增长、社会稳定和谐的局面。我国已进入建设现代化强国的重要时期，现代化进程加快，经济体制深入改革，社会结构剧烈变动，利益结构深度调整，思想观念深刻变化。这种空前的社会变动，既给我们带来巨大的动力和活力，同时也带来许多矛盾和问题。在"高质量发展期"与"大变局凸显期"并存的时期，机遇与挑战同在，动力和压力共生。从政者要带领人民抓住机遇加快发展、解决矛盾、迎接挑战，就必须花更大气力妥善协调各方面的利益关系，正确处理各种社会矛盾。促进社会和谐，这既是对从政者从政能力的考验，也是从政成功的坚实基础。

河南省登封市公安局局长任长霞曾有过10年审刑事案件1174起，审结案和准确率都达100%的佳绩，并因此而获得"全国青年岗位能手"称号，并被评为"全国优秀人民警察"、河南省"三八"红旗手。上任登封市公安局局长一年，登封市公安局不仅发案全部告破，还带破了大批积案，百姓给她立起了"功德碑"。2002年11月3日，为迎接"十六大"召开，展示新世纪中国妇女的进步与成就，全国妇联与人民日报社等11家新闻单位联合开展了第四届中国十大女杰评选活动，在当选的十位杰出女性中，任长霞是其中唯一的公安代表。

四、赢得民众拥戴

民众拥戴是指人民大众依据从政者的各种表现和业绩作出的一种肯定，进而对从政者表示出拥护和爱戴。民心向背是最大的政治。从政者身处贯彻落实党和国家政策的第一线，其一言一行、一举一动，人民群众都看在眼里、记在心里。人民群众对从政者认可度、满意度的高低，不仅仅直接关系到人民群众对单个从政者的评价，也关乎党和政府在人民群众心中的整体形象，进而影响着党和国家事业的前进步伐。随着全面从严治党、依法治国的深入推进，人民群众对从政者的观感、形象建设等问题的认可度成为检验从政者成功与否的重要准绳。

1. 赢得民众拥戴，是从政成功的根基

习近平指出，"密切党群、干群关系，保持同人民群众的血肉联系，始终是我们党立于不败之地的根基。一个政党，一个政权，其前途和命运最终取决于人心向背。如果我们脱离群众、失去人民拥护和支持，最终也会走向失败。"党的十八大报告指出："全党必须牢记，只有植根人民、造福人民，党才能始终立于不败之地。"从政者必须把服务广大群众作为各项工作的出发点和落脚点。古往今来，成功的执政者，无不取得民众的拥戴。如果从政者失信于民，得不到民众的支持和信任，从政者也就必然是失败者。

2. 赢得民众拥戴是贯彻"人民中心"执政理念的具体体现

深入贯彻落实"人民中心"的执政理念。要始终把实现好、维护好、发展好最广大人民根本利益作为从政的出发点和落脚点，尊重人民的首创精神，保障人民的各项权益，实现发展成果由人民共享、促进人的全面发展。

3. 赢得民众拥戴是从政者成功的核心标准

从政者的根本宗旨就是全心全意为人民服务，做人民的公仆，应当以群众呼声为第一信号，群众满意为第一标准，把改善民生作为第一大事，努力让自己辖区的老百姓生活得幸福美满。让人民所盼得到实现，让人民所愿得到满足，让人民所恨得到清除，让人民活得幸福，活得有尊严，就是从政者的价值所在。因此，从政者若对人民无所用心、无所事事、无所作为，必定导致从政失败。

党的好干部、人民的好公仆、县委书记的好榜样焦裕禄，在 20 世纪 60 年代，他身患肝癌，依旧忍着剧痛坚持工作，带领兰考人民，战风沙，除"三害"，时刻把老百姓的利益放在首位，努力改变兰考面貌，用自己的实际行动，铸就了"焦裕禄精神"，成为民众拥戴的从政者的典范。

第二节　从政成功的法则

任何人要想取得成功，都必须遵从成功法则，从政者也不例外。从政成功法则主要包括信念法则、忠诚法则、廉正法则和奉献法则。

一、信念法则

信念是指一个人坚信某种观点、某种思想的正确性，并为之奋斗的精神，是激励一个人按照自己的观点、原则和世界观去行动的思想倾向，是一个人在长期的实践活动中，根据自己的生活经历和经验经过深思熟虑所确定的坚定不移的奋斗目标。

信念法则是指从政者只有具备坚定正确的信念并始终坚守正确的信念，才能实现从政成功。

从政者只有坚守信念法则，才能为成功提供强大的精神力量。习近平指出，理想如灯，信念是帆。坚定的理想信念，始终是从政者安身立命之本。理想是从政者活的灵魂，信念则是从政者的精神支柱。有了坚定的信念，就能精神振奋、克服困难，哪怕生命受到威胁，也不会放弃理想追求。

"毒刑拷打那是太小的考验……竹签是竹做的，但共产党员的意志是钢铁！"每当我们读到江姐狱中书信中的这段话的时候，无不被她这种大无畏的牺牲精神所感动。1948年6月14日，由于叛徒出卖，江姐原型——江竹筠不幸被捕，被关押在重庆渣滓洞监狱。敌人对她严刑拷打，并砍下她丈夫的头颅悬在城门，她的孩子也被迫送给了亲戚抚养。纵有万般柔情，但为了革命胜利，为了人民幸福，可以抛弃一切慷慨赴死——这就是共产党人江姐的理想信念和钢铁意志，这就是革命先烈经受的考验和无畏的牺牲，这就是中国革命走向胜利的壮烈历程。

1. 从政者只有坚守信念法则，才能使自己增强崇高的使命感

从政者只有坚守信念法则，才能有着高远的政治理想、高度的政治觉悟，才能为了实现理想信念而心无旁骛、一往无前。马克思、恩格斯、列宁、斯大林、毛泽东，他们都有一个共同的信念：为全人类的自由和解放而奋斗。超越利益关系，是从政者理想信念的先进性之所在。而且，在人的生命意义的追索中，才能抛开利益枷锁，才能不断坚定信念，才能勇往直前。

2. 从政者只有坚守信念法则，才能使自己永葆政治本色

有了理想信念，才会有艰苦奋斗、牺牲奉献的自觉性。艰苦奋斗是中华民族的传统美德，也是中国共产党的优良作风和克敌制胜的法宝。艰苦奋斗不仅仅是现实需要，而且，更是一种价值取向。艰苦奋斗是从政者的政治品格和政治本色，这种政治品格和政治本色不是与生俱来的，是来自于一种彻底的革命精神。归根结底，是来自从政者的共产主义理想信念。

3. 从政者只有坚守信念法则，才能使自己洁身自爱、防范腐化堕落

习近平指出：今天，在我们党长期执政的历史条件下，革命战争年代的那种血与火的生死考验没有了，"革命理想高于天"的情怀在一些党员干部身上淡薄了，以至于在一些党员干部身上，出现了政治上变质、经济上贪婪、道德上堕落、生活上腐化等问题，出现了信仰迷失、自行其是、拉拉扯扯、权钱交易、吃拿卡要、江湖习气、独断专行、贪图享乐、弄虚作假、为官不为等问题。这些问题的存在，归根结底在于理想信念出了偏差，根本上还是理想信念树得不牢。从政者有了理想信念，才会有追求先进性、纯洁性的责任感，而且在追求中才会不断加强这种责任感。从政者在实践上的先进性，根源于坚定的理想信念，而坚定的理想信念根源于科学的理论。每一个从政者坚定理想信念并全身心融入事业后，会增强追求先进性、纯洁性的责任感和自觉性，自觉抵制不良风气和腐蚀行为。理想信念是我们精神上的"钙"。从政者没有理想信念，抑或理想信念不坚定，精神上就会"缺钙"，就会得"软骨病"，就不可能取得从政成功。从井冈山精神到长征精神，从大庆铁人精神到载人航天精神，崇高理想发挥着巨大的激励作用。无论是革命年代还是建设时期，理想信念都是激励从政者的精神动力。如果政治信仰缺失，就会初心不定，进而迷失方向；如果政治信仰缺失，就会自律不够，进而滋生贪腐；如果政治信仰缺失，就会标准降低，进而底线突破。如果政治信仰发生了动摇，那么从政者的世界观、人生观、价值观就会出现偏差，就会失去免疫力，发生脱轨越界，最终导致从政失败。

新时代，从政者遵从信念法则，必须增强"四个意识"，即政治意识、大局意识、核心意识、看齐意识；必须坚定"四个自信"，即道路自信、理论自信、制度自信、文化自信；必须做到"两个维护"，即坚决维护习近平总书记党中央的核心、全党的核心地位，

坚决维护党中央权威和集中统一领导。坚决做到"五个必须"，即必须维护党中央的权威，决不允许背离党中央要求另搞一套，在思想上政治上行动上同党中央保持高度一致，听从党中央指挥，不得阳奉阴违、自行其是，不得对党中央的大政方针说三道四，不得公开发表同中央精神相违背的言论。必须维护党的团结，决不允许在党内培植私人势力，要坚持五湖四海，团结一切忠实于党的同志，团结大多数，不得以人划线，不得搞任何形式的派别活动。必须遵循组织程序，决不允许擅作主张、我行我素，重大问题该请示的请示，该汇报的汇报，不允许超越权限办事，不能先斩后奏。必须服从组织决定，决不允许搞非组织活动，不得跟组织讨价还价，不得违背组织决定，遇到问题要找组织、依靠组织，不得欺骗组织、对抗组织。必须管好亲属和身边的工作人员，决不允许他们擅权干政、谋取私利，不得纵容他们影响政策的制定和人事安排、干预日常工作运行，不得默许他们利用特殊身份牟取非法利益。

二、忠诚法则

忠诚是指真心诚意，尽心尽力，无二心。忠诚意味着诚信、守信和服从。

忠诚法则是指从政者只有始终对人民忠诚、对党忠诚、对国家忠诚，才能取得从政成功。

1. 只有坚守忠诚法则，从政者才能立于不败之地

"君子之道，莫大乎以忠诚为天下倡。"这里的"忠"是指忠诚、忠心，其对立面是背叛。"忠"在传统道德规范中具有很高的地位，历来被看作一个人的修身之要、安身立命之本。在中国历史上，"忠"时常被作为评价一个人好坏的重要标准，正所谓"忠臣名垂青史，奸臣遗臭万年"。南宋文天祥讲的"人生自古谁无死，留取丹心照汗青"，清朝林则徐讲的"苟利国家生死以，岂因祸福避趋之"，近代政治家谭嗣同讲的"我自横刀向天笑，去留肝胆两昆仑"，这些掷地有声的名言都是不同时代对"忠"字的最佳诠释。

2. 只有坚守忠诚法则，从政者才能具备从政的政治品德

古人云："天下之德，莫过于忠。"忠诚老实、坚守道义，是中华民族优秀文化的精髓。中国共产党把"对党忠诚老实"规定为党员必须履行的义务，对党忠诚，是共产党员的党性原则和政治品质，是保持党的先进性、纯洁性的政治基础，是推进事业发展的政治保证。从政者对党忠诚，就是要忠于党、忠于国家、忠于人民，就是要与党中央保持高度的一致，就是要为中国特色社会主义、为壮丽的共产主义事业不懈奋斗。忠诚之根在信仰，忠诚之魂在精神，忠诚之源在行动。从政者要想成功，就要始终保持忠诚的政治品德。反之，背离忠诚法则，则必将沦为失败者。

中国共产党早期领导人的张国焘，在国共第二次合作全面抗日后，借祭拜黄帝之名逃离延安，遇上蒋鼎文后到了西安，投奔中国国民党。1938年4月11日周恩来到武汉汉口与张国焘多次协商未果之下，4月18日，中共中央开除张国焘的党籍(于4月22日《新华日报》发表)。不久，张国焘加入国民党的特务组织——军事委员会调查统计局，主持"特种政治问题研究室""特种政治工作人员训练班"，从事反共特务活动，成为叛党的代表人物。

3. 只有坚守忠诚法则，从政者才能为走向成功奠定坚实的基石

忠诚意味着经受千辛万苦的考验，永不屈服；忠诚意味着摆脱名缰利锁的羁绊，永不变节；忠诚还意味着笃定无怨无悔的志向，永不回头。从政者在任何时候、任何情况下都必须坚守忠诚，始终如一、矢志不渝、坚定不移。奉献是忠诚的底色，担当是忠诚的注解，困难是忠诚的"试金石"。从政者唯有忠诚，才会无怨无悔地奉献；唯有忠诚，才有舍我其谁的担当；唯有忠诚，才有战胜困难的力量，才能真正让组织放心、让人民满意。坚守忠诚，头脑就会更加清醒；坚守忠诚，立场就会更加坚定；坚守忠诚，行动就会更加有力。从政者只有永葆对党和人民事业的无限忠诚，才能用清醒的头脑、强大的执行力为党和人民的事业尽心尽力。

"砍头不要紧，只要主义真。杀了夏明翰，还有后来人！"1928 年 3 月 20 日，共产党员夏明翰挥笔写下这首气壮山河的就义诗后，壮烈牺牲，年仅 28 岁，谱写了一首忠诚的赞歌。

从政者遵从忠诚法则必须做到对人民忠诚，对党忠诚、对国家忠诚。

对人民忠诚，必须坚持以人为本、执政为民、为民造福，全心全意为人民服务，永做人民的公仆。

对党忠诚，必须把为党尽职作为根本的政治担当，在政治立场、政治方向、政治原则、政治道路上同党中央保持高度一致，要体现在对党的信仰的忠诚上、对党组织的忠诚上、对党的理论和路线方针政策的忠诚上。

对国家忠诚，必须大力弘扬爱国主义精神，坚决维护国家统一和民族团结，坚决维护国家的安全、荣誉和利益，坚决同一切危害国家利益的言行作斗争。

三、廉正法则

廉正即清廉公正。清廉指的是清白廉洁；公正意为公平正直。

廉正法则是指从政者只有具备清白廉洁、公平正直的品质，才能从政成功。

古往今来，清廉公正作为一种从政品德的政治理念，一直被视为施政之本，受到广泛推崇和赞誉。历史发展规律表明：是否清廉公正，不仅仅是从政者自身的价值选择问题，更是关系到民心向背，政权存亡的问题。

1. 只有坚守廉正法则，从政者才能不思妄取，清廉自守

清廉公正是从政之要、为官之本。清廉公正是对从政为官者的基本要求，对治国安邦、民风教化、听讼断狱作用重大。历史统治者大多把清廉公正奉为从政之要，为官之本，从西周开始考核官员政绩标准，一是廉善、二是廉能、三是廉敬、四是廉正、五是廉洁、六是廉辩。历史上贤明的君主治理国家，成功的要诀都没有离开治理官员的清廉公正。汉文帝说："贵廉洁，贱贪污。"武则天曰："廉平之德，吏之宝也。"从这些实例不难看出，有为之主必致力于官吏的清廉，然后成就一代盛世，反之亦然。清廉被诸如包拯、海瑞等古代官员视为自身品德修养的自觉追求，他们从思想上认同清正廉洁并外化为不思妄取，清廉自守的自律行为，树立了廉洁、勤政、爱民的榜样。

2. 只有坚守廉正法则，从政者才能永葆清廉公正的政治本色

永葆清廉公正的政治本色，是从政者一贯坚持的鲜明的政治立场，在实现"两个一百年"奋斗目标，实现中华民族的伟大复兴的关键历史时期，这个问题显得尤为重要。一个

政党、政府的政治品德是由千百万的党员、干部来体现的，千百万党员、干部的个人品德汇成的就是政党的政治品格，因此，每个从政者如何认识清正廉洁，如何保持清正廉洁，关系到党的事业兴衰，关系到民族兴衰。

3. 只有坚守廉正法则，从政者才能赢取百姓的拥戴

清廉公正是百姓对官员的评判标准，也是教化百姓的最有效的工具。对清官廉吏的爱戴，从古至今从未改变，百姓称他们青天。古代的晏婴、子学、狄仁杰、于海、林则徐、海瑞，现代的谷文昌、焦裕禄等清官的典范已固化在民族文化中，并载入史册，彪炳千秋。对贪官污吏，人们则恨之入骨，史书记载：明朝贪官刘瑾事发被凌迟处死时，万人空巷，老百姓无不拍手称快。古人说："官德毁，民德降"。相反，清正廉洁的官场风气必然是路不拾遗，夜不闭户的太平景象。明代郭久礼说过："吏不畏我严而畏吾廉，民不服我能而服我公，廉则吏不敢慢，公则民不敢欺。公生明，廉生威"。可见，官风对民德影响之大。

"天下廉吏第一"的于成龙，奉行"为民上者，务须躬先俭仆"。去直隶，他"屑糠杂米为粥，与同仆共吃"，下江南，他"日食粗粝一盂，粥糜一匙，侑以青菜，终年不知肉味。"江南百姓因而亲切地称他为"于青菜"。总督衙门的官吏在严格的约束下，"无从得蔬茗，则日采衙后槐叶啖之，树为之秃。"

坚守廉正法则，从政者必须抱定坚定的理想信念。许多人认为理想信念是空洞和虚无的，其实每一个人的理想信念是非常具体的，体现在一个人思想言论行事的诸多方面。如何对待得与失，如何处理集体与个人，如何处理公与私等。坚定的共产党人的理想信念不是天上掉下的馅饼，也不会一蹴而就，而是来自不断地对优秀文化的学习与思考，来自不断实践砥砺、磨炼。克己使自己的思想行为更多符合党和国家的要求，符合人民的需要。千回百转，上下求索，愈久弥坚，唯有此才能使从政者的理想信念符合党和国家的需求，人民的祈盼。

坚守廉正法则，从政者必须要树立正确的生活观。大量事实表明享乐主义是滋生腐败的病菌，俭朴是廉洁的本源。古人说："以勤补拙，以俭养德"，一语中的指出俭与廉根本联系。多一些学习，少一些应酬，多培植一些精神，少一些物质的，就一定会站得高，看得远，走得快，秉公用权，克己奉公。权利是法律和党赋予的，从政者没有任何权利营私，从政者的权利只能用在党和法律规定的范围内，不能超出、不能逾越，超出和逾越就是违法违规。从政者行使权力的目的是为公，如果以权谋私，公权私用，就会走向犯罪。从政者一定要一日三省，常省自己是否用权在党章法律规定的层面和范围，常省自己是否奉公守法，唯有这样，才不辜负党和人民的信任。当下，中华民族处在民族复兴的历史时期，每一个从政者要永葆清廉的政治本色，实现"四个全面"，即全面建设社会主义现代化国家、全面深化改革、全面依法治国、全面从严治党的伟大目标。

四、奉献法则

所谓奉献，就是"恭敬地交付，奉献，不求回报"。

奉献法则是指从政者只有不计名利得失、甘于付出，才能干出一番事业，造福人民群众，实现从政成功。也就是说，从政者要在个人利益方面具有舍弃和付出的气度，始终牢

记全心全意为人民服务的根本宗旨，始终为人民群众谋利益，俯首甘为孺子牛。

1. 只有坚守奉献法则，从政者才能具备从政所需要的基本品行

"奉献千秋唯觉少，索求半年总嫌多。"奉献是一种真诚自愿的付出行为，也是一种纯洁高尚的精神境界。甘于奉献源于淡泊名利，甘当人梯。优秀党员干部的杰出代表孔繁森曾说过："老是把自己当珍珠，就时常有怕被埋没的痛苦。而把自己当泥土，让众人把你踩成路，就绝不会被埋没。"从政者将全心全意为人民服务、坚持无怨无悔的奉献精神作为自身的行为准则，才能做到淡泊名利、甘于奉献。相反，如果从政者只是一味地追求个人利益，那他就会把个人的虚名私利看得至高无上，为了功名利禄不择手段甚至违法乱纪，就绝不可能从政成功。

2. 只有坚守奉献法则，从政者才能心无旁骛、一往无前

甘于奉献是从政者良好品德和职业道德的体现。纵观中国共产党的历史，就是一部为民族解放、国家繁荣、人民幸福安康而无私奉献乃至英勇牺牲的历史。战争年代有红船精神、井冈山精神、长征精神、延安精神，中华人民共和国成立以后有大庆精神、"两弹一星"精神、抗洪精神、抗击"非典"精神、奥运精神、载人航天精神，抗疫精神等等，这些精神的本质和核心都是一代代共产党人和从政者无怨无悔的奉献精神。正是因为有了这些奉献精神，才取得了一个又一个战役的伟大胜利。

无私奉献的雷锋精神是为共产主义而奋斗的无私奉献的精神；忠于党和人民、舍己为公、大公无私的奉献精神；立足本职、在平凡的工作中创造出不平凡业绩的"螺丝钉精神"；苦干实干、不计报酬、争做贡献的艰苦奋斗精神；归根结底就是全心全意为人民服务的精神。雷锋精神影响了后来一代一代的中国人。

践行奉献法则，必须身体力行，率先垂范。党和人民政府的性质、宗旨决定了从政者无论在什么时候都要把甘于奉献作为行为准则。从政者的甘于奉献，是先锋模范作用的实际体现。弘扬甘于奉献的精神，需要从政者有一颗始终为党为人民不懈奋斗的心，像焦裕禄那样"心中装着全体人民"，无论是在工作还是生活中，都要身体力行，率先垂范，从严要求自己，为实现中华民族伟大复兴的中国梦而无私奉献。

践行奉献法则，必须做到不忘初心，牢记使命。要心中有党，坚守从政的义务和身份；要心系群众，全心全意为人民群众服务；要肩上有担，牢记职责担当，勇于承担责任，不怕艰难困苦，敢于开拓进取。要保持纯洁，熟记党纪国法，心存敬畏，有所为、有所不为，做到清清白白做人、干干净净做事。只有思想坚定，品质纯洁的从政者才能谈得上奉献，才能为国家提供力量。

践行奉献法则，必须有求真务实的作风。从大的方面讲，是应对大是大非敢于亮剑，应对矛盾敢于迎难而上，应对危机敢于挺身而出，应对失误敢于承担职责，应对歪风邪气敢于坚决斗争。从小的方面讲，是脚踏实地立足本职岗位，积极学习理论知识，努力增强个人素质，对工作精益求精，甘于平凡，守得住本心，耐得住寂寞。

践行奉献法则，必须做到持之以恒。奉献是新时代进行伟大斗争、建设伟大工程、推进伟大事业、实现伟大梦想的必然要求，是党完成历史使命、始终成为坚强领导核心的必然要求。弘扬奉献精神，把青春和汗水奉献给人民，奉献给事业，奉献给党和国家。一代人有一代人的奉献，每代人的奉献都有自己的时代特征。要想成为成功的从政者，就要善

于把握时代跳动的脉搏，把时代要求与自己的奋斗实践紧密结合起来，用实际行动赋予奉献以新的时代内涵、新的精神境界。

📖 【思考讨论题】
    1. 举例说明从政成功的具体表现。
    2. 举例讨论从政法则的具体要求。

下篇

成功素质培育

第七章　培育志向高远的品质

志向高远是取得成功必备的首要品质。在追求成功的路上，难免会遇到各种各样的挑战和磨难，有志者，事竟成；无志者，天下无可成之事。只有志向高远，才能坚定不移地朝着自己的人生目标前进；才能始终满怀激情地面对挑战、超越自我，追求卓越、走向成功。

第一节　认　　知

古往今来，那些名垂青史的名人志士都有着远大的理想，且乐于为理想而努力奋斗，牺牲生命也在所不惜。他们志向高远、胸怀天下，通过一生的奋斗，最终取得了非凡的成就。诵读名人名言，以他们为榜样，立大志、明大德、成大才、担大任。

一、名人名言导读

先天下之忧而忧后天下之乐而乐。

——范仲淹

人须立志，志立则功就。天下古今之人，未有无志而建功。

——朱棣

为中华之崛起而读书。

——周恩来

☞导读：

（1）要成就不平凡的人生，就要有不平凡的人生目标。范仲淹早早确定了自己人生的两个方向：一为良相，一为良医，这两个理想都是以忧国忧民为出发点。"宁鸣而死，不默而生"是他一生始终坚持的信条。周恩来少年立志并用一生践行了自己的理想，把国家和人民的利益摆在第一位，为国家的前途分忧，为人民的幸福奋斗，拥有了这样远大的理想抱负，就为成功奠定了根基。

（2）大学阶段是青年学生世界观、人生观和价值观形成的关键时期，青年学生能否树立远大的理想，将直接关系到国家的兴衰以及人生价值的实现。新时代的青年学生要学习周恩来等伟人，胸怀远大理想，为国家和人民作出自己应有的贡献。

确定了人生目标的人，比那些彷徨失措的人，起步时便已领先几十步。有目标的生活，远比彷徨的生活幸福。没有人生目标的人，人生本身就是乏味无聊的。

——卡耐基

苟利国家生死以，岂因祸福避趋之！

——林则徐

在一个崇高的目标支持下，不停地工作，即使慢，也一定会获得成功。

——爱因斯坦

☞**导读：**

（1）目标指引成功的方向。卡耐基认为有意义的生活远比赚钱重要，他通过大量普通人不断努力取得成功的故事，唤醒了无数陷入迷茫者的斗志，被誉为20世纪最伟大的成功学大师。人的一生，如果没有目标的指引，将会迷失在日常的琐碎事务中。只有确立了明确的人生目标，才可以拨开云雾见天日，守得云开见月明。

（2）只要目标正确，无论花费多长时间，遇到多少困难和波折，都将激励自己勇往直前，奔向成功的彼岸。青年学生只有树立了正确的人生目标，面对任何困难险阻才能一往无前。

自信是成功的第一秘诀。

——拉尔夫·沃尔多·爱默生

竟将云梦吞如芥，未信君山铲不平。

——曾国藩

自信人生二百年，会当水击三千里。

——毛泽东

☞**导读：**

（1）心态上自信，不会因为环境的改变而影响对于目标必胜的决心。在曾国藩的眼里，云梦泽那样的大湖不过是芥子而已，他认为再高耸的君山在自己的努力下就不信铲不平它。"自信人生二百年，会当水击三千里"出自毛泽东的《七古·残句》，抒发了他不畏艰难、奋发图强的豪情壮志。这种坚信不疑的信心能让人坦然面对任何艰难险阻，不断努力，直至取得成功。

（2）自信心能带给人长久的、积极进取的动力。自信自立的人遇强则强、敢于迎难而上，无论遭遇何种困境，精神和心理都稳如磐石。青年大学生应坚定道路自信、理论自信、制度自信、文化自信，毫无畏惧面对一切困难和挑战，坚定不移开辟新天地、创造新奇迹。

三军可夺帅也，匹夫不可夺志也。

——孔子

老骥伏枥，志在千里；烈士暮年，壮心不已。

——曹操

有志者事竟成，破釜沉舟，百二秦关终属楚；苦心人天不负，卧薪尝胆，三千越甲可吞吴。

——蒲松龄

☞ **导读：**

（1）信念的坚定，来自思想的坚定。拥有高尚信念的人，不会因为环境的改变而改变自己的信念。这种坚信不疑能让人面对任何艰难险阻，始终意志坚定地朝着既定的目标前进，直至取得成功。从孔子明志、立身、求道的经历，可知无论人生经历怎样的阶段，立志、明志最为关键，最为重要。人要立志，树立信念，更要信念坚定，要有"遁世不见知而不悔"的执着。

（2）坚定的信念能带给人长久的、积极进取的动力。不受限于时间、不受困于空间，永远朝着人生的目标前进。信念坚定的人对未来、对自己充满了自信，相信通过自己的努力一定能取得成功。青年大学生应该坚定走中国特色社会主义道路的信念，努力成长为有理想、敢担当的新时代好青年。

二、志向高远的主要表现

志向高远主要表现在理想远大、目标正确、自信自立和信念坚定四个方面。

1. 理想远大

理想远大是指以自身拥有的优势资源为基础，积极响应时代、社会、国家对于优秀人才的需求，主动选择去追求更高层次、更高境界人生目标的优秀品质。其一，表现为志向"大"，即拥有"先天下之忧而忧后天下之乐而乐"的胸怀，在规划自身未来的时候，以人类的福祉、国家的发展为己任，勇于承担更大责任，甘于付出更多的努力。其二，表现为志向"远"，即要树立值得终生追求的人生目标。

2. 目标正确

目标正确是指人生目标具有积极性、价值性和科学性，在实现个人价值的同时能为社会、国家、人类作出自己的贡献。其一，表现为忧国忧民。自觉地将国家、人民的利益和个人终身奋斗的目标紧密联系在一起。其二，表现为爱国情怀。即国家利益是个人奋斗目标的首要因素，个人利益服从于国家利益。其三，表现出为人民服务的宗旨。无论选择从事什么工作，都要"民之所忧，我必念之；民之所盼，我必行之"。

3. 自信自立

自信自立是指相信自己，自己的事情不需要别人帮忙，有自己的主见。自信自立是追求卓越、取得成功的首要保证。自信是树立远大志向的基础，是成功的第一秘诀。自立是生存的开始，是成功的保证。其一，表现为对自身能力的信心。对于实现理想过程中可能会遇到的挑战和困难，相信自己有足够的能力去克服。其二，表现为对于自己的想法、做法等的正确性、正当性由衷地抱有坚定的信心。对于自己的选择具有高度的认同感和尊重。其三，对于目标一定能达成的信心。走自己的路，不受他人的影响或控制，坚信只要自己集中精力主动作为，定能以"咬定青山不放松"的执着奋力实现成功。

4. 信念坚定

信念坚定，是指对于事物的观念、人生理想的立场表现出的坚定不移的确信及其行为的不动摇。其一，表现为目标实现能百折不挠，人们对自己选择的人生道路充满了使命感、责任感和自豪感，即使通往目标的道路布满荆棘，虽然会受到很多挫折但仍不动摇、退缩或者屈服。其二，表现为永不言弃，对于认定的目标不轻言放弃。其三，表现为始终如一，即遇到任何的艰难险阻都不会改变的初心，自始至终都一样。其四，表现为持之以恒，能长期始终如一地朝着既定的目标前进。

理想远大、目标正确、自信自立和信念坚定四个方面辩证统一，相辅相成。胸怀远大的理想，目标才会正确，人生才有信心，信念才能坚定；目标树立正确，信念才会坚定，才有自信自立，才能实现远大的理想。

三、志向高远对成功的重要作用

只有志向高远，才能取得成功。

志向高远是实现人生目标的指航灯。如果没有指航灯，船只很容易会遭遇浅滩、礁石或者其他障碍物，无法在航道内正常航行。人生的征程犹如船只在大海中航行，没有高远志向的指引，人在遇到各种挫折和磨难的时候，很容易迷失方向，忘记自己出发时候的目标。只有志向高远，才能不忘初心、牢记使命，最终实现自己的目标。

志向高远是成功征程的发动机。首先，志向高远是人们在确立人生目标时思想层面的主观选择。高远的志向具有动力功能，能为人们实现人生目标提供不竭的动力。这个动力来源于人们自身思想观念所构成的内在动力，经过动力机制转变为驱动力。其次，志向和人的认知、情感紧密联系在一起，它使人的行动始终朝着既定的方向努力。人的志向需要情感力量的支撑，充满情感的志向离不开坚定的信念和坚强的意志。高远的志向一经确立，就能产生激励和鼓舞人前进的巨大动力，推动人们不断地朝着目标努力，最终取得成功。

志向高远是实现人生价值高度的定位仪。哲学家威廉.詹姆斯说："我们给自己定位多高，就能走多远"。从陆地到海洋，从地球到太空，人类文明每一次的飞跃都是因为有先进思想的引领。思想有多远，人们才能走多远。志向的高度就决定人生价值的高度。要想实现伟大的理想，最关键的就在于确定远大的志向，朝着这个目标坚定不移地前进。无论时间长短，过程繁简，只要朝着远大的目标前进，终将抵达胜利的彼岸。

四、失败因子的主要表现及对成功的危害

志向高远相对应的失败因子主要表现在目标缺失、目标错误、自卑自弃和信念不坚定四个方面。

1. 目标缺失的主要表现及对成功的危害

目标缺失，是指没有志向。其一，表现为目标意识淡薄，人生没有明确的前进方向，"做一天和尚撞一天钟"。其二，表现为自律能力缺失，容易受各种因素影响不能始终如一地朝着既定目标前行。

目标缺失的主要危害是导致人的一生碌碌无为。目标缺失的人，人生没有设定目标，对自己也没有什么要求，遇难就退、遇事就避，只能终生平庸。目标缺失的人无法有效地抵制消极负面影响的侵蚀，不能与时俱进地提升自己的能力，只能浑浑噩噩虚度一生。

2. 目标错误的主要表现及对成功的危害

目标错误，指的是人生目标的方向或者高度设定不正确。目标错误主要表现为：其一，目标设定的方向不正确。设定的目标不符合人类发展方向，或者有损于国家和人民的利益。其二，目标设定高度不正确。要么目标设定过高，经过长期的努力后仍无法寸进，渐渐失去热情，自暴自弃，最终只有抱着"脚踩西瓜皮，滑到哪里算哪里"的态度随波逐流；要么目标设定过低，不能激发人的潜能，无法激起人们奋斗的热情，更何谈为其"抛头颅，洒热血"。

目标错误会导致碌碌无为。从短期内来看，当很多个阶段性小目标出现错误时，人和人之间的差距就会逐步拉开；从长期来看，很容易"一错百错""南辕北辙"，让长期的努力全部化为乌有，最后导致终生毫无建树。

3. 自卑自弃的主要表现及对成功的危害

自卑自弃是指在和别人比较时，由于低估自己而产生的自我不认同。其一，表现为对自身能力的不自信，自我评价过低。由于自身性格、成长经历、曾受过的打击等因素所导致。其二，表现为缺乏进取心，或者过强的自尊心、虚荣心。没有自己的主见，易受环境或他人影响。一遇到挫折或者困难就会自怨自艾，不能或者不愿奋斗。因为以往的挫折经历或缺乏正确的社会评价而导致的自我评价不足。

自卑自弃的主要危害是从精神和心理上摧毁一个人的意志。轻则导致其终生无所建树；重则引发疾病，危及生命。如果人们无法自我认可，只能看到自己的不足，就会丧失信心，那么在学习、工作或者生活中都会对困难过高估计，对于优势过低估计，从而错失成功。严重者，无法像常人那样有效地抵抗压力和挫折，长此以往易产生疾病，影响身心健康。

4. 信念不坚定的主要表现及对成功的危害

信念不坚定是指人们对于事物的观念、立场的不确定。信念不坚定主要表现为：其一，思想、行为彷徨、易动摇，经不起挫折和诱惑，不能坚守。世界观、人生观、价值观不稳定，在不同文化和价值观的冲击下，信念不坚定的人容易受到蒙蔽、诱惑而不能坚守本心。其二，在原则性问题上态度暧昧、立场动摇、无主见随大流。信念不坚定的人，为人处世立场不坚定，遇事容易慌乱，易为他人所左右，摇摆不定。其三，缺少对于人生目标执着追求的决心、毅力和行为，"三天打鱼两天晒网"。

信念不坚定会导致精神上"缺钙"，容易患上"软骨病"，没有主心骨。思想很容易被侵蚀，不能够长期坚定地朝着一个伟大的目标前行，或"半途而废""功亏一篑"。

第二节　训　　练

志向高远作为优秀的个人品质，并不是人从一出生就拥有的，而是在接受教育的过程中培育出来的。

一、案例阅读启示

☞【案例1】

理想远大——"为中华之崛起而读书"

1911 年的一天，在沈阳东关模范小学的修身课上，正在上课的魏校长问同学们：你们为什么要读书？同学们纷纷回答：为父母报仇，为做大学问家，为知书明礼，为让妈妈妹妹过上好日子，为光宗耀祖，为挣钱发财……等到周恩来发言时，他说："为中华之崛起！"魏校长听到一惊，又问一次，周恩来又加重语气说："为中华之崛起而读书！"那一年他只有 13 岁。

在周恩来的少年时代，中国仍旧处于帝国主义和封建主义的压迫和奴役之下，民族的危亡和人民的痛苦命运刺激着周恩来，让他从小就立下救国救民的理想。为中华之崛起、为实现中华民族的伟大复兴，是周恩来一生追求和奋斗的目标。

在老师的影响下，周恩来阅读了大量进步的书籍——陈天华的《警世钟》《猛回头》、邹容的《革命军》，还有章炳麟的一些书籍，启发了他朴素的爱国思想。临别好友时，周恩来留下"愿相会于中华腾飞世界时"的赠语。

周恩来在日本留学的一年半时间，正是他确立三观的关键阶段。异域的学习和见闻开阔了他的视野，加深了他对社会问题的思考。一缕马克思主义的光辉投射在他年轻的人生之路上。这个时期，他读到了《新青年》等进步书刊，促使了他社会主义和共产主义信仰的形成。《雨中岚山》这首诗作表现了周恩来当时初识马列主义的收获和喜悦的心情。

五四运动结束后，周恩来继续到欧洲寻求真理。"一战"后，欧洲的思想界异常活跃，除了马列主义外还有各种不同的思潮杂乱纷呈，相互进行着不间断激烈的争论。周恩来经过反复推敲比较，确立了共产主义信仰。在写给国内友人的信中，周恩来坚定地表示，我认定的主义一定是不变了，并且很坚决地要为它宣传奔走。随信还附上了一首《生离死别》诗："没有耕耘哪来收获，没播革命的种子，却盼共产花开，梦想赤色的旗儿飞，却不用血来染他，天下哪有这类便宜事"。这首诗是他悼念被反动军阀杀害的好友时写下的，也宣示了他为实现伟大的理想不惜流血牺牲的坚定决心。

☞案例启示：

(1)周恩来对于他所处的时代、人民的命运和自我人生价值的实现有着深刻的思考，作为青年有勇于承担责任的博大胸怀，能将改变国家、民族、人民的命运和自己的人生紧密地联系在一起，最终确立了能为之奋斗终身的人生理想。

(2)年轻人要树立远大的理想，青年强则国强，只有每一个青年都积极行动起来，才能形成洪流推动国家、社会向着更加繁荣富强的方向前行。而每一个人的理想也只有和国家、时代的命运紧密地联系在一起，才能更好地实现人生的价值。

☞【案例2】

目标正确——"科学的殉道士"：新的宇宙观

布鲁诺(Giordano Bruno，1548—1600) 意大利思想家。他出生于那不勒斯附近的诺拉镇。17 岁进入圣多米尼加修道院，但他非常拥护哥白尼的"天体运行论"。28 岁时，因反对罗马列教会的腐朽制度而离开修道院，流亡西欧，曾用讲演、讲课、文章等不同形式反对地心说，宣扬新思想。1592 年，布鲁诺被骗到威尼斯并遭逮捕，在囚室八年中他英勇不屈。最后以"异端分子和异端分子的老师"的罪名，于 1600 年 2 月 17 日被烧死在罗马鲜花广场。

布鲁诺以毕生精力继承、捍卫和发展了哥白尼的太阳中心说，并在此基础上提出了自己的关于宇宙无限性和统一性的新理论。他在侨居伦敦的 1583—1585 年，写下了《论无限性、宇宙和诸世界》《论原因、本原和统一》等 6 部著作，在侨居德国期间又先后发表了 3 部用拉丁文撰写的著作：《论三种极少和限度》《论单子、数和形状》和《论无量和无数》。

20 年间，欧洲各地不论是正统的天主教，还是打着宗教改革旗号的新教，都竞相迫害布鲁诺。然而这丝毫没有动摇他的信念。他不但继承了哥白尼太阳中心说，而且进一步发展了哥白尼的学说，构成了新的宇宙观。他到处热情宣传唯物主义和无神论思想，把哥白尼的学说传遍了整个欧洲。

布鲁诺长期流亡在外，思乡心切。同时他也急切地想把自己的新思想和新学说带回来，献给自己的祖国。1592 年初，布鲁诺不顾个人安危，回到威尼斯讲学，结果却落入了教会的圈套，被捕入狱。

在长达 8 年之久的监狱生活中，布鲁诺受尽酷刑，历尽了人世间非人的折磨和凌辱，但他丝毫没有动摇自己的信念，坚贞不屈，始终恪守自己的诺言，不放弃自己的学说和信念，不承认自己"有罪"。他曾说过："一个人的事业使他自己变得伟大时，他就能临死不惧。""为真理而斗争是人生最大的乐趣。"英国不列颠百科全书是这样评价布鲁诺的影响："作为哲学家，布鲁诺的理论影响了 17 世纪的科学和哲学思想。自 18 世纪以来，许多近代哲学家吸收了他的学说。作为思想自由的象征，他鼓励了 19 世纪欧洲的自由运动，成为西方思想史上重要人物之一，也是现代文化的先驱者。"

1600 年 2 月 6 日，宗教裁判所判处布鲁诺火刑，布鲁诺以轻蔑的态度听完判决书后，正义凛然地说："你们对我宣读判词，比我听判词还要感到恐惧"。行刑前，刽子手举着火把问布鲁诺："你的末日已经来临，还有什么要说的吗？"布鲁诺满怀信心庄严地宣布："黑暗即将过去，黎明即将来临，真理终将战胜邪恶！"他最后高呼："火，不能征服我，未来的世界会了解我，会知道我的价值。"52 岁的布鲁诺在熊熊烈火中英勇就义。他死后，教会甚至害怕人们抢走这位伟大思想家的骨灰来纪念他，匆匆忙忙把他的骨灰连同泥土一起抛撒在台伯河中。

伟大的科学家就义了，但真理是不死的。随着科学的不断发展，到了 1889 年，罗马宗教法庭不得不亲自出马，为布鲁诺平反并恢复名誉。同年的 6 月 9 日，在布鲁诺殉难的罗马鲜花广场上，人们竖立起他的铜像，以作为对这位为真理而斗争，宁死不屈的伟大科学家的永久纪念。这座雄伟的塑像象征着为科学和真理而献身的不屈战士永远活在人民心中。

☞**案例启示：**

（1）布鲁诺为了捍卫真理、宣传科学将自己的生死置之度外。无论是流亡还是被抓捕入狱，磨难不仅没有打败他，反而让他更加坚定自己的目标。布鲁诺对于自己所从事的事业具有高度责任心、自信心和自豪感，因此能够克服一切困难，坚定地朝着正确的目标前进。

（2）树立正确的目标能够增添人的自信，让人拥有勇往直前、开天辟地的豪情壮志，从而最终成功实现目标。青年大学生要树立正确的世界观、人生观和价值观，准确定位自己的人生目标和奋斗方向，为实现中华民族的伟大复兴而奋斗终身。

☞**【案例3】**

自信自立——《我的一生》

海伦·凯勒（1880—1962），美国女学者，著名的残障人士，她的一生就是自信自立的写照。

海伦生于亚拉巴马州的小镇塔斯康比亚，1 岁半时突患急病，致其既盲又聋且哑。疾病使小海伦性情变得孤僻而暴躁，她的父母一次又一次地尝试，虽然经历了无数次的失败，也还是摸索出了很多要领。海伦学习使用触觉去感受身边的一切，虽能和父母交流，却无法和外人有效交流。直到海伦七岁的时候，安妮·莎利文——一位受过专门训练的家庭教师的到来，改变了她的一生。

莎利文仅用一个月的时间，就和完全生活在黑暗中、绝对沉默不语的海伦取得了沟通。她教给海伦的是：自我成功与重塑命运的工具——信心与爱心。在海伦·凯勒所著的《我的一生》中对于这件事有感人肺腑的深刻描写：一个年轻的复明者（莎莉文曾在 14 岁时差一点失明，后被医院治好），没有什么"教学经验"，全凭无比的爱心与惊人的信心，灌注到一个全聋全盲全哑的小女孩的身上——光靠着身体的接触，为心灵架上一道桥，可通过心灵互相沟通。

在莎利文的帮助下，顽强的海伦学会了写，学会了说。小海伦曾自信地声明："有朝一日，我要上大学读书！我要去哈佛大学！"。经过多年孜孜不倦的学习，在 20 岁那年，她实现了自己的梦想。哈佛大学拉德克利夫女子学院以特殊方式安排她入学考试。她用手在凸起的盲文上熟练地摸来摸去，然后用打字机回答问题。前后 9 个小时，各科全部通过，英文和德文得了优等成绩。4 年后，海伦手捧羊皮纸证书，以优异的成绩从拉德克利夫学院毕业。

海伦克服了许多残障，她对生命充满信心，充满热忱，她喜欢游泳、划船、下棋、编织、用扑克牌算命以及在森林中骑马。大学毕业后，她的演讲、著书和公众活动频繁，推动了保障肢体残障者的福利工作前进。海伦虽然是位盲人，但她读过的书却比视力正常的人还多得多。她先后完成了《我生活的故事》等 14 部著作。她的耳朵全聋，但她却比正常人更懂得鉴赏音乐。有 9 年时间，她完全不会说话，后来，她却能巡回全国各州发表演讲，甚至有 4 年时间致力于戏剧的演出。

海伦的一生，是成功者的一生。她用信心和毅力克服了肢体残障，创造了心灵的财富。她一生致力于盲聋人的福利事业和教育事业，赢得了世界的高度赞扬。她那自尊自信的品德，她那不屈不挠的奋斗精神是人类永恒的骄傲。

☞案例启示：

（1）1 岁半就又盲又聋且哑的海伦，若没有强烈的与命运挑战的勇气和信心，是不可能成长为受世人赞誉的学者的。人生会面对一个接一个的挑战，海伦凯勒毫不畏缩，知难而上，并且最终战而胜之，成就了自己不平凡的一生。

（2）自信自立并非天生的，它是在个人生活、实践中逐渐形成、发展的。青年大学生要学习这种优秀的品质，对未来充满自信地去迎接人生的挑战。在挑战面前，首先要肯定自己，肯定就是力量，就是对自己充满信心；自立可以促使人自强不息，迎难而上，可以发掘深藏于内心的自我潜能。

☞【案例4】

信念坚定——《史书》的诞生

司马氏世代整理和论著历史。司马谈有意愿继续编订《春秋》以后的史事，可惜壮志未酬。司马迁秉承父亲的遗志立志编纂史著。

受父亲的影响与教导，司马迁从 10 岁就开始学习历史和古文。在研读史书的过程中，司马迁发现，仅凭历任史官的文字，并不足以使人了解和认识真正的历史。因此从 20 岁开始，他决定游历祖国各地进行实地考察。这种游览和考察，使司马迁获得了大量的资料，又从民间语言中汲取了丰富的养料，给以后的写作打下了重要的基础。在壮丽山川的熏陶和遗闻故事的感染之下，司马迁下定决心：今生只做一个坚毅的历史执笔人。

司马谈死后，司马迁继承父亲的职务，做了太史令，他阅读和搜集的史料就更多了。在他正准备着手写作的时候，"李陵案"的发生改变了他的命运。在满朝官员依附汉武帝的说法对李陵进行讨伐的时候，只有司马迁站在客观的角度为其辩解，戳到了汉武帝的痛处。

加之，汉武帝对于司马迁的不满积蓄已久。在《史记》中有很多进步的但不能为当时所容的观点，司马迁敢于批判汉帝国的黑暗面、敢于揭穿某些圣贤将相的种种阴私，表现出对于当时儒学掩饰下的酷吏政治的反感，这些都为汉武帝和他所宠用的将相们所不容。新仇旧恨一起发作，汉武帝判其重刑，无钱赎身的司马迁无奈选择"自宫"。"自宫"是奇耻大辱，污及先人，见笑亲友，司马迁悲愤至极，他："是以肠一日而九回，居则忽忽如有所亡，出则不知所往。每念斯耻，未尝不汗发背而沾衣也。"在狱中，司马迁一度想自杀，但想到文王拘于囚室而推演《周易》，仲尼困厄之时著作《春秋》，屈原放逐才赋有《离骚》，左丘失明乃有《国语》，孙膑遭膑脚之刑后修兵法，司马迁便"就极刑而无愠色"，他忍辱负重地活了下来。狱卒的棒槌拷打，阉割的身心之痛，使司马迁更加深刻地体会到，封建社会的世态炎凉，以及封建专制制度的腐朽和残暴。他"意有所郁结，不得通其道，故述往事，思来者"，从之前"以求亲媚于主上"的立场，转而"发愤著书"。

公元前96年，汉武帝大赦天下，司马迁出狱，被任命为中书令，负责替皇帝处理奏章，起草诏书，但司马迁无意做官，一心著述。公元前91年，《史记》全部完成，共130篇，52万余言。

《史记》会通古今，开启先例，以其卓越的成就，在史学和文学史上都拥有崇高的地位，是公认的史书典范，"二十四史"之首，对后世的影响极其深远，是中华文化璀璨的瑰宝。《史记》是司马迁蘸着血泪谱写的生命之歌，是司马迁矢志不渝、坚持理想的精神之体现，这种精神让人钦佩，也赢得了后世的认可。

☞**案例启示：**

(1)司马迁继承父亲的遗志，将编纂史书作为自己一生的目标。在目标确立之后，他饱读诗书、游历山河，积极地为了这个目标积蓄力量。当遭遇变故，羞愤欲死之际，这个坚定的信念让他忍辱负重地活了下来，最后终于著成了千古不朽的《史记》。

(2)青年大学生只有拥有了坚定的信念，才能实现远大的目标。青年大学生应坚定信念，站稳人民立场，练就过硬的本领，积极地投身强国的伟业。

二、讨论辩论

(一)讨论题

(1)何为"志向高远"？

(2)为什么说文中所提的这些失败因子会阻碍成功？

讨论目的：

通过讨论，明确"志向高远"的内涵，能分析相应的失败因子对成功的危害。

讨论流程：

(1)教师引导。教师引导学生由表及里分析和理解"志向高远"。通过教师引导，学生结合对志向高远的认知，认真体会名人名言、经典案例的内涵，围绕"什么是志向高远""志向高远在现实生活中有哪些体现""志向高远在实现人生目标过程中的积极意义是什么""相关失败因子对成功会产生什么危害"展开思考，形成自己的观点。

(2)分组讨论。每8~10人为一个小组，一名同学担任组长。每组针对讨论题目进行思考和发言，成员之间互相讨论和质疑，有疑问可以随时向授课教师请教，最终形成本组的小组总结。

(3)代表发言。每组推选一名小组发言人，充分、系统地总结本组各个成员的观点，在班上公开发表小组讨论的要点和论点。

(4)总结点评。教师针对每组发言情况进行点评总结，分析其论点和论据，根据每组讨论情况及发言表现来评定讨论题的成绩。

讨论要求：

(1)教师引导。教师引导环节，学生可适当做笔记。教师明确讨论要求，引导学生不要偏题，在后面讨论中逐一发言，有不同观点可以讨论，但不能吵闹。

(2)分组讨论。每组组长要灵活控制时间，让每位同学既能详细表达自己的观点，又能合理安排讨论时间。对于有争议的观点要充分讨论，尽量达成共识。教师把控整体讨论状况，倾听小组讨论，并予以适当点拨。

(3)代表发言。所有同学应认真倾听并记录总结发言者的观点，不允许做玩手机等与讨论无关的事情。

(4)总结点评。教师点评总结时，学生应认真听并做好相应记载。教师一定要根据每组发言代表的论点和论据进行点评和打分，理由充分，公正合理。

(二)辩论题

正方观点：只有具备志向高远品质，才能取得成功。

反方观点：不具备志向高远品质，也能取得成功。

辩论目的：

通过辩论，学生厘清"志向高远"与"成功"的关系，结合自身言行，思考如何做到"志向高远"。

辩论流程及要求：

(1)人员分工。确定好辩手、主持人、计时员、记录员、评委等，明确职责。辩手由班级学生推荐，每组4名辩手，根据抽签结果决定本场辩论的持方，在一周时间内查阅资料，准备讲稿，为辩论做好准备。

(2)现场辩论。开场导入(主持人宣布辩题、介绍辩手、评委成员和规则等)——开篇立论(正反两方一辩依次陈述本方观点，时间各2分钟)——双方攻辩(由正方二辩开始，正反方交替进行，时间各3分钟)——自由辩论(正反双方交替进行发言，时间各3分钟)——总结陈词(由反方四辩开始，正反双方依次进行总结，时间各2分钟)。

(3)评委点评。结合本场辩论的具体情况，评委组推选一名评委从辩论技巧、辩论内容、辩论风度和整体合作等方面进行点评，指出表现优秀的地方，并提出可进一步思考的方向。就本场表现，评判出获胜方和最佳辩手，并当场公布结果。

辩论要求：

(1)人员分工。主持人负责整场辩论活动的主持，要求熟悉主持流程和主持礼仪。计时员负责辩论活动的计时，严格把控每个环节的时间要求。记录员负责拍照记录活动现场情况，汇总记录评委评分，计算小组的平均得分，即为最终成绩。评委组应由3人及以上组成，根据辩论技巧、辩论内容、辩论风度和整体合作四个方面对小组进行评分。

(2)现场辩论。辩论过程中，辩手要注意双方言论、行为均不可涉及个人隐私，也不得进行人身攻击或人格批评。立论及辩论环节要求做到逻辑清晰，言简意赅。攻方在提问时，应提出与题目有关的合理而清晰的问题，不得有自行陈词或就攻辩所获结果进行引申，否则视为违规。辩方应回答攻方所提的任何问题，但涉及个人隐私或违反规则的，辩方应简要说明理由，可不予回答。双方应针对辩论会整体态势进行总结陈词，不能脱离实际或背诵事先准备的稿件。主持人要熟悉每个辩论环节，保证流程顺利进行。每方剩余30 秒时，计时员举牌提醒，时间到发言终止。记录员拍照记录现场情况，汇总记录评委评分，计算并核算分数。评委组根据辩论技巧(辩手语言的流畅程度，反驳、分析和应变能力及论点的说服力和逻辑性)、辩论内容(论据内容是否充实、引用资料是否恰当)、辩论风度(在自由辩论中的表现力和幽默度)和整体合作(论点结构的完整性、队员之间的默契和配合)四个方面进行评分，做好记录和点评准备。班级同学认真倾听，可记录内容，不得玩手机或干与辩论无关的事情。

(3)评委点评。所有同学认真聆听评委点评，可提出意见和建议进行交流，但不得质疑评比结果。

三、举例说明

(1)列举古今中外的名人有关"志向高远"的名言 10 条。

(2)列举并说明"志向高远"主要表现的 3~5 个典型案例。

(3)列举并说明"志向高远"对成功重要作用的三个典型案例。

(4)列举并说明与"志向高远"相对应的失败因子对成功危害的三个典型案例。

"举例说明"的要求：

(1)"举例说明"是教学内容的重要组成部分，要求学生在前面部分的教学内容学习之后的课余时间作为作业来完成。

(2)"举例说明"中学生所要列举的名言和案例，均在本教材外搜集，不得从本教材中抄取。

(3)"举例说明"中需要学生列举的名言和案例，要求学生独自完成，不得相互抄袭。

四、拓展内化

(一)拓展训练

(1)根据自己的情况，完成人生规划书。

目标：通过撰写人生规划书，更好地帮助学生确立远大的理想

流程：分析自己的优劣势，结合专业或兴趣、时代和社会需求，确定好自己的人生目标。

结果：完成一份人生规划书，确立自己的理想

(2)拟订大学期间的学习目标，并根据目标制定详细周到的计划表。

目标：围绕学习目标，拟定一份详细的目标时间进程表

流程：分解总目标，制定年计划、季计划、月计划、周计划

结果：制定出一张详尽的目标时间进程表。并在实际推进中检验设定目标的正确性。

(3)坚持自信自立相关训练，养成良好习惯。

目标：提升自信和自立品质

流程：清晨起床自我激励打气"我是最棒的！我一定行！"——衣着得体，保持良好的精神面貌——上课前排就座，积极回答问题，敢于展现自我——加强体育锻炼，练就良好体态——学会善待他人、欣赏自己，融洽人际关系——积极参加集体活动，不怕失败自觉磨练

结果：在日复一日的训练中，逐步锻炼了意志、增长了才干、丰富了阅历、增添了成就感，激发和巩固了自信心。

(4)观看励志电视剧《觉醒年代》；根据你的人生目标设定，阅读相关类型的名人传记。

目标：通过榜样的引导作用，坚定心中的信念

流程：利用班团会活动、政治学习课堂、个人闲暇之余，选择高质量的爱国类、励志类典型人物电影或电视剧、传记

结果：完成一篇观后感，激发向名人学习的主观意愿，坚定自己成功的信念

(二)榜样对标

请你结合对"志向高远"的理解和感悟，为自己寻找一个"志向高远"的标杆，并将其作为自己立志成功的榜样。

目标：通过了解身边人志向高远从而取得成功的故事，学习其身上拥有的优秀品质，提升自我励志品质

流程：寻找目标人物——了解目标人物事迹——分析目标人物具有的励志品质——模仿学习——创新超越

结果：提升自我的励志品质

五、内化自测

(一)学生自测

请你根据自身实际填写下表：

"志向高远"品质培育自测表

基本内容	序号	自测题目	评定选项			选择答案
			选项A (4分)	选项B (2分)	选项C (1分)	
理想远大	1	你想成为什么样的人？	拥有不平凡人生的人	值得父母骄傲的人	普通人	
	2	你努力工作为了谁？	国家	家庭	自己	
	3	如果你是一名科学家，你会	造福人类	实现个人价值	谋求金钱地位	
	4	如果你是一名企业家，你的创业动机是	为国民经济发展作贡献	为家乡经济发展作贡献	为家庭富足作贡献	

续表

基本内容	序号	自测题目	评定选项			选择答案
			选项 A（4分）	选项 B（2分）	选项 C（1分）	
理想远大	5	如果你是一名教师，你的愿望是	培养出具有社会责任感的创新人才	把自己培养成教学名师	有一个安稳的工作，我就心满意足了	
	6	理想离我们很远，何时可以实现？	理想离我比较远，我需要全力以赴去实现	难以实现	根本不能实现	
	7	你认为大学生应该肩负什么样的使命？	为实现中华民族的伟大复兴而奋斗终身	做一个合格的公民就行	报效父母养育之恩	
	8	你认为个人理想和国家、社会发展有关联吗？	关联很大，可以决定国家民族的未来	有关联，但个人力量太小，起不了多大的作用	有关联，但和我没有太大的关系	
	9	大学毕业后，你选择读研的原因是	提升自己	找不到好工作	随大流	
	10	你认为以下哪种人最能体现个人价值	成功人士	事业有成	平凡人	
	11	你在确定自己的各种目标时	总是努力去设置需要奋力跳起来才能够得到的目标	选择不需要太多的努力就能实现的目标	没有目标，随遇而安	
	12	你会比较多地关注新闻中的哪些内容？	时事政治类	娱乐文化类	和我无关	
	13	你在选择人生方向时会优先考虑	未来能报效国家、服务社会	个人兴趣爱好、能力、性格等	个人和家庭利益	
	14	你对自己的未来	满怀信心	有点担忧	没有信心，很迷茫	
	15	最能激励你坚持不懈努力的原因是	成为受人尊敬的人	获得一份安定的工作	赚钱	

基本内容	序号	自测题目	评定选项			选择答案
			选项 A（4分）	选项 B（2分）	选项 C（1分）	
理想远大	16	你觉得自己的大学生活充实吗？	很充实，每一天都更靠近自己的理想	较充实，比高中有意思	不充实，觉得很空虚	
	17	你去参加志愿者活动，是因为	服务社会	锻炼自己	学校要求	
	18	你认为大学生对于未来应该抱有什么样的心态？	积极向上，力争上游	自己开心最重要	无所谓	
	19	你如何看待大学生沉迷于游戏，不思上进？	玩游戏浪费青春，有这个时间不如用来提升自己	游戏可以玩，但是不能因游戏放弃学习	每个人有自己的选择，要尊重	
	20	对于学生干部的竞选，你怎么看？	有助于提高自己的综合实力，能为大家服务，当然要参加	能接触更多的人，挺好的	估计会占用很多私人时间，不感兴趣	
	21	有人遇到困难，而且你力所能及，你会选择	只要不是骗子，尽力给予帮助	如果有人比我先，那我就不出去了	和我无关，不管	
	22	体育课结束后，你属于以下哪种	主动协助帮忙归还器具	被动协助归还器具	和我无关，自然有人去做	
	23	如果你是一名新兵，你同意以下哪个观点	不想当将军的士兵不是好兵	进入优秀连队，成为优秀的兵	安安稳稳到退伍即可	
	24	你在大学期间的学习目标是	成为优秀毕业生	顺利拿到毕业证、学位证	不留级	
	25	给理想的内容排个序，你觉得最重要的是	国家诉求	家庭愿望	个人需求	
合计得分						

续表

基本内容	序号	自测题目	评定选项			选择答案
			选项 A (4分)	选项 B (2分)	选项 C (1分)	
目标正确	1	你选择读大学是	实现人生价值	家人帮忙做的决定	不想太早工作	
	2	你出于什么原因选择了现在的专业	未来的职业，或者个人兴趣	好就业	别人推荐	
	3	选择职业的时候，你会考虑哪个方面？	个人优势、专业、兴趣等	薪水高、工作轻松等	没想过	
	4	身边有同学喜欢考各种资格证，你会	结合人生目标选择性考证	技多不压身，全考了	完全不考虑	
	5	你知道多少本专业领域的名人？	很多，我会主动去搜索他们的资料	一些，老师提过我就关注了一下	不了解	
	6	你对本专业近3~5年的新发展或者变化有所了解吗？	很了解，关注了很多公众号和业内人士	了解一点，听别人提过	不了解	
	7	手机使用，你在哪个方面耗时最多？	获取知识	社交	娱乐	
	8	学校能为你的目标实现提供哪些平台，你了解吗？	非常了解	基本了解	不清楚	
	9	行动之前，你会事先定目标吗？	当然，有目标才能更好地实现	有时候会，有时候不会，视情况而定	从来不做	
	10	你有明确的人生目标吗？	有，我对自己想要努力的方向很确定	有考虑过，现在还没有完全定下来	没有考虑过	
	11	最有可能会影响你确立人生目标的人？	伟人	家人	朋友	
	12	你的家人、朋友对于你设定的目标认可度如何？	认可度很高	认可度一般	觉得我无法实现	
	13	你喜欢不断挑战自我的生活方式吗？	是，我不喜欢平淡的生活	偶尔的挑战挺好的	不，我喜欢安稳的生活	

续表

基本内容	序号	自测题目	评定选项			选择答案
			选项 A (4分)	选项 B (2分)	选项 C (1分)	
目标正确	14	你认为生命的意义何在?	贡献越大，越有意义	幸福感越强，越有意义	越有钱，越有意义	
	15	学校组织去做志愿者，你会	踊跃报名	选中我就去	没精力	
	16	大学期间可以有参军/支教的机会，你怎么看?	我很愿意去	我都行	我不会去	
	17	选择暑假社会实践项目时，你会	利用一切资源，积极创造机会	学校有安排就去，没有就算了	随便糊弄一下就行了	
	18	如果要为自己设立目标，你喜欢	不断挑战自己的极限	力所能及就行	轻而易举达到才好	
	19	假设你英语基础很差，你会	先定半年到四级的目标，再六级，逐步到精通。	我争取大学毕业前拿下英语四级	英语过不过四级无所谓	
	20	假设你上学期制定的目标没有达成，你会	找到原因，尽可能在这个学期弥补	本学期的目标不变	降低本学期的目标	
	21	你对自己的优势和劣势有清晰的认知吗?	是的，我认真地分析过，并以此为基础设立目标	是的，我觉得很清楚，但优劣势我拿不准	从没有分析过	
	22	你认为最有可能阻碍你实现人生目标的原因是	目标设定不正确	没有毅力	没有钱	
	23	对于你未来的职业，你认为最能为你提供帮助的人是	相关从业人员	长辈	其他人	
	24	你的人生目标和以下哪个联系更紧密	专业或特长	兴趣	没想过	
	25	如果你的专业将来慢慢被淘汰，你会	寻找新的突破点	先观望，实在不行了再想办法	无所谓，再找另一个工作	
合计得分						

续表

基本内容	序号	自测题目	评定选项			选择答案
			选项 A（4分）	选项 B（2分）	选项 C（1分）	
自信自立	1	你感觉自己能比大多人把事情做得更好吗？	完全符合	基本符合	完全不符合	
	2	你觉得自己拥有很多好的品质吗？	完全符合	基本符合	完全不符合	
	3	你是否经常感到很喜欢自己？	完全符合	基本符合	完全不符合	
	4	你是否经常担心不被别人所喜欢？	完全不符合	不清楚	完全符合	
	5	你是否经常感到干劲满满？	完全符合	基本符合	完全不符合	
	6	你是否经常对新鲜事物抱有兴趣，勇于尝试？	完全符合	基本符合	完全不符合	
	7	当遇到挫折时，你会觉得命运不公吗？	完全不符合	不清楚	完全符合	
	8	你是否经常为了别人的看法而感到焦虑？	完全不符合	不清楚	完全符合	
	9	在竞争性的活动中，你会感到不安吗？	完全不符合	不清楚	完全符合	
	10	你会经常害怕失败吗？	完全不符合	不清楚	完全符合	
	11	你认可自己是很有价值的人吗？	是	不知道	不是	
	12	你身上有很多优点吗？	是	不知道	不是	
	13	整体而言，你觉得自己是个成功的人。	是	不知道	不是	
	14	你觉得自己身上有很多值得骄傲的地方。	是	不知道	不是	
	15	你对自己保持着肯定的态度。	是	不知道	不是	
	16	截至目前，你对自己很满意。	是	不知道	不是	
	17	你希望你能更多地尊重自己。	是	不知道	不是	
	18	有时候，你会觉得自己很没有用。	不是	不知道	是	
	19	你常常觉得父母好像在督促你。	不是	不知道	是	
	20	在大家面前讲话，你觉得是很困难的事情。	不是	不知道	是	
	21	你觉得自己经常遇到麻烦。	不是	不知道	是	

续表

基本内容	序号	自测题目	评定选项			选择答案
			选项 A（4分）	选项 B（2分）	选项 C（1分）	
自信自立	22	你没有很多值得开心的事情。	不是	不知道	是	
	23	当遇到有损你尊严的事情时，你经常会做出让步？	不是	不知道	是	
	24	你常常希望自己是另外一个人。	不是	不知道	是	
	25	你是不能被别人依靠的。	不是	不知道	是	
合计得分：						
信念坚定	1	你有信仰吗？	有	不确定	没有	
	2	你认为信念对于大学生来说意味着什么	有了努力的方向	压力带来动力	没想过	
	3	你设立的目标会轻易改变吗？	不会	不确定	会	
	4	你会严格地按照自己认定的方向前进吗？	是	偶尔	不会	
	5	你遇到比较大困难的时候，你会	积极面对，迎难而上	先尝试几次，如果还是失败了就放弃	觉得很难，直接放弃，尝试别的可能	
	6	什么原因会让你放弃自己的信念	服从真理	社会现实让我知道我的目标无法实现	别人说我的理想不现实	
	7	你比较喜欢的生活状态	围绕最终目标事先做好计划，逐步去靠近它	做短期计划，并努力去完成	自由自在	
	8	遇到质疑和不理解，你会怎么做？	我认为对的，我会一直坚持	我会再考虑一下	压力大的话，我会选择放弃	
	9	你如何看待个人的生死？	为国为民，虽死犹荣	舍生取义	贪生怕死	
	10	面对老师布置作业，你一般会	认真对待，尽力做到最好	随便写写，完成了就行	记得就写，不记得就算了	
	11	班级选举学生干部时，你希望选上的原因	服务同学，锻炼能力	学生干部是班级中最优秀的	有加分	

续表

基本内容	序号	自测题目	评定选项			选择答案
			选项 A （4分）	选项 B （2分）	选项 C （1分）	
信念坚定	12	有个任务需要人完成，可能有生命危险，你会	主动报名	被动接受	拒绝	
	13	有人用不正当的手段谋取了利益，你会	指出问题，要求改正	匿名举报	与我无关	
	14	小组讨论，有几个同学经常划水，你会	合理分配任务到人，组织约束每个人尽自己的责任	商量一下，尽力劝他们参与，不行就算了	懒得管，自己直接帮忙完成还简单一些	
	15	如果你要申请入党，你的动机是	为了自己的信仰	追求进步	好工作	
	16	看到革命战争片，你最大的感受是	激起了强烈的强国之心	感受到了现在生活得不容易	距离现在的生活有点远	
	17	如果你的家乡需要你，你大学毕业后会	回家乡	不知道	拒绝	
	18	你进入大学的主要目的是	实现理想抱负	学习更多知识，提升自己的素质	获得文凭找更好的工作	
	19	你认为理想和现实之间的差距	很大，但是可以实现	很大，可能无法实现	太大，根本没有可能	
	20	当某项工作对国家很重要，但需要你终身隐姓埋名，远离人群，你会	主动报名	被动接受	拒绝	
	21	一项事情没有报酬，甚至有危险，但是对国家民族有利，你会	主动报名	被动接受	拒绝	
	22	你的想法受到所有人的反对，但你认为是正确的，你会	坚持到底	犹豫不决	放弃	
	23	有人用高薪请你帮忙拍摄军事禁区图片，你会	拒绝并报警	犹豫不决	接受	
	24	你能够长达几十年的坚持同一个事业吗？	可以	不知道	不能	
	25	你觉得以下哪个对你坚定自己的理想起到关键作用？	个人的意志和努力	国家政策	家庭条件	
合计得分：						

续表

评分规则：每题答 A 记 4 分，选 B 记 2 分，选 C 记 1 分		
项目	自测结果	结果解析
理想远大		90~100 分：优
		80~89 分：良
		60~79 分：中
		0~59 分：差
目标正确		90~100 分：优
		80~89 分：良
		60~79 分：中
		0~59 分：差
自信自立		90~100 分：优
		80~89 分：良
		60~79 分：中
		0~59 分：差
信念坚定		90~100 分：优
		80~89 分：良
		60~79 分：中
		0~59 分：差

(二) 自测题列举

请列举以上四个方面的自测题及答案，要求每个方面至少列举 10 个。

六、提升计划

1. 根据"'志向高远'品质培育自测表"的自测结果填写下表：

"志向高远"品质培育提升计划表

基本内容	存在的问题	提升计划	目标达成
理想远大			
目标正确			
自信自立			
信念坚定			

2. 填写要求：

(1) 根据内化自测的结果，真实、客观、有针对性地填写提升计划表；

(2) 针对存在的问题列出近期所需达成的目标；

(3) 目标达成应有具体的完成时限。

第八章　培育奉献担当的品质

奉献担当是取得成功必备的关键品质。一个人只有甘于付出、敢作敢为、勇于担责、不怕牺牲，才能更好地承担责任与践行使命，才能在人生的道路上勇往直前、创造佳绩，取得成功。

第一节　认　　知

古今中外，有许多成就斐然的名人留下了奉献担当的名言佳句。一个人在走向成功的道路上，倘若积极践行，不断努力，坚持奋斗，定能水到渠成，马到成功。

一、名人名言导读

自己活着就是为了使别人过得更美好。

——雷锋

人生的价值在于奉献，不在于索取。

——爱因斯坦

我所能奉献的，只有热血辛劳汗水与眼泪。

——高尔基

☞导读：

1. 通过名言，可以看出甘于付出对走向成功非常重要，一个人只有真诚为他人、集体和社会无私付出、奉献自己，才能作出有益于社会的贡献，才能得到他人和社会的认可，从而获得成功。甘于付出作为一种真诚自愿的行为，也是一个人内在优秀品质的呈现。拥有这种品质的人，具有先集体后个人的崇高精神，他们认为人生的意义就是为社会作出奉献，做一个有益于社会、为人民造福的人。

2. 甘于付出的品质体现在日常学习生活工作之中，大学生应当以雷锋为榜样，奉献热血、绽放青春、挥洒汗水，在自我觉醒的过程之中，不断磨砺甘于奉献、勇于担责付出的优秀品质，为他人、集体和社会作出更多的贡献，从而取得成功。

当智慧和命运交战时，若智慧有胆识，敢作敢为，命运就没有机会动摇他。

——哥白尼

必须敢于正视，这才可望敢想，敢说，敢做，敢当。

——鲁迅

做一个真正勇敢无畏的人。

——林肯

☞**导读：**

1. 通过名言，可以看出敢作敢为对于成功的获取非常重要，一个人只有敢于去做、勇于行动，才能踏上成功的征程，才能让生命绽放光彩，从而获得成功。具有敢作敢为的优秀品质的人，敢于尝试、勇于行动、不断追求，不畏困难、无惧失败，这样的人既有智慧又有胆识，任何困难和风险都动摇不了他。

2. 大学生应当自觉磨砺敢作敢为的品质，正如林肯一样，做一个真正勇敢无畏的人。始终保持敢于行动、勇于尝试，无论面对任何困难和风险，都能坚定既定目标、保持高昂斗志、长存浩然正气。

斗争是掌握本领的学校，挫折是通向真理的桥梁。

——歌德

人生须知负责任的苦处，才能知道尽责任的乐趣。

——梁启超

只有敢于承担责任的人，才能获得真正的自我实现。

——马斯洛

☞**导读：**

1. 通过名言，可以看出勇于担责对于成功的获取非常重要，一个人只有勇于担当、敢于挑起肩上的责任与重担，才能获得更多的机会、更好地奉献自己，从而获得成功。具有勇于担当优秀品质的人，应以担当为己任、以尽责为乐，并且不断提升综合素质，承担责任和使命，决不虚度人生，即使面对困难和重任他们也会百折不挠、决不退缩。

2. 愿担责者易成事，大学生应自觉树立勇于担责的价值观和敢于面对困难的人生态度，像梁启超一样，只有知道担负责任的苦处，才能知享受责任的乐趣。磨砺勇于担责的优秀品质，在勇于担当的尽责中实现自己的人生价值。

鞠躬尽瘁，死而后已。

——诸葛亮

我们必须奉献于生命，才能获得生命。

——爱因斯坦

人生自古谁无死，留取丹心照汗青。

——文天祥

☞**导读：**

　　1. 通过名言，可以看出不怕牺牲对于成功的获取非常重要，一个人只有具备了不怕牺牲的精神，在面对困难、挫折和磨难时，才能坚持勇往直前，不畏惧、不退缩，从而获得成功。不怕牺牲的品质不仅表现在面对危险时愿意冲锋在前，哪怕付出生命的代价也在所不惜，也体现在日常生活中，当个人利益与集体利益发生冲突时，甘愿为集体和社会的利益不计个人得失，甚至甘愿牺牲自我的利益。

　　2. 一个人的生命是有限的，大学生应当学习那种鞠躬尽瘁、死而后已的精神，为理想而活，为将有限的生命绽放无限的精彩而活。正如爱因斯坦所言，我们必须奉献于生命，才能获得生命。

二、奉献担当的主要表现

作为取得成功必备的关键品质，奉献担当主要表现为：甘于付出、敢作敢为、勇于担责、不怕牺牲。

1. 甘于付出

甘于付出是指为理想和使命、为社会和人民心甘情愿、不计回报地付出自己的时间、精力、智慧、财富等。一方面，表现为对他人、对集体的服务意识和行动；另一方面，表现为对国家、对社会自觉的主动的奉献。雷锋就是甘于付出的典范，他忠于党和人民、舍己为公、大公无私；具有立足本职、在平凡的工作中创造出不平凡业绩的"螺丝钉精神"；苦干实干、不计报酬，一心一意、全心全意为人民服务。

2. 敢作敢为

敢作敢为本义是指做事勇敢、无所畏惧。作为一种优秀品质，它是奉献担当的重要内容之一。一方面，表现为敢闯敢试、敢为人先、勇于追求，即敢于闯关克难、大胆尝试，勇于探索新思路、新方法、新举措，敢走别人没有走过的路，从而收获别样的风景。另一方面，表现为敢于行动、不畏困难、无惧失败，无论面对何种困难和风险，都勇往直前、毫不气馁，始终坚定立场目标、保持高昂斗志、长存浩然正气。

3. 勇于担责

勇于担责是指勇于担当使命、承担责任，自觉以担当为己任、以尽责为快乐。其一，表现为在实践中始终自觉承担起个人肩负的责任与使命，不推诿、不逃避、不扯皮、不敷衍，尽心尽力地完成任务。其二，表现为在面临困难的紧要关头，能顾全大局，挺身而出、知难而进，义不容辞地担当起攻坚克难的责任与使命、自愿担负起可能失败的风险与责任。其三，表现为始终坚持对自己、对他人、对社会负责任的态度，即使工作中遇到困难或出现问题时，也绝不找借口或推卸责任。

4. 不怕牺牲

不怕牺牲是指在危难面前为了他人、社会或国家利益，不惧风险挑战，坚持勇往直前，绝不畏惧，毫不退缩，敢于牺牲自己的时间、金钱甚至生命。一方面，表现为无论面对多大的困难、挫折和磨难，都始终勇往直前、冲锋在前，不畏惧，不退缩，哪怕付出生命的代价也在所不惜。另一方面，表现为在日常生活和工作中，当个人利益与集体利益、社会利益等发生冲突时，甘愿为集体和社会的利益不计个人得失，甚至牺牲自我利益。

三、奉献担当对成功的重要作用

如前文所叙述，奉献担当是实现成功的关键品质，具备这一品质对于取得成功起着十分重要的作用。

只有甘于付出，才能在走向成功的道路上无私奉献。辛勤的耕耘是收获之本，无私的付出是成功之道。甘于付出的人有更多的机会取得成功，因为他们愿意付出努力、时间、精力去追求成功，并且在通往成功的道路上，会比其他人更加专注与坚定。甘于付出，不断奋斗，坚定自己的选择，就会收获成功。每一滴汗水，都是付出；每一点努力，都是感动；每一步成长，都是收获。只有甘于付出，才能取得成功。

只有敢作敢为，才能在走向成功的道路上无所畏惧。只有敢作敢为，才能无所畏惧地实现成功。幸福都是奋斗出来的，只有敢作敢为才有可能畅享人生。敢作敢为的人往往具有高度的自我驱动力和执行力，能够带领团队共同实现成功目标，增强团队凝聚力。大学生想要取得成功，就要有所担当，敢于作为，从身边做起，从点滴做起，甘于奉献，勇于担责，敢作敢为而不断取得成功。

只有勇于担责，才能在走向成功的道路上担当作为。"追梦需要激情和理想，圆梦需要奋斗和奉献。"有许多无私奉献的英雄模范，如邓稼先、张桂梅等，他们都是奉献担当的模范典型。当代大学生更应学习他们可贵的品质，坚定价值取向，增强个人归属感，提升领导与管理能力，主动承担额外的工作和责任，促进成长与发展。

只有不怕牺牲，才能在走向成功的道路上排除万难。成功的秘诀在于持之以恒，不怕牺牲。只有勇于拼搏，不怕牺牲的人，才能取得成功。新中国成立之初，面对百废待兴的战争创伤、国际上敌对势力的封锁遏制，中国人民不怕牺牲排除万难，投入火热的社会主义建设中，卫星上天，原子弹爆炸，农田水利改造，黄河长江大桥架设，铁路公路修建，石油工业建立，军事工业自成体系。中国人民依靠自己的力量，不怕牺牲，排除万难，创造了一个又一个奇迹，取得了辉煌的成就。

四、失败因子的主要表现及对成功的危害

与之相对应，奉献担当的失败因子主要表现为不愿付出、畏首畏尾、明哲保身、患得患失四个方面。

1. 不愿付出的主要表现及对成功的危害

不愿付出表现为不愿承担自己的责任与义务，斤斤计较，不愿付出。一方面，不愿付出的人只考虑个人利益，不甘为他人付出；另一方面，不愿付出的人缺乏团队精神，不愿与他人合作，这会影响团队的凝聚力和合作效率，从而阻碍团队取得成功。

不愿付出不仅会妨碍个人发展，还会影响团队通力合作，与成功失之交臂。

2. 畏首畏尾的主要表现及对成功的危害

畏首畏尾表现为遇到困难止步不前，战战兢兢、拈轻怕重，不敢决策、不敢作为而优柔寡断。一方面，畏首畏尾的人由于不愿轻易去尝试，做事瞻前顾后而错失良机。遇到挫

折容易放弃，习惯性迁就与盲从跟随，而无法主动创造机会，机遇来临时也无法及时抓住；另一方面，畏首畏尾的人缺乏自信心和决策力，在面对困难和挑战时容易退缩，而出现犹豫不决、拖延等问题。

畏首畏尾不仅会错失机遇，还会限制个人成长，与成功背道而驰。

3. 明哲保身的主要表现及对成功的危害

明哲保身表现为奉行明知不对少说为佳、不求有功但求无过的行事作风，事不关己高高挂起，这是一种消极自保的态度。一方面，明哲保身的人不愿承担责任，将个人利益置于首位，不顾他人利益与得失，以保全自己为主要目的；另一方面，明哲保身的人往往缺乏创新精神，不敢尝试新鲜事物，容易陷入保守和传统思维模式。

明哲保身不仅会影响团队凝聚力，还会限制创新与发展，与成功大相径庭。

4. 患得患失的主要表现及对成功的危害

患得患失表现为担心失去而无法及时把握机遇，错失良机。一方面，患得患失的人抗挫能力较弱，面对各种问题较为敏感脆弱，忧虑重重，缺乏安全感；另一方面，患得患失的人因担心自我利益受到伤害，而产生自我保护意识，遇事多虑与担忧，瞻前顾后，患得患失，而导致机遇丧失。

患得患失不仅会损害自信心，还会产生焦虑导致多种危害，与成功失之交臂。

第二节　训　　练

一、案例阅读启示

☞【案例1】

甘于付出——"让教育之光照亮贫困山区"

张桂梅，党的十七大代表、全国十佳师德标兵、全国先进工作者、全国十大女杰、全国"五一"劳动奖章获得者。她是百名孩子心中的妈妈，是山区女孩子的一线曙光，她以忘我的精神在华坪教育战线上辛勤奉献22年，用心血和汗水为华坪教育谱写了新篇章。

2007年，张桂梅当选党的十七大代表。在北京开会时，一篇"我有一个梦想"的报道，把她女子高中的梦在北京传开。随后丽江市和华坪县各拿出100万元，帮助张老师办校。从此，女高这棵教育扶贫的"珍稀苗木"栉风沐雨茁壮成长。

扎根边疆山区教育四十余载，张桂梅用阻断贫困代代传递的教育之光，照亮了无数人的心。沿着县城边的狮山南巷往坡上走，是张桂梅曾工作过的华坪民族中学，女子高中就在旁边。红黄色调的大铁门上，是"扣好人生第一粒扣子"的红布标语。这所看上去不起眼的高中，在当地颇有影响力。女高成立前，华坪县中考升学率还不到50%，2020年达到90%以上，全县高考升学率多年在丽江保持第一。以前农村女孩早婚早育的多,现在读高中的越来越多。华坪女子高中,就是一所因抵抗贫困而生的学校。

1996年丈夫去世后,张桂梅从大理调到华坪教书,这里的贫困超出了她的想象。有家长带着一包钢镚和角票交学费,有学生只吃饭不吃菜,有的头天晚上把大米放进暖水瓶做早点。班上男生多女生少,"一些女生读着读着就不见了"。张桂梅意识到:提高山区母亲们的教育水平,将至少改变三代人!2002年她开始筹建免费女子高中,"规模化"地帮助山里女孩,改变她们的命运和家庭贫困。但贫困地区办免费高中,这在许多人眼里简直是异想天开。可张桂梅不这么想,为了改变这片贫困的土地,她毅然踏上募捐之路。她长期拖着病体,坚守工作岗位,以实际行动兑现自己"只要还有一口气,就要站在讲台上"的诺言;她始终艰苦朴素、甘守清贫,却把自己的工资、奖金和社会各界捐助她治病的100多万元全部投入教育事业。在她的不懈努力下,华坪女子高中连续9年高考综合上线率保持100%。

☞案例启示:

1. 张桂梅爱岗敬业甘于付出,深深扎根于边疆民族贫困地区,用爱心倾注教育事业,全身心地投入教书育人的崇高事业中。她虽身患多种疾病,但常常超负荷地工作,以惊人的毅力克服病痛的折磨,始终坚守教育岗位。

2. 大学生应学习她执着奋斗、无私奉献的高尚品质,开拓进取,让榜样的力量在更多的人之间传递,感受美好。

☞【案例2】

敢作敢为——"中国电磁弹射之父"

马伟明,动力与电气工程专家,中国工程院院士。1996年被评为国家中青年有突出贡献专家,1999年获国家十大"杰出专业技术人才"奖章,2015年获何梁何利科学技术奖。长期致力于独立系统集成化发供电、电力电子、电力系统电磁兼容、舰船综合电力系统技术等领域的研究。创建并发展了十二相发电机供电系统的基础理论体系,攻克了系统中稳定性预测、固有振荡抑制、复合故障诊断、短路保护等国内外长期未解决的关键技术难题,研制出具有国际领先水平的十二相发电机整流供电系统;提出M相/N相双绕组电力集成新原理,研制出交直流双绕组电力集成供电系统,为国际首创;研制成功具有世界先进水平的潜艇AIP发供电系统;在独立电力系统电磁传导干扰预测理论和抑制技术上取得重大突破。

在很多人看来,马伟明是个富有传奇色彩的科学家,他34岁时破格晋升教授,41岁成为中国工程院最年轻的院士,42岁晋升海军少将军衔。这一切源自他在科研领域创下的一连串"世界第一"以及为我国海军装备现代化作出的突出贡献。马伟明在国际上第一个提出"电力集成"的技术思想,他仅用一台电机,同时发出交流和直流两种电,这样就可以用最少的设备,为舰艇提供最强大的电力支持,国内外学术界原先都认为这不可能。海军工程大学副教授肖飞说："这个技术在世界上没有先例可循，必须进行完全的原创。"马伟明带领几个年轻人干了起来。学校政治部副主任严光成说："当时他把一个水房改造成实验室，经费只有一万元，课题组只有 5 个人。每年春节都是在实验室度过的。他就是靠四个字：敢作敢为！"马伟明十年磨一剑，成功研制出世界首台交直流双绕组发电机，他说："这里肯定有风险，没有风险也就没有创新。创新的目的，是为了提高我们的武器装备的战斗力和它的综合性能指标。"马伟明和他的团队在电机工程、电磁兼容技术等领域，先后攻克重大难题近千个，其中二十多项成果为世界首创。我海军新型作战舰艇采用这些新装备后，作战效能明显提升。

☞案例启示：

1. 马伟明十年磨一剑，成功研制出世界首台交直流双绕组发电机，投身于电力系统，怀着坚定的信念，勇往直前、敢作敢为。马伟明和他的团队在电机工程、电磁兼容技术等领域，先后攻克重大难题近千个，为中国海军事业作出了巨大贡献。

2. 大学生应该学习他敢作敢为的品质，在遇到困难时勇于担责，不怕困难和失败，艰苦奋斗，不断追求卓越，走向成功。

☞【案例 3】

勇于担责——"家庭联产承包责任制"

20 世纪末叶，中国的改革起源于农村，农村的改革起始于家庭联产承包责任制的诞生。从大包干的红手印，到土地确权颁证的"红本本"，再到农村"三变"改革的"分红利"，中国农村改革的路径在小岗村一直延伸。

据统计，在 1956 年至 1978 年的二十多年间，凤阳全县共向国家交售粮食 9.6 亿多斤，而国家返销凤阳的粮食达 13.4 亿多斤。凤阳一度成为全国有名的"吃粮靠回销、花钱靠救济、生产靠贷款"的"三靠县"，外出乞讨人员遍及大半个中国。穷则思变，在"不准分田单干""三级所有、队为基础"的三令五申中，小岗村 18 户农民决定"瞒上不瞒下"分田到户："我们分田单干，每户户主签字盖章，如以后能干，每户保证每户的全年上交公粮，不再向国家伸手要钱要粮。如不成，我们干部坐牢杀头也甘心，大家社员也保证把我们的小孩养活到十八岁。"

1978 年 11 月 24 日，安徽省凤阳县小岗村 18 户村民在一纸分田到户的"秘密契约"上按下了鲜红的手印，小岗村农民按下红手印的"大包干"契约。就在安徽包产到户生死存亡的关头，邓小平发表谈话，对安徽的包产到户给予肯定，让安徽农村家庭联产承包责任制改革走出困境。1982 年 1 月，中央印发《全国农村工作会议纪要》，肯定"包产到户、包干到户"都是社会主义集体经济的责任制。

"大包干、大包干，直来直去不拐弯；保证国家的，留足集体的，剩下都是自己的。"用大包干带头人、时任小岗生产队副队长严宏昌的话来说，就是"当年按'红手印'搞大包干,就是想能吃上一顿饱饭"。束缚生产力的生产关系一经变革,很快就唤醒了沉睡的大地。这也让大包干带头人之一的严俊昌感到,生产队长比以前好干了。"每天天不亮,家家户户就下地干活了,不用操一户的心。"实行大包干后的第一年,全队粮食总产量达十几万斤,相当于1955年至1970年粮食产量的总和;人均收入350元,为1978年的18倍……把选择权交给农民,由农民自己决定而不是代替农民选择。尽管曾经有过激烈的争论,但这一理念一直被秉承,并驱动了中国农村更大范围的改革。小岗村的星星之火,迅速燎原,家庭联产承包责任制在全国迅速推广。小岗村是中国农村改革开放的一面镜子,以处理好农民与土地的关系为主线,不断见证我国农村关键领域的改革。

☞案例启示:

1. 小岗村的包产到户、家庭联产责任承包制,生动地展现了勇于担当的可贵品质。成功是在不利和艰难的处境中百折不挠、勇敢面对所处的困境而取得的。只要敢于担当,勇于挑起肩上的重任,积极努力,总会成功。

2. 大学生在面对困境、挑战困难时,更应勇于承担自己所担负的责任,不逃避不推卸,也不怨天尤人,而是迎难而上,勇于担责。

☞【案例4】

不怕牺牲——"舍身炸碉堡"

1948年5月初,董存瑞所在部队参加冀热察战役。隆化县城是热河省会承德的拱卫,而解放隆化成了其中的重要一环。1948年5月,董存瑞随部队向隆化进军。一路上,他看到的都是悲惨凄凉的景象。村庄被烧毁,老百姓无家可归,全家人抱在一起痛哭。经过一个村庄的时候,董存瑞听见了一个小女孩的哭声,她被困在了熊熊燃烧的大火之中,撕心裂肺地哭喊着。董存瑞想都没多想,让战友打来一桶水浇遍了自己的身体,便奋不顾身地冲进了燃烧着的房子。经过艰难地寻找,董存瑞终于找到了小女孩,抱起她就往快要垮塌的房子外面冲。看到母女俩重聚的场景,董存瑞的心里宽慰了许多。夜晚村里召开了诉苦大会,乡亲们分别控诉着国民党种种卑劣的行径。董存瑞听得是愤愤不平,便跑到连长那里希望上级交给他最艰巨的任务,解放隆化,他要第一个冲上去!过了几天,连队里举行声势浩大的战前动员大会。5月25日,战斗打响了。在战友的掩护下,董存瑞抱起炸药包一次又一次地冲上前,接连炸毁了敌人好几个炮楼和碉堡,为后续部队的顺利前进开辟了道路。下午,部队准备向隆化中学发起总攻,一座隐藏的暗堡阻挡了我军的进攻,部队损失惨重。连长命令董存瑞班的战士执行此次任务,李振德和杨海山携带炸药包向前冲去,时而匍匐,时而快跑,但最终都因中弹不幸壮烈牺牲。董存瑞强忍悲痛,主动请缨。在郅顺义的掩护下,董存瑞快速地冲到了暗堡下面,他顾不上自己已经受伤的左腿,迅速观察四周,想要寻找到合适的炸药包安放的位置,但都没有找到,怎么办?离总攻的时间越来越近了，董存瑞想到不能因为自己而打乱了部队的作战计划。此时，冲锋号响起，董存瑞二话不说，用左手托起炸药包紧紧地贴住堡底，右手拉弦，像一座丰碑挺拔地矗立在那。一声巨响，董存瑞牺牲了，年仅19岁。他用自己年轻的生命为部队扫清了前进的障碍。

1948年6月8日，11纵队党委决定：追认董存瑞为战斗英雄，模范共产党员；董存瑞生前所在的6班为"董存瑞班"。1948年7月10日，冀热察行署发布决定，将隆化中学改名为存瑞中学。1950年9月，全国战斗英雄、劳动模范代表会议追认董存瑞为全国战斗英雄。董存瑞是人民解放军的六位经典英烈之一，全国战斗英雄。2009年9月10日，董存瑞被评为"100位为新中国成立作出突出贡献的英雄模范人物"。作为一名平凡又普通的共产党员，董存瑞用生命诠释了国家利益高于一切的崇高信念。在董存瑞短暂的一生里，他始终践行着全心全意为人民服务的宗旨，他为了理想，为了新中国，为了人民，献出了年轻而宝贵的生命。踏进新时代，董存瑞不仅是广大部队官兵和退役军人学习的榜样，更是9000多万共产党员和14亿中国人学习的榜样。

☞**案例启示**：

1. 董存瑞在他短暂的一生里，始终践行着全心全意为人民服务的宗旨。他为了理想，为了新中国，为了人民，献出了年轻而宝贵的生命。他用自己的实际行动，铸就了艰苦奋斗、迎难而上的董存瑞精神。

2. 大学生要学习他不怕牺牲、无私奉献的高尚品质。每个人的生命都是有限的，不怕牺牲、死而后已的精神也是值得我们青年大学生学习的。

二、讨论辩论

(一)讨论题

(1)何为"奉献担当"？

(2)为什么说文中所提的这些失败因子会阻碍成功？

讨论目的：

通过讨论，明确"奉献担当"的内涵，能分析相应的失败因子对成功的危害。

讨论流程：

(1)教师引导。教师引导学生由表及里地分析和理解"奉献担当"。通过教师引导，学生结合对敬业拼搏的认知，认真体会名人名言、经典案例的内涵，围绕"什么是奉献担当""奉献担当在现实生活中有哪些体现""奉献担当在实现人生目标过程中的积极意义是什么""相关失败因子对成功会产生什么危害"展开思考，从而形成自己的观点。

(2)分组讨论。每8~10人为一个小组，一名同学担任组长。每组针对讨论题目进行思考和发言，成员之间互相讨论和质疑，有疑问可以随时向授课教师请教，最终形成本组的小组总结。

(3)代表发言。每组推选一名小组发言人，充分、系统地总结本组各个成员的观点，在班上公开发表小组讨论的要点和论点。

(4)总结点评。教师针对每组发言情况进行点评总结，分析其论点和论据，根据每组讨论情况及发言表现来评定讨论题的成绩。

讨论要求：

(1)教师引导。教师引导环节，学生可适当做笔记。教师明确讨论要求，引导学生不要偏题，在后面的讨论中逐一发言，有不同观点可以讨论，但不能吵闹。

(2)分组讨论。每组组长要灵活控制时间，让每位同学既能详细表达自己的观点，又能合理安排讨论时间。对于有争议的观点要充分讨论，尽量达成共识。教师把控整体讨论状况，倾听小组讨论，并予以适当点拨。

(3)代表发言。所有同学应认真倾听并记录总结发言者的观点，不允许做玩手机等与讨论无关的事情。

(4)总结点评。教师点评总结时，学生应认真倾听并做好相应记载。教师一定要根据每组发言代表的论点和论据进行点评和打分，理由充分，公正合理。

(二)辩论题

正方：只有具备奉献担当品质，才能取得成功。

反方：不具备奉献担当品质，也能取得成功。

辩论目的：

通过辩论，学生厘清"奉献担当"与"成功"的关系，结合自身实际，思考如何做到"奉献担当"。

辩论流程及要求：

(1)人员分工。确定好辩手、主持人、计时员、记录员、评委等，明确职责。辩手由班级学生推荐，每组4名辩手，根据抽签结果决定本场辩论的持方，在一周时间内查阅资料，准备讲稿，为辩论做好准备。

(2)现场辩论。开场导入(主持人宣布辩题、介绍辩手、评委成员和规则等)—开篇立论(正反两方一辩依次陈述本方观点，时间各2分钟)—双方攻辩(由正方二辩开始，正反方交替进行，时间各3分钟)—自由辩论(正反双方交替进行发言，时间各3分钟)—总结陈词(由反方四辩开始，正反双方依次进行总结，时间各2分钟)。

(3)评委点评。结合本场辩论的具体情况，评委组推选一名评委从辩论技巧、辩论内容、辩论风度和整体合作等方面进行点评，指出表现优秀的地方，并提出可进一步思考的方向。就本场表现，评判出获胜方和最佳辩手，并当场公布结果。

辩论要求：

(1)人员分工。主持人负责整场辩论活动的主持，要求熟悉主持流程和主持礼仪。计时员负责辩论活动的计时，严格把控每个环节的时间要求。记录员负责拍照记录活动现场情况，汇总记录评委评分，计算小组的平均得分，即为最终成绩。评委组应由3人及以上组成，根据辩论技巧、辩论内容、辩论风度和整体合作四个方面对小组进行评分。

(2)现场辩论。辩论过程中，辩手要注意双方言论、行为均不可涉及个人隐私，也不得进行人身攻击或人格批评。立论及辩论环节要求做到逻辑清晰，言简意赅。攻方在提问时，应提出与题目有关的合理而清晰的问题，不得自行陈词或就攻辩所获结果进行引申，否则视为违规。辩方应回答攻方所提的任何问题，但涉及个人隐私或违反规则的，辩方应简要说明理由，可不予回答。双方应针对辩论会整体态势进行总结陈词，不能脱离实际或背诵事先准备的稿件。主持人要熟悉每个辩论环节，保证流程顺利进行。每方剩余 30 秒时，计时员举牌提醒，时间到，举牌终止发言。记录员拍照记录现场情况，汇总记录评委评分，计算并核算分数。评委组根据辩论技巧（辩手语言的流畅程度，反驳、分析和应变能力及论点的说服力和逻辑性）、辩论内容（论据内容是否充实、引用资料是否恰当）、辩论风度（在自由辩论中的表现力和幽默度）和整体合作（论点结构的完整性、队员之间的默契和配合）四个方面进行评分，做好记录和点评准备。班级同学认真倾听，可记录内容，不得玩手机或做与辩论无关的事情。

（3）评委点评。所有同学认真聆听评委点评，可提出意见和建议进行交流，但不得质疑评比结果。

三、举例说明

（1）列举古今中外的名人有关奉献担当的名言 10 条。
（2）列举并说明奉献担当的主要表现的 3~5 个典型案例。
（3）列举并说明奉献担当对成功重要作用的三个典型案例。
（4）列举并说明与奉献担当相对应的失败因子对成功危害的三个典型案例。
"举例说明"的要求：
（1）"举例说明"是教学内容的重要组成部分，要求学生在前面部分的教学内容学习之后的课余时间作为作业完成。
（2）"举例说明"中学生所要列举的名言和案例，均在本教材外搜集，不得从本教材中抄取。
（3）"举例说明"中需要学生列举的名言和案例，要求学生独自完成，不得相互抄袭。

四、拓展内化

（一）项目实训
（1）参加一次班级、学校组织的活动，例如运动会、演讲比赛等。
目标：培养甘于奉献的品质。
流程：积极参加班级、学校组织的活动，乐于奉献，在活动中及时总结经验收获，学会奉献与付出。
结果：学生领悟甘于付出奉献，在参加各项活动中，懂得奉献的价值。
（2）竞选学生干部，在实践工作中为集体服务。
目标：培养敢作敢为的品质。
流程：成功竞选学生干部，在班级、社团、学生会中，学习处理突发事件，勇于担责、发扬敢作敢为精神。

结果：在班级、社团管理过程中，培养学生敢作敢为、奉献担当的品质。

（3）观看以奉献担当为题材的《小岗村》等影视作品，撰写不少于600字观后感。

目标：培养勇于担当的品质。

流程：课后观看以奉献担当为题材的影视作品，写一篇600字的观后感，交由老师批改，课中选写得好的同学作品进行分享，体会勇于担责的精神。

结果：通过观看此类影视题材的作品，让学生在观影中深刻体会革命先烈的奉献精神，培养学生勇于担当的能力与品质。

（4）寒暑假期间，参加社会公益活动，例如当社区志愿者、做志愿服务等。

目标：培养不怕牺牲的品质。

流程：完成一次志愿活动，写一篇不少于200字的心得体会。

结果：参加社会公益活动，为他人服务，在实践中领悟不怕牺牲的奉献精神。

（二）榜样对标

列举一个身边具有奉献担当精神品格的人或案例，并将其作为人生榜样。

目标：通过了解身边人的奉献担当案例，学习其身上具有的优秀的、卓越的奉献担当品质，提升自我奉献担当的品质。

流程：寻找目标—了解目标—分析目标达成应具有的奉献担当品质—模仿学习—提升超越。

结果：提升个人的奉献担当品质。

五、内化自测

（一）学生自测

请你根据自身实际，如实填写下来：

"奉献担当"品质培育自测表

基本内容	序号	自测项目	评定选项			选择答案
			选项 A	选项 B	选项 C	
甘于付出	1	你觉得哪个选项更符合对你的描述：	自觉主动付出，不考虑回报	愿意付出但考虑回报	不愿付出	
	2	寝室需要打扫，舍友外出，你会主动打扫吗？	主动打扫	舍友回来一起打扫	不打扫	
	3	别人向你请教问题时，你会怎样做？	有问必答	应付	推脱不理睬	
	4	你愿意参加班级活动吗？	愿意	看情况	不愿意	

续表

基本内容	序号	自测项目	评定选项			
			选项 A	选项 B	选项 C	选择答案
	5	班级需要大扫除，你会怎样做？	主动参加	等待安排	逃避	
	6	同学生病住院，需要轮流照顾，你会：	尽自己最大努力照顾	别人实在没有时间我就去	拒绝照顾同学	
	7	你认为帮助他人是：	很有价值的事情	无所谓	吃力不讨好	
	8	与己无关的好事，你会选择？	坚决去做	委婉拒绝	坚决不做	
	9	期末考试复习，你已经复习了好几遍，别人问你时你会选择：	将我复习所获心得体会无保留地告诉别人	委婉应付别人	拒绝回答别人	
	10	你认为自己活着，是为了使别人过得更美好吗？	是	不确定	不是	
	11	当小组活动结束时，需要同学打扫教室卫生你会怎样选择？	主动报名	推脱有事	直接拒绝	
甘于付出	12	在团队中你会首先选择付出更多时间和精力的工作吗？	会	不确定	不会	
	13	当别人遇到困难请你帮助时，你会怎样做？	积极帮助	看情况	不管不顾	
	14	你喜欢做志愿者吗？	喜欢	一般	不喜欢	
	15	你愿意为理想敢为人先、甘于付出吗？	愿意	不确定	不愿意	
	16	你愿意为梦想付出劳动和汗水吗？	愿意	不确定	不愿意	
	17	遇到困难时，你会迎难而上、甘于付出吗？	会	不一定	不会	
	18	没有任何报酬，但是很有意义的事，你会怎样选择？	很高兴参加	反正无事，打发时间	浪费时间，不想参加	
	19	你愿意参加志愿服务吗？	愿意	不确定	不愿意	
	20	你喜欢的朋友类型是：	助人为乐型	事不关己高高挂起	明哲保身型	

基本内容	序号	自测项目	评定选项			选择答案
			选项 A	选项 B	选项 C	
甘于付出	21	同学找你帮忙时，你会?	积极帮助	等自己的事情处理完，再帮助别人	装着没听见	
	22	当别人迷路需要你帮助时，你会怎样处理?	积极回答，帮助导航	说自己不知道	装作没看见	
	23	同学想让你帮忙打饭，你正好在食堂，会怎样做?	乐意	饭是打了但不乐意	找个借口不打	
	24	班级组织文体活动你会积极参加吗?	经常会	偶尔会	不会	
	25	你是怎样理解甘于付出的?	甘于付出是不讲回报	甘于付出不可能不讲回报	甘于付出只有抓阄才会做	
合计得分：						
敢作敢为	1	你认为哪项更符合对你的描述：	积极争取	等待安排	得过且过	
	2	在学习、生活中遇到困难：	迎难而上	见到困难绕道走	知难而退	
	3	在和同学一起协作时，你会……	有系统、有条理地安排工作	尽力而为	等待同学帮助我	
	4	你认为自己属于哪种类型?	敢于冒险，认准的事情一定要做好	随遇而安，容易相处	做事有条理，但不主动	
	5	当你发现自己做错事情时，你会怎样处理?	弥补错误	下次改正	不管不顾	
	6	遇到质疑和不理解，你会怎么做?	自己认为对的，会一直坚持	再考虑考虑	选择放弃	
	7	团队工作中，因为别人的原因导致你无法实现目标，你会……	找到问题原因，帮助一起解决	不理会，直到对方做好	生气，埋怨对方拖拉整个团队	

续表

基本内容	序号	自测项目	评定选项			选择答案
			选项 A	选项 B	选项 C	
敢作敢为	8	面对困难与风险，你会怎样做?	迎难而上	视情况而定	退缩逃避	
	9	当别人遇到困难时，你会……	主动帮助	找到我时我会出手相帮	不理不睬	
	10	遇到大家都不愿意做的工作，你会……	积极承担	等待安排	推脱	
	11	当你和朋友吵架时，你会选择哪种方式化解矛盾?	主动积极沟通	选择沉默，等对方低头	就此绝交，不再往来	
	12	你对待工作的态度是?	要么不做，要做就做到最好	配合完成即可	得过且过	
	13	你被别人指责时，会怎样处理?	虚心听取	依旧不改	颓废不振	
	14	当你竞聘学生干部的申请被拒绝时……	总结经验，再接再厉	等下次再努力	直接放弃	
	15	你会为工作中的不公平而据理力争吗?	会	偶尔	不会	
	16	你愿意为工作中的重大决策去承担责任吗?	愿意	希望做好，但不想承担责任	不愿意	
	17	你愿意听取不同的意见，尤其是对自己的批评吗?	愿意	一般	不愿意	
	18	面对困难与风险，你会如何做?	敢作敢为	看情况定夺	推脱逃避	
	19	遇到不公正对待时，你会……	一如既往	消极怠工	退步忍让	
	20	在团队协作中，你更擅长……	策划	执行	实施	
	21	遇到困难，你会畏首畏尾吗?	不会	一般	会	
	22	遇到问题你会迎难而上吗?	会	一般	不会	
	23	你愿意竞选学生干部吗?	愿意	看情况	不愿意	
	24	无论何时，你都能保持浩然正气吗?	能	不确定	不能	
	25	新学期社团招新，你会参加吗?	会	看情况	不会	
合计得分:						

基本内容	序号	自测项目	评定选项			
			选项 A	选项 B	选项 C	选择答案
勇于担责	1	在工作中，你愿意承担责任吗?	勇于担责	不愿担责	拒绝担责	
	2	面对团队出现问题，你会保持中庸吗?	不会	偶尔	会	
	3	你认为自己更符合哪项描述?	稳重	领导别人	被领导	
	4	团队出现问题时，你会站出来承担吗?	会	看情况	不会	
	5	当同学遇到困难，你会选择?	积极帮助解决	值得帮忙的人就帮	不理会	
	6	面对未知，你会……	了解未知，探索未知	我愿意了解未知但我不能解决未知	未知与我无关	
	7	当你非常专注地工作时，有人突然打断你，你会……	回复他后，继续工作	不理他	感到愤怒	
	8	当你损坏了同学的手机……	买新的赔给同学	买二手的赔给同学	推脱不是自己的责任	
	9	面对失败，你会……	总结自己的问题，重新振作	都是别人的问题，自己没问题	无法接受，一蹶不振	
	10	你认为勇于担责的人应该具备哪些特征?	以担当为己任	任劳任怨	做好本职工作	
	11	遇到危险时，你会第一个冲上去吗?	会	看情况	不会	
	12	你是否敢于捍卫正义，惩恶扬善?	一直是	看情况	不敢	
	13	面对对你的误解造成的压力:	一如既往	消极怠工	躺平	
	14	团队出现困难问题时，你会……	查资料，寻求帮助	心有余力不足	躺平，与己无关	
	15	团队中有一项不属于你负责的任务临时需要你完成，你会接受吗?	接受	看情况	拒绝	
	16	当极有可能出现生命危险时，你会选择明哲保身吗?	不会	难说	会	

续表

基本内容	序号	自测项目	评定选项			
			选项 A	选项 B	选项 C	选择答案
勇于担责	17	工作出现问题时，你会勇于承担吗?	勇于担责	借口推托	逃避卸责	
	18	你最喜欢和哪种类型的人做朋友?	勇于担当型	愿意担当型	不肯担当型	
	19	班级竞选学生干部，你希望选上的原因是?	服务同学	锻炼自己	加学分	
	20	面对别人的不正确评价，你的态度是?	认真解释	直接反驳	不理会	
	21	当你因个人原因而使工作延后，团队受到批评时，你会?	主动承担，将责任归于自己	看情况，能逃避就逃避	推脱自己的责任	
	22	你最倾向的工作是?	最具挑战的工作	安稳的工作	轻松的工作	
	23	你认为承担责任重要吗?	重要	偶尔	不重要	
	24	对于自己不喜欢的事，你会直接拒绝吗?	不会	偶尔	会	
	25	面对误解和不认可，你会选择?	思考问题，积极解决	默默忍受，等别人解决	认为别人都是错的	
合计得分:						
不怕牺牲	1	遇到问题时你会……	为他人放弃个人利益	接受他人的观点，但也不会放弃自己的利益	以自己的利益最大化为原则	
	2	你认为需要牺牲时，应该怎样做?	在需要牺牲时，敢于牺牲	在需要牺牲时，不怕	任何时候，活着是最重要的	
	3	当集体利益和个人利益冲突时，你会选择?	集体利益高于个人利益	一样重要，寻找平衡点	个人利益高于集体利益	
	4	听了黄文秀的故事，你的感受是?	很感动，向她学习	基层很辛苦	听完就过了，不在意	
	5	面对困难时，你会选择?	迎难而上	止步不前	退缩逃避	
	6	你愿意为别人牺牲你的个人业余时间吗?	愿意	偶尔	不愿意	

续表

基本内容	序号	自测项目	评定选项			选择答案
			选项 A	选项 B	选项 C	
不怕牺牲	7	你最喜欢什么运动?	攀岩	登山	散步	
	8	大学期间,你花费时间最多的事情是……	担任学生干部	学习文化课	休闲娱乐	
	9	下雨天,你只有一把伞,会和同学一起用吗?	会	不一定	不会	
	10	你认为什么对你最重要?	理想	健康	时间	
	11	你认为哪类社会实践会付出更多?	志愿者类	家教打工类	旅游类	
	12	朋友有一项调研需要你帮助完成,酬金少也很辛苦,你会选择:	积极配合完成	根据自己的安排来考虑	不想帮忙,直接拒绝	
	13	学习中遇到困难,你会选择……	首先相信自己能攻克	首先想到问老师同学	直接放弃	
	14	你愿意为别人牺牲自己的健康吗?	愿意	看情况	不愿意	
	15	和别人一起工作时你会……	自己精雕细琢,不麻烦别人	有些事情请别人帮着做	最后完成,让别人等你	
	16	你会患得患失吗?	不会	偶尔	会	
	17	业余时间你会怎样安排?	参加志愿者	学习文化课	休闲娱乐	
	18	在面对困难时,你倾向于:	迎着困难上,把压力变动力	内心慢慢消化压力	回避,其他方式发泄	
	19	寝室卫生值日,你会怎么做?	积极完成后帮舍友做	只做自己的那部分	等别人帮自己做	
	20	你认为董存瑞舍身炸碉堡值得吗?	值得	一般	不值得	
	21	面对个人利益与集体利益冲突时,你选择:	集体利益	看情况	个人利益	
	22	你会经常参加志愿者活动吗?	会	偶尔	不会	
	23	和同学在一起,别人找你帮助时:	愿意	不愿意	无所谓	
	24	你愿意为别人的事花费自己的时间吗?	愿意	偶尔	不愿意	
	25	你会因为别人的观点比自己正确而接受别人的观点吗?	会	偶尔	不会	
合计得分:						

续表

评分规则：每题答 A 记 4 分，选 B 记 2 分，选 C 记 0 分		
项目	自测结果	结果解析
甘于付出		90~100 分：优
		80~89 分：良
		60~70 分：中
		0~59 分：差
敢作敢为		90~100 分：优
		80~89 分：良
		60~70 分：中
		0~59 分：差
勇于担责		90~100 分：优
		80~89 分：良
		60~70 分：中
		0~59 分：差
不怕牺牲		90~100 分：优
		80~89 分：良
		60~70 分：中
		0~59 分：差

（二）自测题举例

结合你的理解和实训心得，根据甘于付出、敢作敢为、勇于担责、不怕牺牲四个表现列举自测题及答案各 5 道题。

六、提升计划

1. 根据"'奉献担当'品质培育自测表"的自测结果填写下表：

"奉献担当"品质培育提升计划表

基本内容	存在的问题	提升计划	目标达成
甘于付出			
敢作敢为			
勇于担责			
不怕牺牲			

2. 填写要求：

(1) 根据内化自测的结果，有针对性地填写提升计划表；

(2) 填写个人在各个不同方面存在的问题；

(3) 针对存在的问题列出近期所需要达成的目标。

第九章 培育敬业拼搏的品质

敬业拼搏是取得成功必备的基本品质。只有对事业抱有极大热忱，爱岗敬业，勤勉工作，踔厉奋发，才能取得成功。

第一节 认 知

在通往成功的道路上，敬业和拼搏紧密相连，相伴相生。古往今来，凡成功人士，必对职业怀有尊敬之意和负责之心，并在工作中践行"追求更好"的工作态度，他们对敬业拼搏的理解也激励着后人不断前行。

一、名人名言导读

没有人可以随心所欲地成功，但每个人可以通过兢兢业业，去努力创造属于自己的成功。

——亨利·福特

敬业者，专心致志，以事其业也。

——朱熹

工作首先要有敬业精神，做事要有责任感。

——焦裕禄

☞导读：

1. 亨利·福特是《影响人类历史进程的 100 名人排行榜》一书中唯一上榜的企业家，他专注汽车研发，实现了汽车制造业的巨大突破，被称为"汽车之王"。朱熹潜心学术研究，是南宋著名理学家，儒学集大成者，被后世尊称为"朱子"。焦裕禄任劳任怨、无私奉献，为治理兰考付出生命，被评为"100 位新中国成立以来感动中国人物"。通过他们的事迹和名言，我们可以看到凡在自己的职业领域取得成功者，都具备对从事职业的热爱，以兢兢业业的态度投入工作中，从而不断取得突破，成就事业，实现人生价值。

2. 敬业是责任感的体现，是对工作的尊重和热爱，是面对所从事工作的专注。大学生应认真学习上述名人名言，以上述名人为楷模，按名人的名言身体力行。大学是成人成才的关键阶段，要想成就一番事业，走向成功，大学生必须培育敬业拼搏的精神，以负责的态度面对工作，兢兢业业、专心致志。

孜孜不倦，精益求精，锲而不舍，得以创造出伟大的作品。

——达·芬奇

无数事实说明，只有把全副身心投入进去，专心致志，精益求精，不畏劳苦，百折不回，才有可能攀登科学高峰。

——邓小平

☞**导读**：

1. 达·芬奇是意大利文艺复兴时期画家、自然科学家、工程师，他擅长绘画、雕刻、发明，通晓数学、生物学、物理学、天文学、地质学等学科，现代学者称他为"文艺复兴时期最完美的代表"。他以精益求精的态度面对每一份工作、每一项研究，对所学知识不断钻研，对作品不断打磨，留下了《蒙娜丽莎的微笑》等许多伟大的作品。作为改革开放的总设计师，邓小平深入思考、精心谋划，为我国改革开放伟业作出了划时代的伟大贡献。通过他们的事迹和名言，我们可以看到不断学习、精益求精，是通往成功成才大门的重要途径。没有最好，只有更好，正是因为秉持"精益求精"的态度，不断做到"更好"，追求完美，才能在事业发展中不断进取，不断突破。

2. 不管从事哪项工作，只有精益求精、追求卓越，才能不断进步。大学生应认真学习上述名人名言，以上述名人为楷模，按名人的名言身体力行，以精益求精的态度投入学业和职业中，以工匠精神认真对待每一项任务，从而实现更高的目标，取得更大的成就。

- 一个人只有以他全部的力量和精神致力于某一事业时，才能成为一个真正的大师。因此，只有全力以赴才能精通。

——阿尔伯特·爱因斯坦

- 我们能够亲自全力以赴的时间是有限的，不能因为害怕或者犹豫，而错失机会。

——史蒂夫·乔布斯

- 路漫漫其修远兮，吾将上下而求索。

——屈原

☞**导读**：

1. 阿尔伯特·爱因斯坦是现代物理学的开创者和奠基人，他致力于科学研究，虽然晚年时在物理学界被孤立，但他依然无所畏惧，毫不动摇地走他自己所认定的道路，直到临终前一天，他还在病床上继续他的统一场理论的数学计算。史蒂夫·乔布斯是美国发明家、企业家，苹果公司联合创始人，他为自己的梦想全力以赴，不只一次地改变了计算机产业，改变了互联网产业。屈原是中国浪漫主义文学的奠基人、"楚辞"的创立者和代表作家，他为实现政治理想不惧艰险，求索终身，他的文学作品也都贯穿了他的政治主张和哲学思想。通过他们的事迹和名言，可以看到，要想成功就必须全力以赴，尽最大的努力。通过全力以赴，不断增强自身能力，一步一个脚印地朝着梦想奋进，达成成功目标。

2. 在自己热爱的领域，付出全部精力，才能更好地推动事业的发展。大学生应认真学习上述名人名言，以上述名人为楷模，按名人的名言身体力行，不断提高自身实力，不惧困难、全力以赴，在事业发展道路上披荆斩棘、勇往直前，取得成功。

二、敬业拼搏的主要表现

敬业拼搏是对工作一丝不苟、追求尽善尽美的工作态度，更是对待事业甘于奉献、不计得失的牺牲精神，主要表现为兢兢业业、精益求精、全力以赴三个方面。

1. 兢兢业业

兢兢业业是指以高度的责任心和严谨的工作态度，小心谨慎、认真踏实地完成任务。兢兢业业首先表现为高度的责任心，"干一行、爱一行"，忠于职守，尽职负责。其次表现为严谨的工作态度，认真细致，不放过任何细节，不出现纰漏。最后表现为踏实的工作作风，勤勤恳恳，不偷奸耍滑。对待工作兢兢业业的人，珍惜职业、热爱事业，认真对待每次工作任务，依照行业规范和岗位职责要求，脚踏实地完成工作，并在此基础上加深对职业的思考，提升自己的专业技能。

2. 精益求精

精益求精是指不满足于已取得的成绩，追求好上加好，永无止境。精益求精一方面表现为对待工作要"爱一行、钻一行"，周密严谨细致地考虑到每个环节和步骤，思考能否完成得更好，不断修订完善，而不是差不多就行，完成即可。另一方面表现为不因自己取得的成就而骄傲自满，不断向更高的目标努力，在追求卓越的过程中进行自我挑战、实现突破。天下难事，必作于易；天下大事，必作于细。精益求精的人，不会止于现状，不会原地踏步，他们对职业有信仰、有追求，对专业精益求精、力求完美，对工作精雕细琢，对每个细节加以打磨，没有最好，只有更好，永无止境，从而不断实现突破。

3. 全力以赴

全力以赴是指竭尽自己全部的力量去完成任务，不遗余力地投入工作。

全力以赴首先表现为对待方向和目标，有"咬定青山不放松"的执着。无论面对多么困难的情况，都坚定不移，坚持自己的选择。其次表现为不惧困难险阻、不惜一切代价、全身心投入、奋勇拼搏的决心和态度。面对工作，有人选择"得过且过"，有人选择"尽力而为"，全力以赴则有"功成不必在我，功成必定有我"的担当，有持久的热情和坚韧不拔的毅力，有强大的行动力，敢于拼搏，勇于拼搏，直面前进路上的困难和挫折，竭尽所能攻坚克难，绝不后退，将目标变成现实，取得事业的不断突破。

三、敬业拼搏对成功的重要作用

1. 兢兢业业是对待事业应有的基本态度，是对工作岗位敬重的体现。只有兢兢业业、脚踏实地、深入了解岗位职责、认真对待并细致完成每个工作步骤，才能在工作岗位上不断提升自己的能力，为事业成功奠定基础。

砌墙是邹彬最擅长的事情。吊线、抹灰、找平……农民工出身的他，总是兢兢业业地完成每一道工序。而从一个普普通通的农民工，到成为中建五局总承包公司项目质量总监、"邹彬劳模和工匠人才创新工作室"组长，邹彬始终在经历着旁人眼中"改变命运"的事。他是第 43 届世界技能大赛砌筑项目优胜奖获得者、"中国青年五四奖章"获得者、"全国技术能手"、第十三届全国人大代表。"干一行，爱一行。把这一行做到极致，就是我所理解的大国工匠精神。"邹彬也的确是这样做的，无论是砌筑一面墙，还是把控工程质量，抑或是作为全国人大代表履行职责，他都始终兢兢业业，不负使命。

2. 敬业是精业的前提，精业是敬业的进一步要求。只有满怀进取之志，精益求精，不满足于一时的成就，竭力追求尽善尽美，尽力向更高、更远、更美好的目标挺进，才能修正不足、不断完善，取得更大的成就。

齐白石是 20 世纪中国颇负盛名、极具创作力和影响力的中国画大师，被评为人民艺术家，其作品在中国近现代美术史中占有重要地位。齐白石最初临摹前人所画鱼虾，50 余岁时，他已卓有建树，颇有个性笔路，66 岁时他的画虾技艺更进一步，不仅笔墨变化更加生动，而且虾坚硬的外壳也有表现，长臂钳以三节分出，后腿由十只减少为八只。虾的形象已经非常完整了，然而齐白石没有止步于此，他 68 岁时将虾的腿由八只减少至六只，而且在头胸部加了一笔浓墨。他认为这一笔是十分成功的，不仅加重了分量，而且表现了白虾的透明躯干。70 岁以后，他画虾已经定型，而在笔墨上精益求精。胡佩衡写道："（齐白石）八十岁以后的虾，才真到了炉火纯青的地步，但是得来不易，三番五次地改变，把虾的次要部分的删除和重要特征的夸张，使得虾的形象更突出了，也感觉更精彩了。从白石老人画虾的创作过程中，可以了解'作画妙在似与不似之间'的道理。达到这样的'妙'处，正如老人所说：'余画虾数十年始得其神！'"

3. 事业成败和投入的时间、精力多少有关，只有全力以赴，不给自己偷懒和拖延的余地，付出所有的时间、精力来实现自己的目标，才能挖掘并发挥自身的最大潜能，不断进步，成为更优秀的人，也才能实现事业的突破，取得巨大成就。樊锦诗是敦煌研究院名誉院长，全国优秀共产党员，曾获得文物保护杰出贡献者荣誉称号。人们提起她时，总是亲切地称她为"敦煌的女儿"。樊锦诗曾说过："守护莫高窟是值得奉献一生的高尚的事业，是必然要奉献一生的艰苦的事业，也是需要一代又一代人为之奉献的永恒的事业。"让敦煌的美丽完完整整地传下去，是樊锦诗一生的热爱和追求。几十年来，她走遍了莫高窟的每一个洞窟，看遍了每一幅壁画、每一尊彩塑，守望着莫高窟里沧桑的历史、厚重的文化，将敦煌文化遗产保护、研究以及弘扬、管理工作当成了终身事业。

四、失败因子的主要表现及对成功的危害

敬业拼搏相对应的失败因子主要表现为敷衍了事、消极怠工、不求进取三个方面。

1. 敷衍了事的主要表现及对成功的危害

敷衍了事指办事马马虎虎，"不求做好，只求完成"，以应付交差的心态做事。表现为一是得过且过，没有追求，觉得"过得去就行"。缺乏对工作的进一步思考和对人生发展的考量，往往呈现出"混日子"的状态。二是粗心大意，粗枝大叶，对待工作"大而化之"，随意完成，不用心不细心。对待工作不投入，律己不严，缺乏认真研究的精神。三是心浮气躁，浮于表面，做事态度不踏实，工作落实不到位，完成质量差、效

率低。

敷衍了事，表面上看似乎很"聪明"，但实则危害了自己的成长和成功，学习上不能取得好成绩，工作上也不能保质保量完成，必将学业无成、事业无成，虚度一生。

2. 消极怠工的主要表现及对成功的危害

消极怠工指用消极的态度面对工作，不积极主动，不认真负责，不愿投入精力和时间去完成。表现为一是缺乏热情和积极性，不愿意主动承担工作，甚至埋怨、发牢骚。二是责任心不强，逃避和推卸责任。遇到事情，不进行分析思考，想出解决的办法，反而找理由推卸责任或把错误归于他人。三是不愿投入，懒散、拖拉。缺乏求知欲，不愿下苦功夫，"说一下动一下"或者"说了也不动"，浪费时间，工作效率低下。

消极怠工，表面上看取得了一时的清闲，实则一事无成。在工作面前，选择消极怠工，就意味着不能发挥自己在集体中的积极作用，也会影响到集体里其他人的工作积极性和情绪，阻碍工作的高效推进和高质量完成，必将失去提升机会，个人得不到成长，成功更无从谈起。

3. 不求进取的主要表现及对成功的危害

不求进取指缺乏积极性和进取心，安于现状，不求上进，不开拓进取。表现为一是拒绝学习，不愿充实自己。没有积极向上的心态，缺乏追求成功的欲望和决心。二是拒绝思考，不愿意主动去寻找、发现和解决问题。对待工作和生活没有明确的计划和目标，对自己的能力提升和未来发展不愿付出有效行动。三是拒绝成长，沉迷于现状而不追求更高的目标。他们选择"躺平"而不是拼搏，选择平庸而不是优秀。学习上不求甚解、无进取心，工作中不求有功、但求无过。

不求进取看似"佛系"，实则是对自己人生的不负责任，是一种精神癌症，会让人缺乏努力的方向，缺乏奋斗的动力，或浑浑噩噩、甘于现状，被生活裹挟前行，或不满于现状但不思奋进，无法主动改变自己的境遇，最终走向堕落自弃或苟且度日，无法在事业上有所成就，更谈不上取得成功。

第二节　训　练

敬业拼搏的品质不是与生俱来的，而是需要通过后天学习和训练加以培育的。培育敬业拼搏的品质，需要通过认知了解其对成功的重要作用，更需要从实践层面来加深理解、内化践行。只有加强训练，将对敬业拼搏品质的培育落到实处，才能不断进取，走向成功。

一、案例阅读启示

☞【案例1】

兢兢业业——愿当一辈子淘粪工

时传祥出生在一个贫苦农民家庭，15 岁，他逃荒到了北京，成为一名淘粪工。

当时，这份职业经常受到白眼和嘲讽，看到他，不少人捂住口鼻，避之唯恐不及。年幼的时传祥受尽了委屈，但为了生计，他默默擦干眼泪，继续工作。由于长期与"脏乱臭""屎尿"为伍，他的衣服不管怎么清洗，都带有特定的味道，而这份工作，他一做就是20年。

新中国成立后，一部分淘粪工人选择转行，时传祥则说现在我们是国家的主人，更应该为国家的发展尽一份力，大家都想转行，但一旦没有人从事这份工作，北京将无法保持干净整洁。他义无反顾地选择继续从事淘粪工作，决心用自己的双手，为北京的干净美丽做贡献，为国家、为人民多做些事情。他提出"工作无贵贱，行业无尊卑；宁愿一人脏，换来万人净"的口号，把淘粪当成一项十分光荣的劳动，随叫随到，以身作则，任劳任怨。这份与"屎尿"为伍的工作，意味着必须不怕脏乱臭，他无冬无夏，挨家挨户为群众淘粪排污。他说，这份工作看着不起眼，"有味道"，但是是家家户户都不能离开的。最开始，淘粪需要淘粪工一勺一勺挖，一桶一桶背，直到掏干净。淘粪工们也习惯了这种工作方式，腰酸背疼，但未想过改进。这是自己的职业，就应当兢兢业业做到最好，要让淘粪工作也能更有效率，更好地服务更多人，时传祥在工作中不断思考，和队友们钻研技术，重新计算工时、挖掘潜力，把过去7个人的大班，改为5个人的小班。他带领全班由过去每人每班背50桶粪增加到80桶，他自己则背90桶，最多每班淘粪背粪达5吨。管区内居民享受到了清洁优美的环境，时传祥背粪的右肩却磨出了一层厚厚的老茧。工作艰辛，他却因被人需要、受人尊重而更加热爱工作。

1955年，时传祥被评为"清洁工人先进生产者"，1956年6月加入中国共产党。1959年10月，时传祥作为全国先进生产者代表参加了在北京召开的全国"群英会"。国家主席刘少奇握着他的手，亲切地说："你掏大粪是人民勤务员，我当主席也是人民勤务员，这只是革命分工不同。"时传祥听后非常激动，连连表示要永远听党的话，当一辈子淘粪工。1975年5月19日，时传祥与世长辞，终年60岁。

"我干了一辈子清洁工人，你们一定要把这个班接下去，努力把首都的清洁卫生工作做好。要革新，放下扫帚，放下铁锹、粪桶，实现清运机械化……"这是时传祥临终前对子女的嘱咐。

☞**案例启示：**

1. 干一行、爱一行，行行出状元。淘粪工并不是人们羡慕的工作，但新中国成立后，时传祥选择义无反顾地投入工作之中，在日复一日、年复一年的岁月里出色完成了自己的使命，谱写了一曲成功之歌。

2. 时传祥的事迹启迪我们：只有热爱职业，才能脚踏实地做好本职工作，才能在工作中创造更大的成就，兢兢业业是劳动者面对岗位的选择，也是新时代奋斗者实现价值追求的途径。青年学生当以此为自己的职业准则，敬业乐业，在平凡的工作岗位上作出更大的贡献。

☞【案例2】

精益求精——炸药堆里的"整形专家"

1987年，不到19岁的徐立平技校毕业，他选择到中国航天固体火箭发动机生产基地整形车间工作，为导弹固体燃料发动机的火药进行微整形，即对发动机火药面进行人工修整，铲下厚度不超过两张A4纸的火药。

固体燃料发动机是战略战术导弹装备的心脏，也是发射载人飞船火箭的关键部件，它的制造有上千道工序，要求最高的工序之一就是发动机固体燃料的微整形，这是航天火箭制造过程中最危险的步骤，操作人员一旦手滑失误，或者刀具与金属之间磨出静电火花，就会引起猛烈燃烧和爆炸，后果不堪设想。因此，火药整形在全世界都是一个难题，无法完全用机器代替。下刀的力道，完全要靠工人自己判断，火药整形不可逆，一旦切多了，或者留下刀痕，药面精度与设计不符，发动机点火之后，火药不能按照预定走向燃烧，发动机就很可能偏离轨道，甚至爆炸。0.5毫米是固体发动机药面精度允许的最大误差。

徐立平在工作中不断思考，最终练就了一手绝活，工艺要求的0.5毫米最大误差，被他控制在0.2毫米，并且三十多年来一直保持着100%合格的纪录。对发动机火药面进行人工修整，只是整个航天火箭升空的一个环节，但正是不超过0.2毫米的雕刻精度误差，保障了火箭发动机点火后轨道精确无误。

1989年，我国重点型号发动机研制进入攻坚阶段，一台即将试车的发动机火药出现裂纹，为了不影响后续的研制进度，同时为不可逆的发动机装药探索补救方式，专家组决定，首次探索就地挖药。整形师要钻进翻个身都很难的发动机狭小的药柱里，一点一点挖出填注好的火药，寻找问题部位。徐立平凭着精湛的技术和胆量加入了挖药突击队，历经两个多月的艰难挖药，发动机故障成功排除。但长时间在密闭空间里接触火药，火药的毒性发作使徐立平的双腿失去知觉，经大强度的物理训练才逐渐恢复。而长年一个姿势雕刻火药以及火药中毒后遗症，徐立平的身体变得向一边倾斜，头发也掉了大半。

为了杜绝安全隐患，徐立平不断寻求突破，自己发明设计了20多种药面整形刀具，有两种获得国家专利，一种还被单位命名为"立平刀"。他甘于寂寞，冒着巨大的危险雕刻火药，被人们誉为"中国航天火箭雕刻第一刀"。

☞案例启示：

1. 徐立平认真对待工作，钻研工作技术，用"精益求精"的态度要求自己，追求一辈子用心做好一件事，在实践中实现自己的梦想，创造自己的价值，最终成为大国工匠，在事业上取得令人瞩目的成就。

2. 徐立平把"一生一件事"做到极致的精神既是大国工匠的诠释，更是一种生命的态度。青年学生要自觉抵制各种名利诱惑，爱岗敬业，做一个精益求精的人，对待工作一丝不苟，脚踏实地，不断钻研提升，把工作做到尽善尽美，方可成就一番事业。

☞【案例3】

全力以赴——拼命黄郎至诚报国

黄大年是著名地球物理学家、吉林大学新兴交叉学科学部长、地球探测科学与技术学院教授、博士生导师。2018年3月1日，当选为"感动中国2017年度人物"。2019年9月25日，获"最美奋斗者"个人称号。

1992年，黄大年被公派到英国攻读博士，成为地球物理领域研究高科技敏感技术的少数华人之一。2009年，他毅然放弃国外优越条件，回到母校吉林大学从事科研和教学工作。作为国家"863计划""高精度航空重力测量技术项目"的首席科学家和国土资源部"深部探测关键仪器装备研制与实验项目"的负责人，他在短期内突破国外严格禁运和技术封锁瓶颈，取得一系列重大成果，填补多项国内技术空白，为深地资源探测和国防安全建设作出了突出贡献。在黄大年团队的努力下，中国的超高精密机械和电子技术、纳米和微电机技术、高温和低温超导原理技术、冷原子干涉原理技术、光纤技术和惯性技术等多项关键技术进步显著，快速移动平台探测技术装备研发也首次攻克瓶颈，突破了中国以外国家的封锁。黄大年带领团队创造了多项"中国第一"，为中国"巡天探地潜海"填补多项技术空白，为深地资源探测和国防安全建设作出了突出贡献。

作为享誉海内外的卓越科学家，黄大年关注的不仅仅是当下的科研，而是祖国未来30年、50年在航空地球物理领域要达到的目标——巡天探地潜海，向深地深海深空进军。作为计划的重要部分，探测技术装备从军事工程、国防安全到能源资源探测开发，都是必需的利器。曾在国外生活多年的黄大年深知这一装备对国家发展的重要性，也深知国外是如何严控这一装备对华出口的。"这是国家发展无法回避与绕开的话题，必须突破发达国家的装备与技术封锁。"

黄大年被称为"拼命黄郎"，他把时间都留给了工作，无私忘我工作到生命最后一息，为实现强国梦想奉献全部。他经常工作到凌晨两三点钟，几乎没有休过寒暑假和节假日。他平均每年出差130余天，最多的一年出差160余天，3次累倒在工作岗位上。他去世之前的时间表是这样：2016年11月28日晚，北京飞往成都途中，因腹部痉挛昏迷，到成都简单治疗后，又出现在了第二天的会场上。12月4日，在长春做完检查后，赶往北京。12月8日，被大夫强制滞留医院住院。他从第二天起分批次召集学生来病房上课，安排工作。第三天，他还给校领导发短信："争取两周内重返岗位，治疗期间不会影响工作。"

☞案例启示：

1. 黄大年的事迹告诉我们：无论从事何种职业，都要做到全力以赴，敢于攻坚克难，不断超越，为事业发展尽最大的努力。只有全力以赴，才能实现让生命之花开得璀璨。

2. 黄大年以高度的责任感和使命感，争分夺秒推动科研进展、人才培养，在我国从科技大国向科技强国迈进的征途上躬身前行。青年学生也应秉承他的精神，确定人生目标，为理想殚精竭虑、孜孜以求。任何成功都不是一蹴而就的，成功没有捷径，只有全力以赴，才能不断激发潜能，在事业上不断突破，书写自己的成功篇章。

二、讨论辩论

(一)讨论题

(1)何为"敬业拼搏"？

(2)为什么说文中所提的这些失败因子会阻碍成功？

讨论目的：

通过讨论，明确"敬业拼搏"的内涵，能分析相应的失败因子对成功的危害。

讨论流程：

(1)教师引导。教师引导学生由表及里地分析和理解"敬业拼搏"。通过教师引导，学生结合对敬业拼搏的认知，认真体会名人名言、经典案例的内涵，围绕"什么是敬业拼搏""敬业拼搏在现实生活中有哪些体现""敬业拼搏在实现人生目标过程中的积极意义是什么""相关失败因子对成功会产生什么危害"展开思考，形成自己的观点。

(2)分组讨论。每8~10人为一个小组，一名同学担任组长。每组针对讨论题目进行思考和发言，成员之间互相讨论和质疑，有疑问可以随时向授课教师请教，最终形成本组的小组总结。

(3)代表发言。每组推选一名小组发言人，充分、系统地总结本组各个成员的观点，在班上公开发表小组讨论的要点和论点。

(4)总结点评。教师针对每组发言情况进行点评总结，分析其论点和论据，根据每组讨论情况及发言表现来评定讨论题的成绩。

讨论要求：

(1)教师引导。教师引导环节，学生可适当做笔记。教师明确讨论要求，引导学生不要偏题，在后面讨论中逐一发言，有不同观点可以讨论，但不能吵闹。

(2)分组讨论。每组组长要灵活控制时间，让每位同学既能详细表达自己的观点，又能合理安排讨论时间。对于有争议的观点要充分讨论，尽量达成共识。教师把控整体讨论状况，倾听小组讨论，并予以适当点拨。

(3)代表发言。所有同学应认真倾听并记录总结发言者的观点，不允许做玩手机等与讨论无关的事情。

(4)总结点评。教师点评总结时，学生应认真倾听并做好相应记载。教师一定要根据每组发言代表的论点和论据进行点评和打分，理由充分，公正合理。

(二)辩论题

正方：只有具备敬业拼搏品质，才能取得成功。

反方：不具备敬业拼搏品质，也能取得成功。

辩论目的：

通过辩论，学生厘清"敬业拼搏"与"成功"的关系，结合自身言行，思考如何做到"敬业拼搏"。

辩论流程及要求：

(1)人员分工。确定好辩手、主持人、计时员、记录员、评委等，明确职责。辩手由班级学生推荐，每组4名辩手，根据抽签结果决定本场辩论的持方，在一周时间内查阅资料，准备讲稿，为辩论做好准备。

(2)现场辩论。开场导入(主持人宣布辩题、介绍辩手、评委成员和规则等)—开篇立论(正反两方一辩依次陈述本方观点，时间各2分钟)—双方攻辩(由正方二辩开始，正反方交替进行，时间各3分钟)—自由辩论(正反双方交替进行发言，时间各3分钟)—总结陈词(由反方四辩开始，正反双方依次进行总结，时间各2分钟)。

(3)评委点评。结合本场辩论的具体情况，评委组推选一名评委从辩论技巧、辩论内容、辩论风度和整体合作等方面进行点评，指出表现优秀的地方，并提出可进一步思考的方向。就本场表现，评判出获胜方和最佳辩手，并当场公布结果。

辩论要求：

(1)人员分工。主持人负责整场辩论活动的主持，要求熟悉主持流程和主持礼仪。计时员负责辩论活动的计时，严格把控每个环节的时间要求。记录员负责拍照记录活动现场情况，汇总记录评委评分，计算小组的平均得分，即为最终成绩。评委组应由3人及以上组成，根据辩论技巧、辩论内容、辩论风度和整体合作四个方面对小组进行评分。

(2)现场辩论。辩论过程中，辩手要注意双方言论、行为均不可涉及个人隐私，也不得进行人身攻击或人格批评。立论及辩论环节要求做到逻辑清晰，言简意赅。攻方在提问时，应提出与题目有关的合理而清晰的问题，不得有自行陈词或就攻辩所获结果进行引申，否则视为违规。辩方应回答攻方所提的任何问题，但涉及个人隐私或违反规则的，辩方应简要说明理由，可不予回答。双方应针对辩论会整体态势进行总结陈词，不能脱离实际或背诵事先准备的稿件。主持人要熟悉每个辩论环节，保证流程顺利进行。每方剩余30秒时，计时员举牌提醒，时间到，终止发言。记录员拍照记录现场情况，汇总记录评委评分，计算并核算分数。评委组根据辩论技巧(辩手语言的流畅程度，反驳、分析和应变能力及论点的说服力和逻辑性)、辩论内容(论据内容是否充实、引用资料是否恰当)、辩论风度(在自由辩论中的表现力和幽默度)和整体合作(论点结构的完整性、队员之间的默契和配合)四个方面进行评分，做好记录和点评准备。班级同学认真倾听，可记录内容，不得玩手机或干与辩论无关的事情。

(3)评委点评。所有同学认真聆听评委点评，可提出意见和建议进行交流，但不得质疑评比结果。

三、举例说明

1. 列举古今中外名人中有关敬业拼搏的名言(10条)。
2. 列举并说明敬业拼搏主要表现的典型案例(3~5个)。

3. 列举并说明敬业拼搏对成功重要作用的典型案例(3 个)。

4. 列举并说明与敬业拼搏相对应的失败因子对成功危害的典型案例(3 个)。

"举例说明"的要求：

(1)"举例说明"是教学内容的重要组成部分，要求学生在学习前面部分的教学内容之后，在课余时间作为作业来完成。

(2)"举例说明"中学生所要列举的名言和案例，均在本教材外搜集，不得从本教材中抄取。

(3)"举例说明"中需要学生列举的名言和案例，要求学生独自完成，不得相互抄袭。

四、拓展内化

(一)项目实训

结合大学生日常学习、生活及实践等方面的需求和特点，以下拟订的拓展内化的实训项目可供参考和选择。

1. 认真参加专业实习，一丝不苟地完成实习要求。

目标：通过参加专业实习，时刻对照工作岗位的职责要求检视自身，做到对待工作认真负责、兢兢业业。

流程：寻找专业实习机会，在实习中严格按照要求办事，通过做事发现自身不足，对标岗位职责加以改正。

结果：对岗位职责了然于胸，尽职尽责面对每项任务，不放过每个细节，实习鉴定为优秀。

2. 选择你较为满意的一件作品(或论文、文章、创业策划书)，3 个月内至少完成 10 次修订。

目标：通过不断修订，不断发现不足，不断予以完善，让优秀的作品变成精品，从而学会严格要求、精益求精。

流程：选择一件自己较为满意的作品(或论文、文章、创业策划书)，认真钻研，查找资料，请教他人，在研究中不断发现问题、解决问题，3 个月内完成至少 10 次修订，并做好每次修订记录，留下修订痕迹。

结果：在不断修订中明确方向，提高标准，养成精益求精的品质，让修订后的作品成为精品，试着发表作品或参加相关赛事获奖。

3. 积极备战考级考证或赛事，取得优异成绩。

目标：根据自身情况设定方向和目标(考级考证或参赛)，为取得超出自己现有水平的优异成绩而全力以赴。

流程：设定方向(考级考证或参赛)，预设高于现有水平的目标，制订学习计划，严格落实学习计划，充分利用可获取的学习资源，竭尽全力备战，参加考试(比赛)。

结果：能做到全身心投入备战，提升自己的水平，取得高于现有水平的优异成绩，并继续努力，争取下一个目标的达成。

4. 观看《焦裕禄》《大国工匠》等影片，以观后感的形式表达对敬业拼搏品质的理解

（不少于 600 字）。

目标：通过观影，思考"兢兢业业""精益求精""全力以赴"在工作中的表现以及对事业成功的作用，并以此督促自己培育敬业拼搏的品质。

流程：学生观看影片，思考敬业拼搏的表现，写观后感，教师选取优秀观后感，在班级开展交流。

结果：学生通过观影和交流，听取优秀观后感，明确成功需要敬业拼搏。结合自己的专业和职业选择，树立学业、事业目标，落实到自身行动中，加强敬业拼搏品质的自我培育。

（二）榜样对标

请你结合对"敬业拼搏"的理解，寻找一个具有敬业拼搏品质的人，列举其案例，并将其作为人生榜样。

目标：通过了解该案例，学习主人公身上具有的敬业拼搏品质，提升自己的敬业拼搏品质。

流程：寻找目标，了解目标，分析目标具有的敬业拼搏品质，对自身学习、工作的成效进行对照反思，实践中加以提升。

结果：通过学习，加强自我反思，提升个人的敬业拼搏品质。

五、内化自测

（一）自测解析

请你根据自身实际填写下表：

"敬业拼搏"品质培育自测表

基本内容	序号	自测题目	评定选项			你的选择
			选项 A	选项 B	选项 C	
兢兢业业	1	你对待所学专业的态度是？	选择了就要认真做好	能毕业就行	没有想法	
	2	专业方面遇到困难时，你能非常努力地学习、解决困难吗？	能	一般	不能	
	3	学业中，你能够在规定时间内保质保量完成老师交代的各项学习任务吗？	能	有时	不能	
	4	课堂上，你能够做到跟随教师上课节奏，不早退、不旷课、不睡觉、不聊天、不看与课堂无关的书籍、不玩手机吗？	能	很难做到	做不到	

续表

基本内容	序号	自测题目	评定选项			你的选择
			选项 A	选项 B	选项 C	
兢兢业业	5	轮到你值日打扫校园公共区域卫生时，你能做到一丝不苟完成吗？	能	难做到	做不到	
	6	学校社团交代下来的各项任务，你会去努力完成吗？	会	不一定会	不会	
	7	如果你的工作枯燥、繁重、劳累，你会有什么想法？	找到工作乐趣并干好	会完成工作，但内心有抵触	用各种借口尽可能不干	
	8	你对于工作可以做到勤勤恳恳踏实肯干吗？	可以	有时	不可以	
	9	工作中遇到困难，你会容易放弃吗？	不会	有时	会	
	10	如果上级把一项完成难度很大的工作交给你，你会接受这项工作吗？	会	有可能	不会	
	11	如果上级把一项完成难度不大但非常耗时的工作交给你，你会接受这项工作吗？	会	有可能	不会	
	12	如果可以自行选择工作任务，你会"挑肥拣瘦"，选择难度更小更轻松的工作吗？	不会	有可能	会	
	13	接受一项工作任务时，你会认真了解工作具体要求吗？	会	知道大概要求即可	不会	
	14	你会为了完成工作而主动学习吗？	会	有时	不会	
	15	你会对自己工作中所有的细节都悉心关注吗？	会	不一定	不会	
	16	你是否对自己的职业方向有规划并愿意为之努力？	是	有一定的想法但努力不够	没有规划	
	17	你能保证每一项经过你手的工作都没有大的纰漏吗？	能	有时能	不能	
	18	你是否会因为粗心而没办好事情？	不会	有时会	会	

续表

基本内容	序号	自测题目	评定选项			你的选择
			选项 A	选项 B	选项 C	
兢兢业业	19	你会认真思考采取何种方式更合适开展工作吗？	会	有时会	不会	
	20	你能做到对于你所关注的事情从开始一直到结束，毫不松懈吗？	能	基本上能	不能	
	21	你愿意严格执行学校(院)和工作单位任务安排吗？	愿意	基本上愿意	难说	
	22	你能够始终保持对工作的热情吗？	能	基本上能	不能	
	23	你愿意为工作中的重大决策负责任吗？	愿意	我难以负全责	我无法负责任	
	24	一份工作还没有完成，但出现了更好的工作机会，你的做法是怎样的？	先保证完成好或交接好手头的工作	将手头的工作草草交给他人	在不进行交接的情况下扔掉手头的工作	
	25	当学校或他人为你提供了发展的机会和展示自我的舞台，你会怎么做？	珍惜对待、恪尽职守	参与其中、过得去即可	无所谓，应付了事	
	26	当你的工作没有在规定时间内完成时，你会自愿加班吗？	会	不一定	不会	
	27	团队工作出现纰漏时，你会把责任推给其他成员吗？	不会	有时会	会	
	28	暴雨天气，假如你是外卖小哥，你会？	想办法也要按时送到客户手里	等雨小点再送	不送，哪怕接到投诉	
	29	你能否做到在工作时间内不做和工作无关的事情？	能	有时能	不能	
	30	即使是简单的工作，你也会认真对待吗？	是	有时是	不是	
	31	有人说你"出风头"，你会？	不管别人言论，继续做好自己的工作	放缓工作节奏，等言论平息	拖延或不做事，免得再被议论	

续表

基本内容	序号	自测题目	评定选项			你的选择
			选项 A	选项 B	选项 C	
兢兢业业	32	你是否只对自己感兴趣的工作很认真？	不是	有时是	是	
	33	面对别人眼中枯燥简单的工作，你能认真对待并尽量做好吗？	能	有时能	不能	
合计得分：						
精益求精	1	你愿意花更多的时间去完成好一件事吗？	愿意	基本上愿意	不愿意	
	2	一件事完成后，你还愿意花时间去思考如何完成得更好吗？	愿意	基本上愿意	不愿意	
	3	你对自己一直是高标准、严要求吗？	是	偶尔是	不是	
	4	对于学习，你能够做到课前自主预习、课中积极听讲、课后不断复习吗？	能	有时能	不能	
	5	在解决问题前，你会透彻分析所要解决的问题吗？	会	有时会	不会	
	6	你会自己草拟一个计划，然后列出并完成所有细节吗？	会	有时会	很少会	
	7	你认为把工作做得准确无误，对你来说重要吗？	非常重要	一般	不重要	
	8	在学习和工作中，你能够做到对已给出的答案和要求，仍然加以独立思考吗？	能	一般	不能	
	9	你有对思考过程本身进行反思和质疑的意识和习惯吗？	有	一般	没有	
	10	在学习和工作中，当你遇到困惑的时候，你的做法是怎样的？	千方百计解惑	看看别人是否能解惑再说	不管不问	
	11	你愿意并常常对问题进行深入理解分析和科学验证吗？	经常	一般	没有	

基本内容	序号	自测题目	评定选项			你的选择
			选项 A	选项 B	选项 C	
精益求精	12	你会对某一问题不断地思索,直到找出答案为止吗?	会	不一定	不会	
	13	当别人指出你的美中不足时,你会去反思、修正吗?	经常会	偶尔会	很少会	
	14	你是否始终能清楚地知道工作重点并了解如何提高自身的工作效率?	能	一般	不能	
	15	你对待工作是细致周全、追求完美的态度吗?	是	偶尔是	不是	
	16	你做事能否通过认真观察思考探求,再采取合适的方法去处理?	是	一般	不是	
	17	你办事时,总会马马虎虎,能应付过去即可吗?	不是	基本上不是	是	
	18	你对待工作会不惜花费时间和精力反复改进、注重细节、追求完美和极致吗?	会	一般	不会	
	19	你具备耐心、专注和执著的品质吗?	具备	一般	不具备	
	20	参加比赛时,你会不断琢磨如何提升自己的参赛作品质量吗?	会	基本上会	很少	
	21	你可以认真对待自己该做好的事情并且坚持做下去吗?	可以	基本上可以	不可以	
	22	你愿意经常听取能够引发你思考的意见和建议吗?	愿意	一般	不愿意	
	23	如果你掌握一门技艺并能以此为生,你会满足于现状,不再思考如何提升技艺吗?	不会	基本上不会	会	
	24	你能够做到不懈探索和追求,以提升自身的业务能力吗?	能	基本上能	不能	

基本内容	序号	自测题目	评定选项			你的选择
			选项 A	选项 B	选项 C	
精益求精	25	你认为在学习上"差不多就行"，没有必要那么"拼命"，对吗？	不对	要视情况而定	对	
	26	对待学业和工作，你能勇克难关吗？	能	基本上能	不能	
	27	你能时刻保持越艰险越向前的刚健勇毅，勇往直前探索未知吗？	能	基本上能	不能	
	28	借鉴前人经验时，你是否时常思考对其加以改进？	会	有时会	不会	
	29	你喜欢按部就班地完成要做的工作吗？	不喜欢，要做就要做到最好	视情况而定	喜欢	
	30	你会反思自己的学习或工作态度，希望承担更多的责任吗？	会	有时候会	不会	
	31	不管做何种工作，你都能找准自己的位置并尽力发挥更大的作用吗？	能	有时候能	不能	
	32	你对自己的课程论文的态度是什么？	尽力做到最好	能过得去就行	直接网络借鉴	
	33	面对他人的批评，你能虚心接受建议并落实在以后的行动中吗？	能	有时候能	不能	
	34	在比赛中取得好名次以后，你还会保持进取心争取更大的进步吗？	会	有时会	不会	
		合计得分：				
全力以赴	1	你是否始终牢记自己的发展目标并为此尽心尽力地付出？	是	清楚目标，但不想付出太多	不清楚目标，没有动力	
	2	你对交给你的工作都可以认真负责、尽心尽力地去完成吗？	可以	基本可以	做不到	
	3	工作很累很苦时，你会有放弃的想法吗？	不会	有时会	会	
	4	面对工作，你会拖到最后的截止时间才完成吗？	不会	有时会	会	

基本内容	序号	自测题目	评定选项			你的选择
			选项 A	选项 B	选项 C	
全力以赴	5	面对需要投入大量精力的工作，你的态度是？	尽力完成好	能干到什么样就干到什么样	难以做到	
	6	你是否很不情愿做需要持续集中注意力的工作？	不是	有时是	是	
	7	参加比赛时，你会做好充足的准备吗？	会	有时会	不会	
	8	你能尽力为学校争取荣誉吗？	能	一般	不能	
	9	当你做任何事情时，即使碰到再多的困难，你也会执著地干下去吗？	会	基本上会	不会	
	10	遇到干扰，你是否还能坚持自己对工作的热情？	能	基本上能	不能	
	11	你认为你是否具备日夜兼程、永不停息的工作态度，和不断努力勇攀高峰的工作作风？	具备	一般	不具备	
	12	你愿意牺牲休息时间，在工作和学习上付出更多的时间和精力吗？	愿意	基本上愿意	不愿意	
	13	假如你有运动会项目，你能风雨无阻地坚持训练吗？	能	基本上能	不能	
	14	工作出现纰漏时，你愿意付出业余时间和精力去弥补吗？	愿意	偶尔	不愿意	
	15	面对 60 分即可过关的工作任务，你能尽 100 分的努力吗？	能	看情况	不能	
	16	假如你是学生干部，明知一项工作在你任期期间不能完成验收，你还愿意投入其中，为后面工作的顺利开展做铺垫吗？	愿意	看情况	不愿意	
	17	对于不擅长的工作，你能够想尽一切办法去完成吗？	能	偶尔会	不能	
	18	休假时接到通知，你负责的工作有纰漏，你也能立刻投入工作吗？	是的	看情况	不是	

基本内容	序号	自测题目	评定选项			你的选择
			选项 A	选项 B	选项 C	
全力以赴	19	你能够全身心投入一件你不熟悉的工作中吗？	可以	看情况	做不到	
	20	遇到难题时，你常常会选择放弃吗？	不会	偶尔会	会	
	21	你是一名大家公认的为了工作全力以赴的人吗？	是	有时是	不是	
	22	你会不停地思考某一问题，直到想出正确的答案吗？	经常	偶尔	不会	
	23	当你投入工作时，抱怨他人、厌恶工作的杂念会浮现吗？	不会	偶尔会	会	
	24	你是否能挖掘自己所有的潜力来实现自我的梦想？	能	大体上能	不能	
	25	你相信只要脚踏实地去奋斗，拼尽全力去争取，就会成功吗？	相信	偶尔相信	没考虑过这一问题	
	26	你相信只要自己努力，未来就一定能更美好吗？	相信	偶尔相信	不相信	
	27	在团队合作中，你会在完成自己的任务后，帮助他人，共同实现团队目标吗？	会	有时会	不会	
	28	面对突然交给你的工作，你会认真对待吗？	会	有时会	不会	
	29	当你的计划没有完成时，你会及时修订并弥补，以保证不影响整体进度吗？	会	有时会	不会	
	30	参加团队比赛，你所在的团队落后时，你会尽己所能，不放弃，为团队多赢得分数吗？	能	有时能	不能	
	31	考试时，面对难题，你会认真思索，尽力解答吗？	会	有时会	不会	
	32	如果比赛失利，你会觉得自己的大量付出不合算吗？	会	有时会	不会	

续表

基本内容	序号	自测题目	评定选项			你的选择
			选项 A	选项 B	选项 C	
全力以赴	33	团队合作中，你会隐藏自己的实力吗?	不会	有时会	会	
合计得分:						
评分规则：每题答 A 记 5 分，选 B 记 2 分，选 C 记 0 分。						

项目	评分结果	结果解析
兢兢业业		140~165 分：优
		124~139 分：良
		99~123 分：中
		0~98 分：差
精益求精		155~170 分：优
		128~144 分：良
		102~127 分：中
		0~101 分：差
全力以赴		140~165 分：优
		124~139 分：良
		99~123 分：中
		0~98 分：差

(二) 自测题列举

请列举以上三个方面的自测题及其答案，要求每个方面至少列举 5 个。

六、提升计划

1. 根据“'敬业拼搏'品质培育自测表”的自测结果填写下表：

"敬业拼搏"品质培育提升计划表

基本内容	存在的问题	提升计划	目标达成
兢兢业业			
精益求精			
全力以赴			

2. 填写要求：

（1）根据内化自测的结果，真实、客观、有针对性地填写提升计划表；

（2）针对存在的问题列出近期所需要达成的目标；

（3）目标达成中要填写具体完成达成时限。

第十章 培育意志顽强的品质

意志顽强是取得成功必备的根本品质。锲而舍之，朽木不折；锲而不舍，金石可镂。古往今来，凡成大事者，都具备意志顽强的品质。

第一节 认 知

通往成功的道路往往充满荆棘，坎坷不平，会有许多艰难险阻，但只要意志顽强、坚韧不拔，就一定能够攻坚克难，取得成功。从古今中外的一些名人名言中，我们可以读出这样的道理和精神。

一、名人名言导读

古之立大志者，不惟有超世之才，亦必有坚忍不拔之志。

——苏轼

生活就像海洋，只有意志坚强的人，才能到达彼岸。

——马克思

没有伟大的意志力，就不可能有雄才大略。

——巴尔扎克

谁有历经千辛万苦的意志，谁就能达到任何目的。

——米南德

☞导读：

1. 苏轼自幼发奋读书，年未及冠即学通经史，属文日数千言，是宋代文学最高成就的代表；马克思一生笔耕不辍，成为全世界无产阶级和劳动人民的革命导师，无产阶级的精神领袖，国际共产主义运动的开创者；巴尔扎克以惊人的毅力创作了大量作品，被称为现代法国小说之父；米南德在时代的高压之下完成105部剧本，得过8次剧作奖。从古至今，凡是大有作为、取得成功的人，都具备坚定的意志。只有意志坚定，才能在实现人生目标的征途上坚守目标、不畏艰险、奋勇前行；意志不坚定，就会缺乏动力和勇气，不可能取得成功。

2. 大学是成长成才的关键阶段，坚韧不拔的意志是实现成功、成就伟业的必备条件，它可以为成功注入动能，可以攻克艰难险阻，是实现成功的根本要素。坚强的意志品质能够帮助大学生坚定理想信念，实现人生目标。

最困难的时候，也就是离成功不远的时候。

——拿破仑

任何问题都有解决的办法，无法可想的事是没有的。

——爱迪生

患难困苦，是磨炼人格之最高学校。

——梁启超

幸运并非没有恐惧和烦恼，厄运并非没有安慰与希望。

——培根

☞导读：

1. 拿破仑出身贫寒、身材矮小，他不断与命运抗争，曾征服过半个欧洲，造就了盛极一时的法兰西第一帝国；爱迪生在84年的生命中一直持之以恒、专心致志地发明，被誉为世界发明大王；梁启超一生勤奋，著述宏富，在将近36年的政治活动占去大量时间的情况下，每年平均写作达39万字之多，各种著述达1400多万字；培根用一辈子的创作和成果让人们相信，天才不是拜上天所赐，而是靠着勤奋得来的。事业的征途充满崎岖艰险，成功的路上会有风险挑战，越是取得大的成就、越是获得大的成功，往往会遇到更大的困难挑战，成功的人不会在艰难险阻面前低头。

2. 大学生正处成长期，前进途中会有各种烦恼、困惑和压力，困难是走向成功的阶梯，可以磨炼心志，也可以锤炼本领，它可以使强者更强；成功就是不断克服困难、突围困境的过程。我们一方面要以理性乐观的态度看待困难，另一方面要勤奋学习、锤炼本领，全面提升自身素质，自觉提高应对困难、化解压力的能力。

卓越的人的一大优点是：在不利和艰难的遭遇里百折不挠。

——贝多芬

挫折磨难是锻炼意志增加能力的好机会。

——邹韬奋

有百折不挠的信念所支持的人的意志，比那些似乎是无敌的物质力量有更强大的威力。

——爱因斯坦

上天完全是为了坚强你的意志，才在道路上设下重重的障碍。

——泰戈尔

☞导读：

1. 贝多芬一生坎坷，26岁时听力渐渐衰退，45岁时耳朵完全失聪，但他没有在孤寂的生活中沉默和隐退，依然写下《第九交响曲》等传世佳品；邹韬奋一生抱着追求真理、追求光明的执著信念，为救国运动、为民主政治、为文化事业，奋斗不息，虽坐监流亡，决不屈于强暴，决不改变主张；爱因斯坦在缺点和过错面前始终表现得很诚实，被美国《时代》周刊评选为"世纪人物"；泰戈尔遭遇到个人生活的不幸和社会动乱，仍坚持写作，发表剧本《摩克多塔拉》《红夹竹桃》、长篇小说《纠纷》《最后的诗篇》等不朽杰作。百折不挠的品质可以激发强大的力量，可以战胜失败挫折。所有的强者和成功者都具备百折不挠的精神特质，他们在经历失败后，能在心理上战胜逆境带来的不利影响，持续积蓄力量，最终走出失败的困局。

2. 大学生要辩证看待失败与成功的关系，把失败当作学习的机会。挫折磨难在实现成功的路途中不可避免，也不可怕，只要能够正确理性地对待，它反而可以磨砺人格、增强动力，为走出困境创造机会、准备条件。每一次学习，就会增加一次收获，积累一份经验，不断地磨炼心智、练就本领，就一定能够走向成功。

贵有恒，何必三更起五更眠。最无益，只怕一日曝十日寒。

——毛泽东

锲而舍之，朽木不折；锲而不舍，金石可镂。

——荀子

凿不休则沟深，斧不止则薪多。

——王充

一日一钱，千日千钱，绳锯木断，水滴石穿。

——班固

☞导读：

1. 毛泽东一辈子酷爱学习，即使在晚年视力减退的情况下，仍然以惊人的毅力坚持天天看书，他用一生的读书实践，实现了"活到老，学到老"的誓言；荀子倾其一生著书立说，晚年蛰居兰陵县仍坚持传道授业，终老于斯，被称为"后圣"；王充出身细族孤门，自小聪慧好学，博览群书，其代表作品《论衡》八十五篇，二十多万字，是中国历史上一部重要的思想著作；班固自幼继承父志，以父所撰《史记后传》叙事未详，乃潜心继续撰述力求精善，一生著述颇丰，是东汉史学家、文学家。滴水穿石，不是因其力量，而是因其坚韧不拔、锲而不舍。只要持续努力，不懈奋斗，就没有征服不了的东西。做任何事情如果缺乏恒心，就无法达成既定目标。

2. 大学生正处在学知识、长才干阶段，掌握学问与增长本领并非难事，只要能够做到持之以恒、锲而不舍，自觉避免"浅尝辄止""一曝十寒"，就一定能学有所得、学有所成。成功和失败最重要的区别在于对待事情的韧劲，成功者是不会轻言放弃的，而放弃者永远都不可能取得成功。越是在坚持不下去的时候，越是艰难困苦的时候，往往也是距离成功最近的时候，坚持就会成功。

二、意志顽强的主要表现

意志顽强是实现积极人生目标取得成功必须具备的一项根本素质。具体而言，它是指坚定不移的决心和毫不屈服的精神，是在面对挑战、逆境和困难时坚持不懈地追求目标、克难奋进、不达目的不罢休的优秀品质。

其主要表现如下：

1. 意志坚定。具有"咬定青山不放松"的定力，对实现目标坚定不移、绝不动摇，且在任何条件下不屈服、不让步。在遇到艰难险阻的时候，能够勇敢而坚定地攻坚克难、化险为夷；在遇到失败打击的时候，能够不为所动、无所畏惧，义无反顾地笃定目标，继续前行。这是对既定目标的坚守，也是对实现目标的执著。一方面表现为具备果敢坚毅、刚强坚韧的精神品质，即坚强的意志力；另一方面表现为对实现目标有决心和信心，在任何情况下不受影响和干扰，有强大的自信力。

2. 迎难而上。具有"越是艰险越向前"的闯劲，为实现人生目标不惧怕困难，不向困难低头，能够沉着冷静、积极乐观地分析困难、应对困难，无论遇到何种困境，总能在困难中寻找"解决方案"解决问题。一方面表现为面对困难挑战具有积极的心态和理性的精神，面对困难有勇气，克服困难有信心；另一方面表现为能够准确把握难之所在、难之所以，理性拿出化解困难、应对挑战的对策。

3. 百折不挠。具有"千磨万击还坚劲"的韧劲，无论遇到何种挫折阻挠和失败打击都不妥协、不退让，且能在失败中找机会、在失败中找动力、在失败中崛起。一方面，表现为面临失败挫折时不畏惧、不退步，具有应对失败挫折的勇气和决心；另一方面，表现为对失败挫折有清醒的认知和理性的判断，从失败中总结经验教训，进而找到摆脱困境、继续前行的路径和方案。

4. 持之以恒。具有"坚持到底不放弃"的毅力，在实现人生目标的过程中自始至终、一如既往地坚持，不达目的不罢休。既不会因为遇到干扰和阻碍而掉头转向，也不会因为疲惫泄气而戛然而止。一方面表现为具备顽强的斗志和惊人的毅力，在实现人生目标的道路上始终保持积极进取的状态，不懈怠、不停息，自觉抵制和排除外界干扰与影响；另一方面表现为严格遵循既定的路线方案，不偏离、不止步，持之以恒、勇往直前。

三、意志顽强对成功的重要作用

1. 只有意志坚定，才能在走向成功的道路上咬定目标、聚焦聚力，才能在遭遇困境的时候保持强烈的专注度和定力，既不偏离目标和方向，也不动摇心智和意志，始终坚守既定的目标和方向。如果不能笃定目标、坚持如一，再美好的目标也会成为泡影。

英国著名作家狄更斯为了搜集创作素材，平时注意观察生活、体验生活，不管刮风下雨，每天都坚持到街头去观察、谛听，记下行人的零言碎语，积累了丰富的生活资料。凭着这份毅力与斗志，他在《大卫·科波菲尔》中写下精彩的人物对话描写，在《双城记》中留下逼真的社会背景描写，从而成为英国一代文豪，取得了文学事业上的巨大成功。只要目标坚定，哪怕是再平凡的坚守也会获得巨大的胜利。

2. 只有迎难而上，才能在走向成功的道路上以积极的心态面对困难挑战，才能在遇到艰难险阻、困难障碍的时候坚定信心、稳住阵脚，不畏难、不怕难、难不倒；并以理性的态度和睿智的思维剖析难点、战胜困难，赢得转机。它是有效排除困难、突围困局、实现成功的"法宝"。大学生怀揣梦想进入大学，会面临新的学习压力和挑战，只要我们具备迎难而上的勇气和底气，积极应对、攻坚克难，任何困难都会迎刃而解。

音乐家贝多芬在事业蒸蒸日上的时候，突然遭遇失聪的巨大逆境，这对于一个有国际影响力的音乐人及创作家，无异于是颠覆命运的灾难。但是，贝多芬在极度困境的状态下，依然没有放弃对音乐的执著追求，积极想办法解决问题。后来，他采用骨传导的方式创作了传世不朽的音乐篇章《命运交响曲》。困难和逆境只能淘汰弱者，但它却会使强者更强。

3. 只有百折不挠，才能在走向成功的道路上克服因失败挫折带来的阻力和压力，才能在遭遇失败打击后能够从容应对、愈挫愈勇；既不会因失败挫折畏缩不前、掉头转向，也不会被失败挫折击退打败，而是以顽强的精神和一往无前的姿态抵制甚至消除失败挫折带来的阻力，在失败挫折中重振旗鼓、继续前行。它是化不利为有利、转小败为大胜的"转化器"。赛场上的失利、考试成绩不理想、同学关系出现危机，是大学生成长历程中经常会遇到的困扰。有的人因此而畏惧比赛、考试、竞争和人际交往，但勇敢的人会努力从中吸取教训，找准对策，继续前行。

心理学家做过一个实验：把一只饥饿的鳄鱼和一些小鱼放在同一个水箱里，中间用透明的玻璃隔开。刚开始，鳄鱼会毫不犹豫地向小鱼发起进攻。一次次失败后，它毫不气馁，总是不断向小鱼发动更猛烈的进攻。一次、二次、三次……无数次进攻失败后，它便不再进攻了。这个时候，心理学家把中间隔板拿开，鳄鱼却仍然一动不动，任凭那些小鱼在它的眼皮底下游来游去，自己最终被活活饿死。多次失败不一定是结局的失败，但在失败面前一蹶不振注定会一败涂地。

4. 只有持之以恒，才能在走向成功的道路上积蓄能量，才能促使远大志向、卓越品质和超常能力等成功要素有机融合、形成合力，积蓄成功所需的动力和能量。它促使成功素质持续提升、前进中的问题不断得以解决、实现成功的经验越来越丰富，从而越来越接近成功目标，它是持续聚集成功能量的"储蓄库"。在学习生活中，确定一个小目标很容易，但能够认真对待每一个"小目标"，并为此不懈努力、长期坚持则需要"持之以恒"的品质。也只有这样，才能不断实现每个"小目标"，进而实现人生"大目标"。

德国著名化学家尤斯图斯·冯·李比希，被称为"化学之父"。李比希从海藻里面提取碘的时候，发现在剩余残渣底部沉淀着一层褐色并有刺鼻臭味的液体，这种液体是什么呢？李比希通过实验分析，将其标签为"氯化碘"。几年后，李比希看到了一篇论文——《海藻中的新元素》，他屏着呼吸，细细地阅读，读完懊悔莫及。原来，法国青年波拉德也做了同样的实验，也发现了那种褐色液体。但和李比希不同的是，波拉德没有中止实验，他继续深入研究这褐色的液体有什么样的性质，与当时已经发现的元素有什么异同。最后，他判断，这是一种还未发现的新元素。波拉德于是为它起名"盐水"。波拉德把自己的发现通知了巴黎科学院，巴黎科学院把这个新元素改名为"溴"。"坚持就是胜利"，只有坚持到底，才能收获最终的成功。

四、相关失败因子的主要表现及对成功的危害

1. 意志薄弱，是指意志力和专注力不强，即使有目标、有志向，但是一旦遇到困难或阻碍，就会退缩、动摇，容易改变既定的方向和目标，表现为"知其当行却未行"或"知其当止而未止"。

意志薄弱，则意志定力不强，必定缺乏精神支柱，干事创业没有"主心骨"，在实现

人生目标的过程中势必"风雨飘摇""随波逐流",无法聚精会神。在遭遇风险挑战、艰难险阻等因素侵袭困扰的时候,人生目标瞬间就会化为"泡影"消失殆尽,无法得到落实和实现。意志薄弱,在实现人生目标的过程中难以聚焦聚力,容易走神、偏向或放弃,到头来一无所获。

2. 遇难即退,是指不能以积极理性的心态正视困难和挑战,弱化人的主观能动性,片面放大困难的影响力,消减战胜困难的决心和勇气,因而丧失成功的机遇与动力,偏离成功目标。或将小问题放大为大困难,将常规问题视为疑难问题,将眼前的困难视为长期存在的难题;或在面对困难、挫折时选择退却和避让,缺乏勇气和信心,被困难吓退或打垮。

遇难即退,无论是缺乏吃大苦、受磨难的认识和思想准备,不愿面对艰难困苦;还是缺乏吃苦耐劳、顽强斗争的精神品质,不敢面对艰难困苦;或者是被动受心理、生理等现实条件的限制,在能力和实力上一时还无法超越,而不能应对艰难险阻,都是惧怕困难、胆小怯懦的表现,都将导致在成功的道路上"望而却步"或"半途而废"。

3. 一蹶不振,是指不能正确地看待和面对实现人生目标过程中的失败挫折,或将短暂的失败挫折视为永久的失败和不可逆转的困局,或在经历挫折失败的打击后精神崩溃,致使一时的失败挫折和坎坷曲折成为前进途中"绊脚石""拦路虎"而不可逾越,最终前功尽弃。

一蹶不振所产生的负面效应如果被放大,失败就会成为前进路上的"泥沼"和"魔鬼",阻断前行道路。一旦陷入失败的恐惧和阴影中,更加难以理性睿智地分析失败缘由,总结失败教训,走出失败的阴影,结果只能是畏首畏尾、打退堂鼓,功亏一篑。成功的道路上避免不了失败,但因为害怕失败而不敢放手拼搏,或在经历失败后偃旗息鼓,必将与成功失之交臂。

4. 缺乏恒心,是指在实现人生目标的过程中不能够始终如一,不能够专注于既定目标,不能够长期坚持;表现为"三天打鱼两天晒网""虎头蛇尾",或者受外界的干扰偏离转向,或者尚未抵达终点就懈怠、泄气和止步。也可能在刚开始的时候干劲冲天、势头迅猛,但是一旦进入"爬坡期""瓶颈期",就开始减速刹车、停滞不前、消极懈怠,最终必定是"竹篮打水一场空"。

成功与否的关键取决于有没有恒心、能不能坚持、能不能坚持到最后。坚持就是胜利,半途而废只会前功尽弃。虽然缺乏恒心者在干事创业初期往往能保持旺盛的热情,但越是到了关键的时候,越是到了攻坚的时刻,顽强者与懈怠者便分道扬镳,前者咬牙坚持到最后而获得了成功,后者则因丧失恒心而放弃努力,只能以失败告终。

第二节　训　练

在学习和生活中,我们有时候下定决心做一件事,却只有三分钟的热度,不能长期坚持。如何才能养成良好的习惯,修炼意志顽强的品质?这需要我们从现在做起、从小事做起。

一、案例阅读启示

宁死不屈，钢铁意志——江姐

江姐，原名江竹筠(1920—1949)，自幼跟随母亲生活，10岁在织袜厂当童工，11岁在孤儿院边读书边做工。童年生活艰辛劳累，锻炼了江竹筠坚韧不拔的钢铁意志。

1943年4月，党组织派23岁的江竹筠以假夫妻的身份，配合地下党重庆市委领导人之一的彭咏梧开展工作，主要任务是负责通信联络。为更好地掩饰地下革命党人的身份，江姐服从组织安排，还利用3个月紧张而短暂的时间考上了四川大学。在读大学期间，江竹筠学会了俄语，开始大量阅读苏联的书籍和报刊，这为她的革命信念奠定了良好的基础。

1944年夏天，江竹筠回到重庆参加了中苏协招待会。会议上播放了苏联故事影片《丹娘》，此刻，顽强不屈的卓娅成了江竹筠心中的革命榜样。后来在狱中，难友们被江竹筠坚韧的精神力量折服，尊称她为"中国的丹娘"。1945年，江竹筠与彭咏梧结婚，1947年秋，江竹筠以联络员的身份跟随彭咏梧奔赴川东武装斗争第一线，组织大学生开展反抗国民党的斗争。在此期间，革命的火花在江竹筠的心中越来越旺盛，一颗爱国之心熊熊燃烧。就在江竹筠积极开展革命任务期间，丈夫彭咏梧在一次组织武装斗争中壮烈牺牲，头颅被敌人残忍割下挂在城门上示众。江竹筠在执行任务时，看见丈夫的头颅，为不使自己的身份暴露，她强忍内心巨大的悲痛，装作镇静，同时发誓与敌人抗争到底。不幸的是，1948年4月，《挺进报》的发行机关被伪装的国民党特务识破，进一步直接破坏了重庆市委组织，6月14日，由于叛徒出卖，江竹筠被捕入狱，关押在重庆渣宰洞监狱。国民党军统特务极其残忍，手段无所不用，如老虎凳、辣椒水、吊索、电刑、撬杠、带刺的钢鞭，甚至将竹签钉进她的十指。江竹筠骨瘦如柴，面如死灰，身上处处都是鲜红的伤口。然而敌人的手段越狠毒，江竹筠的革命信念就越顽强越坚韧。面对敌人的酷刑，江姐坚定地说道："筷子是竹子做的，共产党员的意志是钢铁!"正是这钢铁精神支撑江姐不屈服于敌人的残忍，忠诚地完成了自己的使命，展现出共产党员坚贞不屈的革命气节和崇高精神。

江竹筠为革命事业牺牲了宝贵的生命，在生命的最后时刻，她在给哥哥江竹安的一封信中写道："假如不幸的话，云儿(指彭云)就送给你了，盼教以踏着父母之足迹，以建设新中国为志，为共产主义革命事业奋斗到底。"江竹筠用她的生命书写了宁死不屈的革命意志、钢铁般的革命精神，为后世敬仰。

☞案例启示:

1. 江姐具有钢铁般的革命意志，在追求革命理想的道路上，不论遭受任何严刑拷打、痛苦磨难，她始终坚定不移、宁死不屈，从不动摇革命信念、绝不屈服任何压力。坚定的意志力可以生发无穷的力量。

2. 江姐的事迹启迪我们:为理想而奋斗，要不畏艰难挫折，甚至不怕牺牲，越是困难坎坷，就越需要坚定不移;一个具有钢铁意志的人，不会畏惧前进道路上的任何艰难险阻，必定奋勇前行、一往无前。

身残志坚，迎难而上——霍金

斯蒂芬·威廉·霍金，1942年1月8日出生于英国牛津，曾先后毕业于牛津大学和剑桥大学，并获剑桥大学哲学博士学位。

霍金一生都在进行科学研究与探索。天才少年霍金，17岁入读牛津大学攻读自然科学，用很少时间就得到一等荣誉学位，随后转读剑桥大学研究宇宙学。在牛津大学读书的最后一年，霍金发现自己行动逐渐迟缓，甚至不明原因摔倒，由此开始了轮椅上的科研生涯。霍金不愿对恶疾低头，甚至不愿接受任何帮助。身残志坚是对他人格的高度凝练，这份态度让霍金直面自身缺陷，无所畏惧，泰然处之，不断完成一个又一个高难度任务。1969年起，霍金担任冈维尔与凯斯学院研究员。1972—1975年先后在剑桥大学天文研究所、应用数学和理论物理学部进行研究工作。1975—1977年任重力物理学高级讲师。1978年获世界理论物理研究的最高奖爱因斯坦奖。1988年获得沃尔夫物理奖。霍金一生获得了无数奖项，发表了无数演讲与论著，其中最伟大的成就是量子理论与黑洞的研究。

霍金从一开始的行动不便、口齿不清，逐渐恶化成无法说话、无法运动，只能坐在轮椅上，他借助语音合成器、打字器等与外界进行交流。霍金依靠仅可以运动的三根手指，开启了一个崭新的科学世界。霍金的日常生活都需要家人和护士照顾，身体完全瘫痪甚至变形，头只能向右边倾斜，肩膀左低右高，嘴几乎歪成"S"形，命运无情地剥夺了他说话、写字、运动的能力，但是霍金并没有放弃自己所热爱的科学事业。正如霍金对于自我的评价："我还有很多事情想做，人如果什么梦想都没有，就等于死亡。"正是这份理想信念支撑他长期与疾病作斗争，永不言弃，迎难而上；也正是这份理想信念成就了他光辉灿烂的一生，如同浩瀚繁星一般熠熠生辉。真正的勇士敢于直面惨淡的人生，敢于正视淋漓的鲜血。霍金，便是这样一位勇士。他敢于正视自身缺陷，在一次访谈中，他说到虽然自己身体不能动了，但是思想还是活的，大脑能够创造出一切。此外，霍金还进行了跳伞运动，他渴望飞向空中，而他最终的愿望是飞入宇宙。这种突破自身局限的勇敢行为塑造了霍金巨人的形象。

霍金曾说："生活是不公平的，不管你的境遇如何，你只能全力以赴。"这种顽强拼搏、艰苦奋斗的精神感染着一代又一代人。霍金可能只有一个，但他身上所具备的这种坚韧不拔、不惧困难的品格却可以在任何人身上发挥巨大引领作用。霍金并不害怕疾病给他带来的困难，他只害怕自己没有时间去做热爱的事情。霍金面对生活是如此的乐观开朗，他能够持续坚持下来，是源于他内心深处坚强的意志力。

☞**案例启示：**

1. 霍金身残志坚，克服了"残废之患"而成为国际物理界的超新星。虽然面临"不能写字、口齿不清、行动不便"等常人难以想象的困难，却以惊人的毅力和不屈的姿态在探寻宇宙奥秘方面取得了卓越的成就。霍金不畏困难，与命运作斗争，与死神相抗衡，不断求索的科学精神和勇敢顽强的人格力量感人至深；他的成功不仅在于他是一个充满传奇色彩的物理天才，更因为他是一个令人折服的生活强者。

2. 霍金与病魔抗争的事实启迪我们：面对苦难，不要哀怨命运的不公，也不要放弃，而要勇敢地面对，再难都要坚持，再苦也要坚持；坚持就会有转机，坚持孕育着希望。

坚韧不拔，百折不挠——爱迪生

"天才就是百分之一的灵感，和百分之九十九的汗水！"爱迪生的这句名言我们每个人都耳熟能详，这位伟大发明家的一生就是这句名言的最好印证。

爱迪生的一生充满传奇色彩，因为天性好奇爱问问题，爱迪生在学校便被老师认为是"低能儿"，并将其赶出学校。幸好爱迪生的母亲是位有胆识的女性，她从来不怀疑儿子的智商，她亲自教导爱迪生，让爱迪生阅读名著，并通过做实验来求证自己的问题。这样的教育方式，在爱迪生的心中埋下了热爱实验发明的种子。

平静的湖面，练不出精悍的水手；安逸的环境，造不出时代的伟人。在其他孩子还在中规中矩上学时，十岁的爱迪生已经爱上化学，开始自己做实验了。十岁那年，他在自家的地下室里建起了第一个私人实验室。只要有时间他就往实验室里跑，一进去就是大半天。当他拿到父母给的零花钱时，他不会像其他孩子那样拿去买玩具，买零食，而是用来购置实验药品和器材，这也为他日后的发展做好了铺垫。12岁时，他成为一名列车的报童，赚到了自己应有的报酬，这些报酬都被他用来购买了实验用品。因为在火车上有空闲时间，于是他向列车长申请了一个休息室当作自己的移动实验室。可惜好景不长，因为实验过程中的一次失误，地板被烧着了。一位工作人员的一记耳光让爱迪生的右耳鼓膜破裂，他再也听不到世间美妙的声音。但是爱迪生并不在乎自己的右耳聋了，反而很乐观，觉得这是一件好事。他后来说过："我要改良留声机和电话机，让我自己能听见，那样就成功了。最重要的是，不管在多么吵的大街上，我都能安静下来做自己的事情，就像是在一个宁静的小山村一样。"十几岁本应该是天真烂漫无忧无虑的年纪，但爱迪生因意外导致身体残疾，却依旧坚守自己的初心，以积极乐观的心态去面对挫折。

大多数人认识爱迪生是因为他发明了电灯，给世界带来了光明。但鲜少有人知道他背后的艰辛。爱迪生真正研究电灯是从1878年开始的，由于经济问题爱迪生不得不寻求经济资助，于是成立一家股份公司，以便为实验提供经济资助。为了找到合适的灯丝，爱迪生试验过硼、钌、铬、碳精以及各种金属合金，共1600多种材料，历时13个月，但是都没有成功，由于实验的屡屡失败，资助人不再愿意资助爱迪生做实验，没人相信爱迪生会成功。但足够的耐心和恒心总会让持之以恒的人得到回报。1879年10月10日下午5时，爱迪生点亮了用碳化棉丝作灯丝的灯泡，这盏灯，足足亮了四十几个钟头，也成功击破了那些说爱迪生无法成功的谣言。当别人问及他在发明灯泡的一万次失败期间是怎样坚持下去的时候，他说在这个过程中，他并未失败，而是找到了一万种无效的方法。爱迪生用百折不挠的精神给枯燥无味的实验增添了调味剂，用自己刨根问底的品质攻克了无数难题。汗水加上坚持，才成就了这位赫赫有名的发明大王。就像他说过："我才不会沮丧，因为每一次错误的尝试都会把我往前再推进一步。"在他八十多岁的时候，为了做出更多发明，他仍然在勤奋工作，致力于从本国的杂草中提取乳胶。

爱迪生一生的发明所获得的专利有 600 多项，为人类留下难以估量的财富。在创造发明的过程中他遭遇了成千上万次失败，但仍然坚持不懈，他之所以那么伟大，不是因为从不失败，而是在失败后继续勇敢地前进。所以，因为退缩而失败的人总会有千万种理由，成功的人只是做到了一件事"愈挫愈勇"。

☞案例启示：

1. 爱迪生具有顽强的意志、坚忍的毅力，虽然遭受千万次失败打击，但他从来不灰心、不退缩、不屈服，他以坚忍不拔的精神克服并战胜了重重困难和种种阻力，取得了伟大的成就。失败并不可怕，在通往成功彼岸的征程中，失败往往是必经之路。在经历失败后，只要我们能够摆正姿态、振作精神，就可以在失败中探索前进的道路，还可以在失败中学会坚强。

2. 爱迪生不屈不挠的精神激励和鞭策着我们：在平时的学习生活中，要勇敢理性地看待失败挫折，失败会让强者更强，我们应该对未来充满信心、对成功充满信心，刻苦学习、锤炼本领，勇当人生的强者。

持之以恒，"从不言弃"的天才——诺贝尔

当谈及一种奖项时，我们内心会升起崇高的敬意，那就是科学界的至高荣誉——诺贝尔奖；当谈及一个人时，我们会崇拜他追求事业的执著精神，这个人就是诺贝尔奖的创立者——阿尔弗雷德·贝恩哈德·诺贝尔，也是著名的"炸药大王"。

诺贝尔出生在瑞典，小时候有一次看到父亲在研制炸药，他瞪大着眼睛问道："爸爸，炸药是可怕的东西，它爆炸了会炸伤人的，你为什么要制造它呢?"老诺贝尔摸了摸儿子的头，回答说："孩子，炸药虽然会炸伤人，甚至会毁坏房子和一切东西，可是，它那巨大的爆炸威力同样可以用来发展工业呀!"父亲的这番话深深印在小诺贝尔的心中，他对父亲说："我长大了也要造炸药!"受父亲的影响，诺贝尔发奋学习，进行研制炸药的实验，为了增加引爆炸药的安全性，他经历了一百多次的实验，终于试制出一种叫雷酸汞的引爆剂硝化甘油，但在实验过程中出现意外，他的亲弟弟与五个助手被炸死，母亲悲痛欲绝，父亲因受刺激而半身瘫痪。可想而知，这场实验对于普通人来说已经是巨大的灾难，但是如果当时诺贝尔停止了他的实验，那么诺贝尔奖就不会出现在世界上，"炸药大王"也不会存在。

新机总是孕育在"坚持"之中，缺乏挑战的勇气与持之以恒的精神，永远无法登上成功的彼岸。诺贝尔在探索科学实验的道路上用其一生践行着这个道理。在这桩惨案发生后，诺贝尔也仿佛成了"瘟神"，每个人都对其避之不及，也没有人愿意出租土地让诺贝尔进行危险的炸药实验。村民的驱逐没能阻挡他科研的脚步，凭着"不达

目的不罢休"的毅力，一艘驳船成了青年人废寝忘食的实验基地，在无数次胆战心惊的实验中，在无数次死亡边缘徘徊中，他发明了雷管——爆炸学上的一项重大突破，接着又在德国的汉堡等地建立炸药公司，他生产的炸药成了抢手货。一时间，诺贝尔名声大噪，财富与日俱增。

若只为出名或者财富，诺贝尔完全可以停止为炸药事业而奋斗。只用经营自己的公司获得利润就行了。成功从来都不是那么简单的，事业初现起色只是证明诺贝尔的坚持是正确的，并不代表等待他的就是一帆风顺。等待诺贝尔的又是重重磨难。在旧金山，运载炸药的火车因震荡发生爆炸，火车被炸得七零八落；德国一家工厂因搬运硝化甘油时发生碰撞而爆炸，整个工厂和附近的民房变成了一片废墟；在巴拿马，一艘满载着硝化甘油的轮船，在大西洋的航行途中，因颠簸引起爆炸，整个轮船全部葬入大海。这些不幸的消息所传达出来的信息就是诺贝尔研制的炸药并没有完全成功，炸药的威力和作用有目共睹，但是其不安全性足以造成不可挽回的惨剧，没有人愿意赌上自己的性命去触碰这枚可怕的炸弹。面对接踵而来的灾难和困境，诺贝尔将其看作晋升成功的"升天梯"，而他身上坚持到底的精神与毅力，最终化为奋斗的源泉，在无数次与死神擦肩而过中，他踏出了一条成功之路。

巴尔扎克说过："不幸，是天才的晋升阶梯，信徒的洗礼之水，弱者的无底深渊"。风雨过后，眼前会是鸥翔鱼游的天水一色；走出荆棘，前面就是铺满鲜花的康庄大道；登上山顶，脚下便是积翠如云的空蒙山色。人要尽全力渡过每一关，不管遇到什么困难不可轻言放弃。

☞案例启示：

1. 诺贝尔发明了炸药，为人类创造了巨大价值，作出了卓越贡献。他取得成功的秘诀和法则就是"不止步"、永无止境地"坚持"。诺贝尔在成功过程中付出过惨重的代价，遭受过质疑和指责，有无数个理由和困难足以让他停止实验；但有一个原因和动力持续地促使他一往无前，那就是"不能止步，必须坚持下去"的恒心和毅力。

2. 诺贝尔的事迹告诉我们：在成功的路上，选择放弃很容易，选择退却有很多理由和借口，但唯有"不退缩、不放弃，坚持、坚持、再坚持"的意志可以帮助我们克服阻力和压力，抵达成功的彼岸。

二、讨论辩论

1. 讨论题

(1)何为"意志顽强"？

(2)意志顽强的失败因子为什么会阻碍成功？

讨论目的：

通过讨论，明确"意志顽强"的内涵，能分析相应的失败因子对成功的危害。

讨论流程：

(1)教师引导。结合对"意志顽强"的认知，认真体会名人名言、经典案例的内涵，围绕"什么是意志顽强""意志顽强在现实生活中有哪些体现""意志顽强在实现人生目标过程中的积极意义是什么""相关失败因子对成功会产生什么危害"展开思考。

（2）分组讨论。每8~10人为一个小组，一名同学担任组长。每组针对讨论题目进行思考和发言，成员之间互相讨论和质疑，有疑问可以随时提问。每位同学可表达自己的观点，也可合理讨论，形成本组的总结。

（3）代表发言。每组推选一名代表作为小组发言人，充分、系统地总结本组的讨论情况，在班上公开发表小组讨论的要点和论点。

（4）总结点评。教师针对每组发言情况进行点评总结，分析其论点和论据，根据每组讨论情况及发言表现来评定讨论题的成绩。

讨论要求：

（1）教师引导。教师引导环节，学生可适当做笔记。教师明确讨论要求，引导学生不要跑题，在后面讨论中逐一发言，有不同观点可以讨论，但不能吵闹。

（2）分组讨论。组长灵活控制时间，让每位同学既能详尽表达自己的观点，又能合理安排讨论时间。对于有争议的观点要充分讨论，尽量达成共识。教师把控整体讨论状况，倾听小组讨论，并予以适当点拨。

（3）代表发言。所有同学应认真倾听并记录总结发言者的观点，不做与讨论无关的事情。

（4）总结点评。教师点评总结时，学生认真倾听并做好相应记载。教师根据每组发言代表的论点和论据进行点评和打分，理由充分，公正合理。

2. 辩论题

正方：只有意志顽强，才能取得成功。

反方：不具备意志顽强的品质，也能取得成功。

辩论目的：

通过辩论，厘清"意志顽强"与"成功"的关系，结合自身实际，思考如何做到"意志顽强"。

辩论流程：

（1）人员分工。确定好辩手、主持人、计时员、记录员、评委等，明确职责。辩手由班级学生推荐，每组4名辩手，根据抽签结果决定本场辩论的持方，在一周时间内查阅资料，准备讲稿，为辩论做好准备。

（2）现场辩论。开场导入（主持人宣布辩题、介绍辩手、评委成员和规则等）—开篇立论（正反两方一辩依次陈述本方观点，时间各2分钟）—双方攻辩（由正方二辩开始，正反方交替进行，时间各3分钟）—自由辩论（正反双方交替进行发言，时间各3分钟）—总结陈词（由反方四辩开始，正反双方依次进行总结，时间各2分钟）。

（3）评委点评。结合本场辩论的具体情况，评委组推选一名评委从辩论技巧、辩论内容、辩论风度和整体合作等方面进行点评，指出表现优秀的地方，并提出可进一步思考的方向。就本场表现，评判出获胜方和最佳辩手，并当场公布结果。

辩论要求：

（1）人员分工。主持人负责整场辩论活动的主持，要求熟悉主持流程和主持礼仪。计时员负责辩论活动的计时，严格把控每个环节的时间要求。记录员负责拍照记录活动现场情况，汇总记录评委评分，计算小组的平均得分，即为最终成绩。评委组应由3人及以上组成，根据辩论技巧、辩论内容、辩论风度和整体合作四个方面对小组进行评分。

（2）现场辩论。辩论过程中，辩手要注意双方言论、行为均不可涉及个人隐私，也不得进行人身攻击或人格批评。立论及辩论环节要求做到逻辑清晰，言简意赅。攻方在提问时，应提出与题目有关的合理而清晰的问题，不得有自行陈词或就攻辩所获结果进行引申，否则视为违规。辩方应回答攻方所提的任何问题，但涉及个人隐私或违反规则的，辩方应简要说明理由，可不予回答。双方应针对辩论会整体态势进行总结陈词，不能脱离实际或背诵事先准备的稿件。主持人要熟悉每个辩论环节，保证流程顺利进行。每方剩余30秒时，计时员举牌提醒，用时满时，举牌终止发言。记录员拍照记录现场情况，汇总记录评委评分，计算并核算分数。评委组根据辩论技巧（辩手语言的流畅程度，反驳、分析和应变能力及论点的说服力和逻辑性）、辩论内容（论据内容是否充实、引用资料是否恰当）、辩论风度（在自由辩论中的表现力和幽默度）和整体合作（论点结构的完整性、队员之间的默契和配合）四个方面进行评分，做好记录和点评准备。班级同学认真倾听，可记录内容，不做与辩论无关的事情。

（3）评委点评。所有同学认真聆听评委点评，可提出意见和建议进行交流，但不得质疑评比结果。

三、举例说明

1. 列举古今中外的名人有关"意志顽强"的名言10条。
2. 列举并说明作为"意志顽强"主要表现的3~5个典型案例。
3. 列举并说明"意志顽强"对成功重要作用的3个典型案例。
4. 列举并说明与"意志顽强"相对应的失败因子对成功危害的3个典型案例。

"举例说明"的要求：

（1）"举例说明"是教学内容的重要组成部分，要求学生在前面部分的教学内容学习之后的课余时间作为作业来完成。

（2）"举例说明"中学生所要列举的名言和案例，均在本教材外搜集，不得从本教材中抄取。

（3）"举例说明"中需要学生列举的名言和案例，要求学生独自完成，不得相互抄袭。

四、拓展内化

（一）项目实训

根据"意志顽强"品质的内涵和要义，结合学习、生活及实践等方面的实际情况，根据自己具体状态参考和选择以下实训项目。

1. 坚持每月阅读10本书。

目标：利用课余时间坚持阅读，训练提升意志力。

流程：以月为时间单位，从大一至大四制订每个学期的阅读计划，列出阅读清单与实施计划；逐月总结阅读成果。

结果：通过总结阅读落实情况，判断评定阅读的持续状态和意志力提升情况。

2. 坚持每天跑步五公里。

目标：长期坚持长跑运动，体会持之以恒的含义，磨炼耐力与意志力。

流程：根据自身的身体素质状态制订一份月度跑步（或其他体育运动）计划，每周总结跑步里程，分享运动心得。

结果：通过坚持运动和记录运动状态，不断克服运动中的阻力，加强耐力和毅力训练。

3. 自学一门外语。

目标：结合专业学习、职业规划的目标，自学一门外语，尝试克服压力和困难、激发学习动能。

流程：通过整合利用业余时间，自学一门以前从未接触过的语言，以此作为提高学习能力的挑战项目。

结果：培养敢于克服困难、勇于挑战的精神品质。

4. 参加"互联网+"创新能力大赛。

目标：考察并锻炼挑战困难的信心和能力。

流程：结合所学专业或素质提升规划，根据"互联网+"比赛规程，拟订参赛计划，制订参赛项目计划书，分阶段实施跟进。

结果：根据参赛实施的进度和成绩，评定克服困难挫折的能力水平。

5. 坚持每天写日记。

目标：通过写日记，感受日复一日长期坚持做一件事的不容易和收获，感悟践行意志顽强的意义与挑战。

流程：每天将自己的所见所闻所感以日记的形式记录下来，从不间断。

结果：从日记的形式和内容判断项目执行的力度与效果。

6. 坚持每天练字。

目标：通过长期坚持写字训练，体会坚持做好一件事的阻力和干扰，并在练习过程中克服它。

流程：以学期为时间单元，根据自己的书写情况制订长期书法练习计划；每天以书法的要求规范书写 50~100 字，每月整理书法成果，展示书法成绩。

结果：通过长期坚持书法练习，体会意志顽强的内在要义，训练提升意志力。

（二）榜样对标

请你结合对"意志顽强"的理解和感悟，为自己寻找一个"意志顽强"的标杆，并将其作为自己"意志顽强"提升修炼的榜样。

目标：通过学习了解"意志顽强"方面的典型，领悟"意志顽强"的内涵，更加深刻地检视自己，进一步提升"意志顽强"品质。

流程：寻找榜样—了解榜样的事迹—分析榜样具有的"意志顽强"品质—领悟学习—践行提升。

结果：提升"意志顽强"的品质。

五、内化自测

（一）学生自测

请你根据自身实际情况如实填写下表：

"意志顽强"品质培育自测

基本内容	序号	自测题目	选项 A	选项 B	选项 C	选择	得分
意志坚定	1	当你在做作业时，有同学喊你一起打游戏，你会如何处理？	坚持写完作业	犹豫一下再决定	放下作业打游戏		
	2	计划利用暑假备考英语六级，后来听说同学们自发组织旅游，你是否参加？	依然执行暑假备考英语六级的计划	犹豫不决	随大流		
	3	为了早日通过英语四六级，你是否坚持每天学习英语？	一直在坚持	偶尔会记记单词	考前突击一下		
	4	计划每天晚上去图书馆学习，你是否照计划行事？	每天坚持	不忙的时候会去	很少去图书馆		
	5	自习的时候犯困了，你会怎么做？	走动一下，打起精神继续学习	在桌上趴一会儿	回宿舍睡觉		
	6	制订了跑步计划之后，你是如何实施的？	按照计划，严格完成	凭心情和感觉偶尔跑跑	过一段时间就把计划放在一边了		
	7	老师的意见和自己的考虑完全不一样时，你如何处理？	跟老师交流，充分表达自己的想法	想与老师交流，但有所顾虑	放弃自己的想法，完全听从老师		
	8	周末有很多作业需要完成，但恰好遇上你喜欢并期待已久的热剧上映，你会	毅然选择完成学习任务	虽然没有去，但无心做作业	看完电影再说		
	9	决定减肥了，可是最喜欢的食物都在面前，你是否品尝一下？	不该吃的坚决不吃	吃几口，解馋	吃完，有体力再减肥		
	10	发现了自己的缺点，你是否会下决心并坚持克服？	下决心并坚持克服	下决心但三分钟热度	不改变		
	11	自己的英语基础不够好，你是以怎样的方式学习英语的？	坚定每天学习，日积月累，循序渐进	考试前突击一把	放弃英语学习		
	12	你每天上网刷朋友圈、刷视频的时间大约有多少？	只在休息时看看，控制在 1 小时内	根据心情而定	想刷就刷		

基本内容	序号	自测题目	选项 A	选项 B	选项 C	选择	得分
意志坚定	13	遇到比自己更能干的人，你会怀疑自己吗？	相信自己一定可以干得更好	有些动摇，怀疑自己	感觉自己不如人		
	14	体测成绩不达标，你是否会怀疑自己的身体素质？	相信自己的身体，逐渐加强体育锻炼	偶尔去参加一下运动	不想参加体育测试了		
	15	当你在驾校学习过程中遇到多个科目不合格时，你会	多花时间加强练习	得过且过	放弃考试		
	16	老师布置了很多线上视频学习任务，你会	认真观看每一条学习视频，做好记录	随机抽取部分视频了解一下	打开视频，该干嘛就干嘛		
	17	一次周末兼职，你赚了一周的生活费，此后你会怎么做？	学习为重，专心学业	有机会就去兼职赚点钱	课余时间都兼职赚钱去		
	18	当你遇到一本人生好书，但是需要很长时间才能读完？	坚持每天抽空读书，直至看完并写下读书心得	在网上看看书籍解析，了解一下	随便翻翻即可		
	19	在你情绪低落、状态不好的时候，你会？	迅速分析原因、调整状态，继续投入紧张的学习	休息一阵子，暂时降低学习要求	把学习放一边，尽情地放松心情		
	20	在实习实践过程中，环境比较艰苦时，你会	克服眼前困难，尽快调节自己适应工作环境	找负责人协调，换个工作环境	放弃实习		
	21	在实验过程中遇到没有学到的内容时，你会	自己查阅资料，力争自己解决	寻求老师和同学的帮助来解决	放弃该实验		
	22	考研复习中，突然发现同班同学选报了其他专业，你会	继续按照自己的目标和计划专心复习	暂停几天，花时间去重新了解专业	放弃原选专业，换一个专业复习		
	23	在学校禁止吸烟的情况下，你会	制订戒烟计划，按照要求禁烟	想抽的时候找僻静的地方偷偷抽	充耳不闻，继续抽烟		

续表

基本内容	序号	自测题目	选项 A	选项 B	选项 C	选择	得分
意志坚定	24	晚上睡前下决心第二天必须完成两件重要事情，到了第二天你会	按计划坚决落实	边做边看	计划放一边，该干啥就干啥		
	25	制订了假期读书计划后，你会如何执行？	每天按照计划完成阅读	偶尔打开书看看	借阅的图书搁置一边		
合计得分：							
迎难而上	1	当考试挂科以后，你会如何选择？	有计划地加强学习	下次再考，碰运气	放弃这门课		
	2	对于自己的失败，你会感觉到？	只是成功前的演习	深受挫败，怀疑自己	一蹶不振		
	3	平时很认真学习但考试成绩不理想，你会	找到问题所在，改善学习方法	降低要求，继续现在的学习方法	松懈下来		
	4	遇到不擅长的科目，你会	积极寻求突破方法	将就着学，及格就行	感到沮丧，把它抛到一边		
	5	学习遇到不会的题目时，你会	查阅资料，力图破解	找老师或同学求教	放弃这道题目		
	6	考研的考试科目基础较差，怎么应对？	提前谋划，制订学习计划，加强学习	避开自己不擅长的科目，换专业	不考研了		
	7	你被别人指责的时候，会怎样？	虚心听取，认真分析判断其合理性	依旧我行我素	精神消沉不振		
	8	当老师布置的作业时间紧，任务重时，你会	充满信心认真完成	做多少算多少	反正做不完，懒得做		
	9	与同学发生矛盾时，你会	主动协调	无所谓，不理睬	精神低落，郁郁寡欢		
	10	如果你没有找到心仪的工作，会选择先就业吗？	会，一边锻炼学习，继续找机会	不确定	不会，宁可坐等		

基本内容	序号	自测题目	选项 A	选项 B	选项 C	选择	得分
迎难而上	11	作为学生干部开展工作，没人响应和配合你，怎么办？	思考原因所在，积极找对策	把工作任务交出去	干脆逃避不管了		
	12	当发现自己并不喜欢所学专业，你会怎么办？	找老师指教，正确认识专业	将就学下去	马上转专业		
	13	发现老师对我有误会时，你会怎么办？	积极寻求帮助，有效沟通	请同学帮助沟通	无所谓		
	14	进入大学后，对于生活方式的改变，你会	努力适应	依然做自己想做的	顺其自然"混"到毕业		
	15	面对优秀的同学，你的表现不尽如人意时，你会	向优秀的同学学习	继续自己原有的方式	自暴自弃		
	16	成就感和目标感受挫，感到郁闷时，你会	坚定信念，完善计划	找老师同学倾诉	时间长了麻木了		
	17	求职时 HR 嫌弃学历不高，你会如何？	努力提升学历	展现自己的亮点	换一家公司		
	18	当你竞聘申请被拒绝，你会如何选择？	继续努力，完善自己	等有机会了再试试看	放弃		
	19	面对大学期间的人际交往压力和焦虑，你如何解决？	冷静下来，主动找师长朋友聊天	独自默默承受	疯狂消费，大吃大喝		
	20	阅读一本专业课外书时，遇到一些不太理解的地方，你会	虚心请教老师或上网查询	不认识的直接跳过	放弃阅读这本书		
	21	因为身体不舒服作业没及时完成，老师严肃批评你，你会	快速调整心情，虚心承认错误	跟老师解释	从此消极学习		
	22	在创业过程中，遇到了瓶颈期，你会	寻求高人指点，渡过瓶颈期	重新选择方向创业	放弃创业		
	23	在实验中遇到不明困难，导致无法继续实验，你会	及时与导师沟通	暂时搁置	直接放弃		

基本内容	序号	自测题目	选项 A	选项 B	选项 C	选择	得分
迎难而上	24	毕业后你的工作收入水平比身边很多同学都低，你会	努力工作，通过提升自身能力争取升职加薪	辞职不干，寻找薪水更高的工作	无脸见人		
	25	由于家庭变故经济条件变差，难以支撑大学开支，你会	寻求助学政策及亲友帮助，同时更加努力学习真本领	提前进入社会，兼职赚钱	放弃学业		
合计得分：							
百折不挠	1	英语考试成绩不及格，你会	加强学习，积极准备下次考试	对英语的学习有些许懈怠	放弃学习英语		
	2	如果挂科重修，你会对重修的科目	更加重视，不懂的地方加强学习	兴趣降低，丧失学习信心与兴趣	毫无兴趣，甚至不想去上课		
	3	如果你每天都给自己制订了合理的学习规划，身边的同学却质疑你的做法，你会	在规划合理的情况下，坚持自己的计划	对自己的规划产生动摇，考虑是否需要改变	直接放弃自己的规划		
	4	如果你参加全国性竞赛与知名高校学子同台竞技，发现技不如人，你会	依旧保持取胜的心态，充分发挥自己的实力	信心动摇，对自己的实力产生怀疑	放弃比赛		
	5	如果你在某次工作中花很长时间完成了一项非常枯燥的任务，老师却说你完成得不好，你会	积极向老师请教，总结经验教训	感到懊恼，并有些许不情愿	不管工作的事，上床睡觉		
	6	你是否会因为自己的高考成绩不理想，而在大学期间失去学习动力？	完全不会有这样的想法	对自己的实力产生一定的怀疑	觉得自己无法学好，干脆放弃		
	7	如果你在一次体育竞赛中成绩不理想，你是否会认为自己不适合参加体育竞赛项目？	不理想是由于平时缺乏锻炼	怀疑自己不适合参加体育锻炼	今后不再参加这种竞赛了		

续表

基本内容	序号	自测题目	选项 A	选项 B	选项 C	选择	得分
百折不挠	8	毕业找工作屡次失败后，你会	不惧失败，重拾信心	开始对找工作有些抵触	放弃找工作		
	9	考研失败后，你会考虑考研"二战"吗？	会	可能会	不会		
	10	暑期社会实践中找专业相关实习工作，却屡遭拒绝，你会	沉着冷静，分析原因，继续坚持寻找	随便找一份工作，敷衍了事	放弃实习		
	11	在创业过程中想与优秀的人合作，但遭到拒绝，你会	三顾茅庐，争取合作	独立创业	随便找个人合作创业		
	12	领导给你布置的工作，就是你上次没完成的任务，你会	接受安排，请教领导，确保完成	接受安排，敷衍了事	拒绝领导的安排		
	13	当减肥处于平台期时，你会	学习其他方法，另辟蹊径	继续坚持原来的方法	放弃减肥		
	14	在创业过程中遇到资金周转问题时，你会	请教专业人士，寻求帮助渡过难关	继续惨淡经营	放弃项目		
	15	在创业失败以后，你会	分析原因，吸取教训，寻找机会东山再起	重新找人，另起炉灶	放弃创业		
	16	当创业时自己的想法和合作伙伴产生冲突，你会	和伙伴充分商量之后再做选择	继续按照自己的想法去做决定	放弃与伙伴的合作并放弃创业		
	17	在实习面试过程中，你的竞争对手非常强大时，你会	总结自己优势，用心准备面试	随意应付面试	放弃面试机会		
	18	遇到一件自己以前失败过的事情，这个时候你会	吸取教训，坚持完成	尝试着去做	放弃		
	19	只要是下定决心去做的事，不论遇到什么困难，你都会坚持下去吗？	会	看情况	不会		

基本内容	序号	自测题目	选项 A	选项 B	选项 C	选择	得分
百折不挠	20	认真完成的论文三次都没获得通过，你会怎么做？	请教老师，积极修改完善	抱怨困难，稍作修改	放弃论文		
	21	遇到没做过的事情，需要独自负责时，你会	认为这是一个锻炼机会，努力做好	勉强完成任务	逃避责任，不去做		
	22	做一件事情被老师批评了，你会	积极和老师沟通，争取指导和支持	依然我行我素	失去信心，放弃这件事情		
	23	你经常会感觉学不到本领、知识没有增长，并为此焦虑苦恼吗？	不会	可能会	会		
	24	因为挫折而意志消沉时，你会	迅速调整状态	对外宣泄情绪	置之不理		
	25	在执行计划中吃了亏，你会	把它当作一次警示，避免出现同样的错误	胆子变小，害怕再次吃亏	因吃亏而坚决不干了		
合计得分：							
持之以恒	1	在大学期间，你是否长期坚持体育锻炼？	一直坚持	坚持较长一段时间	没有坚持		
	2	你每个学期大约阅读多少本课外书籍？	10本以上	不能确定	几乎没有阅读		
	3	如果你担任学生干部，是否能保持积极态度完成工作？	一直保持	有时保持	很难保持		
	4	不论出现什么状况，是否会坚持完成学习计划？	继续完成	改变计划	放弃完成		
	5	比赛中即使知道成绩不如意，你是否也会坚持到底？	坚持到底	坚持一阵子，伺机退出	放弃		
	6	你觉得怎样才能把一件事情坚持下来？	凭借热爱和自律	发在朋友圈，请朋友们督促	认为坚持下来是自然而然的事情		
	7	你是否会坚持记账，控制自身的消费？	坚持记账	有时记账	从不记账		

续表

基本内容	序号	自测题目	选项 A	选项 B	选项 C	选择	得分
持之以恒	8	你更喜欢"持之以恒"还是"尽力而为"？	第一句	第二句	都不喜欢		
	9	你觉得自己半途而废的时候多吗？	很少，几乎没有	偶尔会出现	经常		
	10	想要学会一项新技能时，你是否会每天练习直到学会？	会坚持学习	可能会半途而废	直接放弃		
	11	你是否可以坚持长时间不玩手机？	可以坚持	只能坚持一段时间	不能坚持		
	12	在实验过程中，多次尝试但一直得不到正确结论时，你会	持之以恒地去寻找正确的实验结果	参考他人实验结果	编造实验数据		
	13	当你的小众爱好不被他人所理解时，你会	与人沟通，争取得到他人的支持	不理睬他人意见	自我否定		
	14	你每天晚上几点上床睡觉休息？	每天晚上 11 点之前	根据当天作业和玩手机的情况而定	想睡觉的时候就睡		
	15	你有很确定的作息时间表吗？	每学期根据课程表制定自己的作息时间安排，并严格落实	有自己的作息时间表，但是经常更改	随大流		
	16	你能长时间做一件重要但枯燥的事情吗？	可以坚持	需要有人督促	不能		
	17	在生活中遇到复杂情况时，你是否会优柔寡断、举棋不定？	不会	视情况而定	会		
	18	你喜欢先做容易的事情，困难的能拖就拖，不能拖则马虎应付了事吗？	不会	视情况而定	经常这样		
	19	你正在聚精会神地做一件事，但朋友说他弄了几张你感兴趣的活动入场券，你会如何处理？	继续完成自己手头的事情	跟朋友商量一下再决定	马上参加活动		

基本内容	序号	自测题目	选项 A	选项 B	选项 C	选择	得分
持之以恒	20	大三时你确定了考研目标并开始准备,但同宿舍的朋友在一起创业小有成就并邀你参加创业,你怎么处理?	跟朋友说明自己的考研目标,继续准备考研	考研还是创业一直不能确定	考研创业都放弃		
	21	你会一直坚持自己整理内务吗?	会	有时会	不会		
	22	如果完成一项工作需要花几个月的时间,你会有何表现?	做好计划,耐心坚持	很可能只能完成一部分	不可能坚持做完		
	23	老师在布置了一个任务后,又交给你另一个任务,你会怎么办?	按轻重缓急一个个认真完成	只能选一个完成	都不想完成		
	24	你坚持对每次上课的知识点进行预习、复习吗?	能够一直坚持	有时候可以做到	不能		
	25	正在为学习目标而努力时,你遇上一个更好玩的事情,你会怎么处理?	坚持学习目标和学习计划	犹豫不决	去干更好玩的事情		
合计得分:							

评分规则:每一道题,选 A 项得 4 分,选 B 项得 2 分,选 C 项得 1 分

项目	自测结果	结果解析
意志坚定		85~100 分:优
		75~84 分:良
		60~74 分:中
		0~59 分:差
迎难而上		85~100 分:优
		75~84 分:良
		60~74 分:中
		0~59 分:差
百折不挠		85~100 分:优
		75~84 分:良
		60~74 分:中
		0~59 分:差

续表

项目	自测结果	结果解析
持之以恒		85~100分：优
		75~84分：良
		60~74分：中
		0~59分：差

(二) 自测题举例

请根据课文中"意志顽强"四个方面的主要表现列举自测题及答案各 5 条。

六、提升计划

1. 请学生根据以上内化自测结果填写下表。

"意志顽强"成功素质培育提升计划表

基本内容	存在的问题	改进计划	目标达成
意志坚定			
迎难而上			
百折不挠			
持之以恒			

2. 填写说明及要求

(1)"意志顽强"成功素质培育提升的基本内容指向意志顽强主要表现的四个方面，即意志坚定、迎难而上、百折不挠、持之以恒，目的是有针对性、有计划地增强大学生在这几个方面的修养，通过训练提升大学生顽强的意志品质。

(2)"存在的问题"是指在前面"内化自测"的基础上，通过测评汇总和分析诊断，判断被测者在相应的意志品质方面存在哪些方面的主要问题和不足。

(3)"改进计划"是指被测者针对存在的问题和不足列举改进的具体措施，制订切实可行的改进方案。

(4)"目标达成"是指通过实施一系列的改进计划，相关方面的素质提升和达成的具体情况。

(5)填写表述需主旨明确、条理清晰、文字精炼，"存在的问题"和"改进计划"所述需有精准的针对性和务实的可操作性。

第十一章　培育能力超常的品质

能力超常是取得成功的核心品质。一个人只有具备了把握机遇的超常能力、驾驭环境的超常能力、善于学习的超常能力、精通业务的超常能力，才能迎难而上，取得成功。

第一节　认　　知

有关"能力超常"与成功的关系，古往今来很多名人对此有深刻的理解，并根据实际经验总结归纳了许多经典名言。激励着后人在人生的道路上能够更好地披荆斩棘，走向成功。

一、名人名言导读

成功的秘诀，在于随时随地把握时机。

——宙斯累利

既然命运由机遇安排，那我们就应懂得：每个人，不论是普通人还是伟人，都要自己设计自己的生活，这样，理想也许在未来的某个时候变成现实。

——雨果

科学的灵感，绝不是坐待可以得来的。如果说，科学上的发现有什么偶然的机遇的话，那么这种"偶然的机遇"，只给那些学有素养的人，给那些善于独立思考的人，给那些具有锲而不舍的精神的人，而不会给懒汉。

——华罗庚

☞导读：

1. 从以上名人名言可以看出机遇对每个人来说都是非常宝贵的，人的一生中能够助推自己成功的重要机遇为数不多，只有具有把握机遇这种超常能力的人才能敏锐地抓住机遇，取得成功。

2. 机遇留给有准备的人，当代大学生要从日常做起，提前做好准备，提升自己把握机遇的超常能力，以便在机遇来临之时，能够及时识别和把握机遇，从而实现成功。

我们在人与人之间所见到的精神上的差异，是由于他们所处的不同环境，由于他们所受的不同教育所致。

——爱尔维修

青年之字典，无"困难"之字；青年之口头，无"障碍"之语；惟知跃进，唯知雄飞，唯知本身自由之精神，奇僻之思想，锐敏之直觉，活泼之生命，以创造环境，征服历史。

——李大钊

人们最出色的工作往往在处于逆境的情况下做出。思想上的压力，甚至肉体上的痛苦都可能成为精神上的兴奋剂。

——贝费里奇

☞**导读：**

1. 从以上名人名言可以看出拥有驾驭环境的超常能力对成功来说非常重要，每个人的成功都离不开所处的外部环境，只有具有驾驭环境超常能力的人才能利用顺境、克服逆境，从而取得成功。

2. 当今社会处于信息时代，外部环境更加复杂多变。新时代大学生应当从日常做起，磨砺适应复杂环境、创造有利环境、善于克服逆境的驾驭环境的超常能力，从而实现成功。

如果不想在世界上虚度一生，那就要学习一辈子。

——高尔基

人不光是靠他生来就拥有一切，而是靠他从学习中所得到的一切来造就自己。

——歌德

培育能力的事必须继续不断地去做，又必须随时改善学习方法，提高学习效率，才会成功。

——叶圣陶

☞**导读：**

1. 从以上名人名言可以看出拥有善于学习的超常能力才能走向成功。人类正是在不断地学习中，获得了更强的改造世界的能力，才创造了一个又一个的辉煌，推动了文明的进步。

2. 信息时代，新知识、新技术、新业态、新装备的发展日新月异。大学生只有具备善于学习的超常能力，才能跟上时代的步伐，与时代同频共振，取得成功。

一个人要么掌握很好的专业技能，要么掌握在生活中无孔不入的本领。这两者都是生财之道。

——亚·索尔仁尼琴

不患人之不己知，患其不能也。

——孔子

有才无不适，行矣莫徒劳。

——高适

☞**导读**：

　　1. 从以上名人名言可以看出拥有精通业务的超常能力对成功非常重要，是走向成功的基石。每个人的成功都是从做好自己的业务工作开始的，业务能力是一个人安身立命的根本。

　　2. 当代大学生想要获得成功，就必须要培育精通业务的超常能力，需要立足岗位，做到敬业、乐业、精业，始终注重磨砺锻炼、善于总结积累、坚持精益求精、持续攀登高峰。

二、能力超常的主要表现

　　作为取得成功的核心品质，能力超常涉及内容十分广泛，通过归纳总结，能力超常集中表现为以下四种能力：把握机遇的超常能力、驾驭环境的超常能力、善于学习的超常能力、精通业务的超常能力。

　　1. 把握机遇的超常能力

　　把握机遇的超常能力是指善于洞察先机、把握趋势，并能及时抓住机遇、利用机遇的超于常人的能力。一方面，表现为对机遇的超凡的预先感知和洞察能力，通过洞悉事物本质、观察发展趋势，从而对决定未来形势的关键时机能够作出先人一步的准确判断，提前预知机遇的降临时机，并懂得抓住机遇所需要做好的各项准备工作。另一方面，表现为善于发现机遇并能够准确抓住机遇获得成功的超于常人的能力。形象地说，如果把事物的发展比喻为向成功目标行驶的汽车的话，那么把握机遇就好比像导航一样能预知前方的路况，只要能握住并熟练操控汽车的方向盘，就能够更快更好地行驶在正确的道路上。

　　2. 驾驭环境的超常能力

　　驾驭环境的超常能力是指能够适应复杂环境、创造有利环境、善于克服逆境的超乎常人的能力。首先，表现为适应复杂环境的超常能力。每个人都处于复杂的外部环境之中，这些外部环境包括宏观环境，也包括微观环境。从对成功的影响角度看，可以划分为一般外部环境和特定外部环境。一般外部环境的因素有：经济、政治、自然、社会、人文、技术、资源等。特定外部环境的因素有：管理体系、合作团队、竞争对手、服务对象、业务条件等。适应复杂环境的超常能力既是对一般外部环境及特定外部环境均能够准确认知、迅速适应并驾驭的超于常人的能力，也是善于创造有利环境的超常能力；既是对于一般外部环境及特定外部环境，均能够抓住其中的有利因素，并使有利因素尽可能地放大其积极影响，从而助推获得成功的超于常人的能力，也是善于克服逆境的超常能力；既是能将外部环境及特定外部环境中的不利因素转化为积极因素的超常能力，也是巧妙降低不利因素消极影响的超常能力。

　　3. 善于学习的超常能力

　　善于学习的超常能力是指善于高效率科学学习，并能够取得成功必备的知识、技能、经验、精神、品质的超于常人的能力。善于学习的超常能力是个体在学习方面的智力、潜力、毅力等方面的综合表现。首先，表现为在学习方面拥有超于常人的智力，能够迅速认知、理解、记忆、运用需要学习的内容。其次，表现为在学习方面拥有超于常人的潜力，经过专门的教育和培训，能够开发和激发出超于常人的善于学习的潜力，如：超于常人的逻辑思维能力、超乎常人的分析决策能力、超于常人的指导实践能力等。再次，表现为拥有热爱学习、乐于学习、终身学习的超于常人的学习毅力。学习能力的提升是一个永无止境、不断层积进步的过程，只有拥有超于常人的学习毅力的人，才能最终到达成功的彼岸。

4. 精通业务的超常能力

精通业务的超常能力是指在从商、从政、从军等方面表现出的超于常人的业务能力。例如从事医学工作的人必须拥有精湛的医学知识储备和医学技能；军人必须有超出常人的军事理论和军事技能；职业经理人就必须有超出常人的决策能力和解决问题的能力，等等。一方面，表现为拥有完成业务工作所需的超于常人的理论素养。尽管不同的业务工作，所需要的理论指导不同，但总体而言，任何业务工作的完成，都离不开专业理论的指导。一般而言，精通业务的超常能力的理论素养包括：渊博的业务知识、优秀的业务理论思维、守正创新的理论态度等。另一方面，表现为拥有完成业务工作所需的超于常人的实践技能。不同的业务工作，实践技能不尽相同。总体而言，超常的业务实践技能包括：精湛的业务技艺、高效的实践效能、极强的执行能力等。

三、能力超常对成功的重要作用

作为取得成功的核心品质，能力超常对成功起着核心作用，是取得成功的重要因素。

1. 拥有把握机遇的超常能力是取得成功的关键因素

任何成功都离不开一定的机遇。我国有句俗语，叫"时势造英雄"，说的就是时势、机遇对于个体成功的重要影响，即所谓"时来天地皆同力，运去英雄不自由"。互联网时代也有一句流行的话，叫"站在风口上，猪都能飞起来"，其意思就是如果找到了合适的风口和机遇，就能在人生这场旅途中获得成功。诚然，机遇就是获取成功的关键因素之一，如果把成功比喻为走向大海，那机遇就是万川归流的入海口，只有能找到入海口的溪流，才能汇入成功的大海。当然，于成功而言，机遇只是一个特殊时刻的特殊事件。每个人都在期待成功，可机遇并不会随时降临。一个人只有拥有了把握机遇的超常能力，才能在机遇来临时一把抓住，才有可能走向成功。因此，无论机遇什么时候会来临，积淀把握机遇的超常能力的努力却一刻也不能停止。否则，即使机遇来临，没有把握机会的超常能力就可能错失良机，感叹"造化弄人"。

2. 拥有驾驭环境的超常能力是取得成功的重要支撑

外部环境是个体获得成功的客观条件，离开外部环境，就无所谓成功，但外部环境既是复杂的，又是多变的，其对个体的成功而言，必然具有积极的因素，也有消极的因素。当积极因素占主导时，就为获得成功提供了有利条件，就容易获得成功；当消极因素占主导时，就可能困难重重、难以成功。因此，人生之旅，所处的环境不外乎两种：顺境和逆境。顺境总是叫人意气风发，心旷神怡，正所谓"春风得意马蹄疾，一日看尽长安花"、"钟山风雨起苍黄，百万雄师过大江"，这是环境带来的欢愉和豪迈；而逆境每每令人失落伤怀，痛苦不堪，正所谓"龙游浅水，虎卧平阳""巧妇难为无米之炊""树欲静而风不止"，反映了环境带来的艰难、窘迫和无奈。

其实，境由心适、因人而异。只有拥有适应复杂环境、创造有利环境、善于克服逆境的超于常人能力的人，才能更好地利用和创造有利环境，最终走向成功。拥有驾驭环境的照常能力的人，在顺境中不会张狂失态，忘乎所以，而是谦虚谨慎，不骄不躁，时时孜孜以求；在逆境时不会怨天尤人，自暴自弃，而是克弊兴利，避短扬长，刻刻蓄势待发。环境优越时，抓住机遇，利用好环境借风扬帆；环境一般时，取石攻玉，改造环境为己所用；环境恶劣时，不会轻言放弃，而是多方出击，积极创造环境。总之，环境是生存发展、走向成功的依托，但不应成为左右行为、禁锢灵魂的枷锁。只有善于驾驭环境，做到顺水扬帆、逆水撑篙，才能在人生的旅途中顺利向前、到达成功的终点。

3. 拥有善于学习的超常能力是取得成功的先决条件

如果说机遇和环境是实现成功的外在因素的话，而个体的善于学习的超常能力则是实现成功的内在因素之一。善于学习是成功之本，坚持学习是成功之路。拥有善于学习超常能力的人更容易吸收各种文化知识、技巧技能，在学习工作中能够很好地运用所学，为自己的进步与发展奠定基础，也为自己以后的成功埋下决定性的一笔。只有善于学习，拥有善于学习的超常能力，才能增强工作的科学性、预见性、主动性。如果不努力提高各方面的知识素养，不自觉学习各种文化知识，不主动加快知识更新、优化知识结构，那就难以增强本领，也就没有办法赢得主动、赢得优势、赢得未来。善于学习是成功的活水之源，是成功的唯一捷径。信息时代，知识与技术日新月异，只有拥有善于学习的超常能力，才能高效率科学学习并掌握取得成功必备的知识、技能、经验、精神、品质，从而紧跟时代的步伐，创造人生的辉煌。

4. 拥有精通业务的超常能力是取得成功的有力保障

精通业务的超常能力属于个体的内在能力，也是实现成功的内在因素之一。拥有超常的业务能力是个体赖以生存的基石，对一个人的发展尤其重要。成功人士往往在某方面都是拥有精通业务超常能力的人，具备高超的医学技能的人才能在医学领域获得成功，具有先进的教育理念和教育才能的人才能在教育领域出类拔萃获得成功，拥有超于常人的眼光和胆魄，并且善于决策的人才能在商界突破重围获得成功。具备精通业务的超常能力，对于工作中出现的问题都能够及时应对和解决。精通业务的超常能力是人们安身立命的基础，也是成功与否的重要因素。业务工作是体现精通业务超常能力的载体，也是成功的基本依托，是成功的现实支撑。在人生的旅途中，成功绝不会是天上掉馅饼，而是立足业务工作辛勤耕耘的结果。只有拥有渊博的业务知识、优秀的业务理论思维、守正创新的理论态度，以及精湛的业务技艺、高效的实践效能、极强的执行能力的人，才算拥有精通业务的超常能力，才能在业务工作中攻坚克难，取得佳绩。

四、失败因子的主要表现及对成功的危害

能力超常的失败因子主要表现为：把握机遇能力差、驾驭环境能力差、学习能力差及业务能力差四个方面。

1. 把握机遇能力差的主要表现及对成功的危害

把握机遇能力差主要表现为：其一，对机遇的感知力差、缺乏敏锐性，不能认识机遇、分辨机遇，无法洞察先机、把握趋势，因而对决定未来形势的关键时机不能作出准确判断，无法为抓住机遇提前做好各项准备工作。其二，在机遇降临时缺乏及时抓住机遇的能力，机遇就会擦肩而过。

人生的成功离不开机遇，因而把握机遇能力差就无法取得成功，其主要原因有：其一，机遇非常宝贵，它是时势、机会等复杂因素耦合作用的结果，机遇有可能随时降临，但人生中能够助推取得重大成功的机遇往往为数不多，正所谓"机遇可遇而不可求"，如果把握机遇能力差，就会错失良机；其二，机遇往往转瞬即逝，其作为复杂因素耦合作用的结果，必然会随着各种因素的变化而不断变化，正所谓"机遇总是垂青于有准备的人"，把握机遇能力差往往很难准确地发现机遇，更不能在机遇来临之时采取有效行动，从而无法及时抓住机遇和有效利用机遇，最终坐失良机。

2. 驾驭环境能力差的主要表现及对成功的危害

驾驭环境能力差主要表现为：其一，适应复杂环境能力差，即对自身所处的宏观环境、微观环境，以及一般外部环境、特定外部环境等适应能力差，不能准确认知、迅速适应，无法有机融入、高效利用。其二，创造有利环境能力差。不能准确分析及抓住外部环境中的有利因素，无法利用外部环境中的有利因素和积极影响。其三，克服逆境影响能力差。一旦面临逆境，往往束手无策、一筹莫展，听任命运摆布，在生不逢时的哀叹中随波逐流，无所建树。

驾驭环境能力差是难以取得成功的。西方有哲人言："悲观者在每个机会中都可以看到困难，乐观者在每个困难中都可以看到机会。"可见，环境之好坏，与个人驾驭环境的能力有重要关系，它取决于你的眼睛是浑浊还是明亮，思维是敏捷还是麻木，态度是积极还是颓废，心情是乐观还是消沉，人格是完善还是残缺，脚步是坚定还是懦弱。面对复杂的外部环境，如果没有一个辩证的头脑、一份审慎的心绪，无法在顺境中看到逆境，保持忧患意识和自励自警，无法在逆境中展望顺境，保持自强不息和奋斗不止，就可能掉入陷阱或止步不前，最终无法获得成功。

3. 学习能力差的主要表现及对成功的危害

学习能力差主要表现为：其一，学习智力差，认知、理解、记忆、运用知识能力差，无法及时学习、准确掌握走向成功所需要的知识。其二，学习效率低，其表现为课业完成拖沓，获取知识内化能力较差；难以真正掌握所学精髓，不能很好地把握重点；学习时容易走神，不能很好地集中注意力等。其三，学习自控能力差。不爱学习、不想学习、找不到学习乐趣，学习浅尝辄止、不能持续学习以提升自己等。

学习能力差是无法获得成功的。其一，成功作为改造世界的一种实践结果，必然离不开人类已有实践经验和理论知识的指导，学习能力差会导致不能及时学习、准确掌握必要的经验和知识，因而无法获得指导和改造世界的更强能力，在成功的道路上将举步维艰。其二，在当今信息时代，新知识、新技术、新业态、新装备的发展日新月异，学习能力差的人无法跟上时代的步伐，不能与时代同频共振，难以创造骄人的业绩和社会价值，因而难以取得成功。其三，学习能力差会导致逻辑思维能力、分析决策能力、指导实践能力等难以提升，从而不能很好地发现问题、思考问题和解决问题，面对重大决策时容易优柔寡断，遇到困境难题时常会停滞不前，面临人生挫折时往往不知所措，因而难以获得成功。

4. 业务能力差的主要表现及对成功的危害

业务能力差的主要表现为：其一，缺乏完成业务工作必备的理论素养，主要表现为业务知识贫乏、业务理论思维较差、理论态度不佳等。其二，缺乏完成业务工作所需的实践技能，主要表现为业务技艺不精、实践效率很低、执行能力差等。

业务能力是成功的基石，是个体安身立命的根本。业务能力差就像植物缺乏养分，难以成长为参天大树。其一，由于缺乏完成业务工作必备的理论素养，往往想问题不够全面、看问题不够深刻、处理问题思路不够清晰，对工作缺乏预见性，统筹规划能力弱，谋事成事能力差，遇到新情况新问题难以制定出针对性强的解决措施。其二，由于缺乏完成业务工作所需的实践技能，会导致动手能力差、实践效率低、执行力不强，工作缺乏主动性、积极性和创新性，遇到困难力不从心、面对难题不知所措，因而对业务工作往往得过且过，甚至敷衍了事，当一天和尚撞一天钟，很难取得成功。

第二节 训 练

一、案例阅读启示

能力超常的品质不是与生俱来的，是需要通过后天的学习和实践努力奋斗而来的，只有不断加强超常能力的培养，追求卓越，才能走向成功。

请认真阅读以下 4 则案例，思考评析内容。

☞【案例 1】

把握机遇的超常能力——恢复高考制度，改变众多人命运

1977 年，中断了十年之久的高考制度得以恢复，这一决策不仅仅是改变了一代青年人的命运，更是整个国家解放思想、拨乱反正的先声，成为一个具有重要意义的历史转折点。作为中国当代最重要的历史事件之一，恢复高考产生了深远的影响，其中最重要的一点就是成功与否主要靠自己的努力，靠自己把握恢复高考这个机遇的能力，恢复高考能够促人向学、催人奋进，能够通过奋斗改变自己的命运。在那个特殊的时期，当年高考招生范围为"工人、农民、上山下乡和回乡知识青年，复员军人、干部和应届高中毕业生"。这就为这些人员以后命运的走向带来了完全不同的改变，有的人没有把握住恢复高考这个机遇，仍然从事原来的工作，过着日复一日年复一年的生活，而有的人却能够通过自身的努力，奋斗拼搏把握住恢复高考这个机遇，从而考上大学，追逐梦想。

恢复高考制度，很多人把握住此次机遇获得了成功，改变了自己的命运。对于恢复高考，邓小平等人是格外重视的，高考可是中国的未来。"不能再耽误一代人"，百年大计，教育为本。也正是邓小平的高瞻远瞩，开阔的胸襟和格局，才让更多的人走出去，把握住能够通过高考获得高等教育的机遇，改变自己的命运，改写中国的命运。

1977年恢复高考，李克强被北京大学法律系录取，毕业后留校担任共青团北京大学委员会书记，最后担任国务院总理。

王毅1977年参加高考，之前他已经在黑龙江生产建设兵团当了8年知青。1978年，进入北京第二外国语学院，就读日语专业，现担任中央政治局委员、中央外事工作委员会办公室主任。

1979年，潘石屹以第一名的成绩考取了兰州培黎石油学校，后来成为SOHO中国原董事长。

1978年，俞敏洪参加高考，英语考了33分。1979年，俞敏洪再次参加高考，英语考了55分。1980年，英语考了95分，总分387分，被北京大学录取，现担任新东方教育集团董事长、洪泰基金联合创始人、中国青年企业家协会副会长、中华全国青年联合会委员。

高考终止的那十年，很多人没有读大学的机会，导致与成功失之交臂。高考恢复后，当时只有不到10%的青年抓住了高考这一机遇，这群人才能在后期获得成功。如果，当时他们没有抓住高考的机遇，也就没有很多人后来的成功，也许就没有我们现在知道的李克强、王毅、潘石屹和俞敏洪，还有千千万万像他们一样把握住恢复高考机遇而改变命运的人。

☞案例启示：

1. 通过李克强总理、王毅部长等案例可以得出在当时历史时期，部分人民的生活在温饱问题上不能很好地得到解决，很多青年没有能够得到很好的机遇进行自我改变，而高考制度的恢复这一重大变革则在相当程度上起到了改变命运的关键作用，所以在面临机遇之时一定要牢牢把握。

2. 把握机遇的超常能力是非常重要的品质，当代大学生应该增强把握机遇的超常能力，才能准确地把握住机遇，从而改变自己的命运，更快地实现自己的人生目标，最终获得成功。

☞【案例2】

驾驭环境的超常能力——敌后工作者郭汝瑰

郭汝瑰是我党的优秀特工，1928年加入中国共产党，后失去了组织联系，进入日本陆军士官学校深造，回国后进入陆军大学进修，抗战时期以出色的参谋能力获得陈诚的赏识，纳为心腹，第三次国内革命战争期间一年三迁升为国防部作战厅长，并重新与中共建立了联系，秘密会见了中共中央南方局负责人董必武。从此即在中国共产党领导之下，投入了隐蔽的情报战线，不畏艰险地在国民党心脏部门进行一场特殊的战斗，源源不断地将绝密军事情报提供给中共中央，并在敌人堡垒内部瓦解敌军，为夺取人民解放战争的伟大胜利屡建奇功。郭汝瑰在担任作战厅厅长期间总是会给地下党送重要情报，他经常要起草作战计划，这时候他便将作战计划一式两份，一份给蒋介石，一份给我军。

1947 年，蒋介石让郭汝瑰制订作战计划将胶东战场的第九师调往大别山增援，郭汝瑰跟往常一样将作战计划一式两份，在回家途中将这个情报送到一家杂货店的老板手里。这个老板是地下党的联络人，他赶紧将情报发给中央，中央提前发动了胶东追击战，导致国民党第九师被消灭了一万多人，打乱了蒋介石想要增援大别山的计划。

1948 年，淮海战役中蒋介石提出了 9 种作战方案，这些情报全被郭汝瑰送到了杂货店老板手中；后来郭汝瑰还送过《京沪地区江防配备图》等，让我军在行动前就已经抢占了先机。在辽沈战役之前，郭汝瑰将蒋军的战略动向、军事行动等情报全送到我军手中，还在起草作战计划时经常会将一个师或一个军故意调到某地，并及时告知我军设下埋伏，使得国民党军队在辽沈战役中屡战屡败。

☞案例启示：

1. 郭汝瑰身处险境，历经千难万苦，源源不断地将绝密军事情报提供给中共中央，为我国解放战争的胜利建立了不可磨灭的功勋，他卓越的应变能力和伪装能力都说明在面对逆境中能够驾驭环境对获得成功具有重要作用。

2. 在恶劣、艰辛甚至是危险的环境下，大学生应该学会去适应环境、控制环境、驾驭环境，越是在环境恶劣的情况下，越应该锻炼驾驭环境的能力，不要害怕环境的变化或者艰难，要勇敢地面对它，利用它。

☞【案例3】

善于学习的超常能力——中国"最牛状元"何碧玉

2000 年有位神童何碧玉在 14 岁时参加高考，取得 750 分的满分成绩，当选当年的河南省高考理科状元，被清华大学录取，一时间她名声大噪，引来无数人关注，而这 750 分是国内高考"纪录"，至今无人超越，她至今仍旧在科研的路上前进着。

取得如此优异成绩，后期有记者采访，她透露有三个方法使她受益匪浅：

1. 广泛涉猎，增加阅读

题海战术有其合理之处，毕竟熟能生巧，不少学生在做题过程中发现问题，逐渐养成一套属于自己的学习方法与经验，形成个人独特的解题技巧与风格，但并不代表要瞎做，而是要做一些具有针对性的题。何碧玉在学习时并未盲目刷题，她选的题都是经典例题，或是高考模拟卷，或是高考真卷，从练习中寻找方法，从实践中找到技巧，如果对自己没有信心，那就是多做几道同类型的题，来加深记忆。

2. 学会总结，懂得反思

在成长的过程中，要经常回头看，学习亦是如此，继往开来才能达到最优效果，特别是之前的错题，虽然当时已理解透彻，但也要学会反思，学会记忆解题的方法技巧，否则就像"小熊瓣棒子"一般，走一路掉一路。别看何碧玉年纪小，但她所掌握的知识道理可不少，她会定期总结错题，并进行反思，掌握解题方法后，再去做一遍，并不是一笔带过。

3. 学会记录，总结错题

成绩优异的学生，都有一个共同习惯，那就是会记录，将错题难题重点难点，记录在本上，分门别类地整理归纳，定期再去做一遍，虽然有些费时间，但如果真正掌握知识点，也是值得的。何碧玉成绩优异，与这个好习惯分不开，不仅拥有错题本，每周还会再去做一遍错题，加深一下印象，也正因如此，她才能取得如此优异的成绩，不仅何碧玉，其他学生也是靠这样，将错题难题重点难点分门别类地整理归纳。好方法好技巧或许不能被所有学生复制，但却能通用或借鉴，通过学习借鉴学霸的方法技巧，来逐渐转化为自己的方法技巧，这是非常实用的办法。

☞案例启示：

1. 何碧玉在学习技巧方面具有独特的方法，这种独特的方法能使学习效率事半功倍，进而使学习效果更加明显，高考满分就是最好的体现。

2. 大学生应该努力提升超于常人的智力、超于常人的潜力、超于常人的学习毅力等，只有在这些方面提升至一定境界，才能拥有超强的学习能力，从而获得成功。

☞【案例4】

精通业务的超常能力——"航天焊将"姜涛

一套厚厚的棉质工作服，一双老式大头皮鞋，一个几乎只能露出眼睛的大面罩，以及一把随时不离手的焊枪，这是姜涛在工作中的"标配"。

初进工厂时，姜涛拜师不到两个月，不仅虚心向师父学习，且乐于自我探索。为了练习手握焊枪的稳定性，姜涛手绑沙袋进行训练，并保证每天焊接钢板达到6个小时。凭着这股劲头，他进厂7个月就取得了压力容器焊接合格证，顺利转正。在刻苦练习焊工技术的同时，姜涛经常认真研读相关技术理论指导的书籍，成为理论与实践相结合的大师。2013年，"姜涛国家级技能大师工作室"获批成立。从学徒到大师，这一程，姜涛一步一个脚印，走了26年。

"既然选择了做一名工人，就要做一名好工人。只有不断突破自我，把工作推向极致，才有可能成为独具匠心的工匠。"48岁的姜涛胸怀匠心，用手中的焊枪一次次攻破了国内技术难关，圆满完成了一项项任务，在绚丽的焊花中描绘着自己的精彩。

三次盛大阅兵，航天发射一箭20星，国家多个重大型号装备研制……一次次成功都饱含他艰辛的汗水和无悔的付出。国家级技能大师、全国技术能手、航天技能大奖……一项项荣誉都凝结着"大国工匠"的真正实力。

☞**案例启示：**

1. 姜涛作为国家级技能大师对航天设备焊接技术不断追求精湛，重新优化技术方案，造就自身超常的业务能力，最终一次性将产品焊接成功，一次又一次圆满完成生产任务，说明在个人发展中业务精湛的重要性。

2. 个人的业务能力是人安身立命的根本，想要发展良好，得到社会、团队、同仁们的认可，当代大学生就必须要有超强的业务能力，三百六十行、行行出状元，无论做哪一行，只要做到极致就能有所发展，就一定能够获得成功。

二、讨论辩论

1. 讨论题

(1) 何为能力超常？

(2) 能力超常的失败因子为什么会阻碍成功？

讨论目的：

通过讨论，明确"敬业拼搏"的内涵，能分析相应的失败因子对成功的危害。

讨论流程：

(1) 教师引导。教师引导学生由表及里地分析和理解"敬业拼搏"。通过教师引导，学生结合对敬业拼搏的认知，认真体会名人名言、经典案例的内涵，围绕"什么是敬业拼搏""敬业拼搏在现实生活中有哪些体现""敬业拼搏在实现人生目标过程中的积极意义是什么""相关失败因子对成功会产生什么危害"展开思考，形成自己的观点。

(2) 分组讨论。每8~10人为一个小组，一名同学担任组长。每组针对讨论题目进行思考和发言，成员之间互相讨论和质疑，有疑问可以随时向授课教师请教，最终形成本组的小组总结。

(3) 代表发言。每组推选一名小组发言人，充分、系统地总结本组各个成员的观点，在班上公开发表小组讨论的要点和论点。

(4) 总结点评。教师针对每组发言情况进行点评总结，分析其论点和论据，根据每组讨论情况及发言表现来评定讨论题的成绩。

讨论要求：

(1) 教师引导。教师引导环节，学生可适当做笔记。教师明确讨论要求，引导学生不要偏题，在后面讨论中逐一发言，有不同观点可以讨论，但不能吵闹。

(2) 分组讨论。每组组长要灵活控制时间，让每位同学既能详细表达自己的观点，又能合理安排讨论时间。对于有争议的观点要充分讨论，尽量达成共识。教师把控整体讨论状况，倾听小组讨论，并予以适当点拨。

(3) 代表发言。所有同学应认真倾听并记录总结发言者的观点，不允许做玩手机等与讨论无关的事情。

（4）总结点评。教师点评总结时，学生应认真听并做好相应记载。教师一定要根据每组发言代表的论点和论据进行点评和打分，理由充分，公正合理。

2. 辩论题

正方：只有具备能力超常的成功素质，才能取得成功

反方：不具备能力超常的成功素质，也能取得成功

辩论目的：

通过辩论，学生厘清"敬业拼搏"与"成功"的关系，结合自身言行，思考如何做到"敬业拼搏"。

辩论流程及要求：

（1）人员分工。确定好辩手、主持人、计时员、记录员、评委等，明确职责。辩手由班级学生推荐，每组 4 名辩手，根据抽签结果决定本场辩论的持方，在一周时间内查阅资料，准备讲稿，为辩论做好准备。

（2）现场辩论。开场导入（主持人宣布辩题、介绍辩手、评委成员和规则等）开篇立论（正反两方一辩依次陈述本方观点，时间各 2 分钟）—双方攻辩（由正方二辩开始，正反方交替进行，时间各 3 分钟）—自由辩论（正反双方交替进行发言，时间各 3 分钟）—总结陈词（由反方四辩开始，正反双方依次进行总结，时间各 2 分钟）。

（3）评委点评。结合本场辩论的具体情况，评委组推选一名评委从辩论技巧、辩论内容、辩论风度和整体合作等方面进行点评，指出表现优秀的地方，并提出可进一步思考的方向。就本场表现，评判出获胜方和最佳辩手，并当场公布结果。

辩论要求：

（1）人员分工。主持人负责整场辩论活动的主持，要求熟悉主持流程和主持礼仪。计时员负责辩论活动的计时，严格把控每个环节的时间要求。记录员负责拍照记录活动现场情况，汇总记录评委评分，计算小组的平均得分，即为最终成绩。评委组应由 3 人及以上组成，根据辩论技巧、辩论内容、辩论风度和整体合作四个方面对小组进行评分。

（2）现场辩论。辩论过程中，辩手要注意双方言论、行为均不可涉及个人隐私，也不得进行人身攻击或人格批评。立论及辩论环节要求做到逻辑清晰，言简意赅。攻方在提问时，应提出与题目有关的合理而清晰的问题，不得有自行陈词或就攻辩所获结果进行引申，否则视为违规。辩方应回答攻方所提的任何问题，但涉及个人隐私或违反规则的，辩方应简要说明理由，可不予回答。双方应针对辩论会整体态势进行总结陈词，不能脱离实际或背诵事先准备的稿件。主持人要熟悉每个辩论环节，保证流程顺利进行。每方剩余30 秒时，计时员举牌提醒，时间到发言终止。记录员拍照记录现场情况，汇总记录评委评分，计算并核算分数。评委组根据辩论技巧（辩手语言的流畅程度，反驳、分析和应变能力及论点的说服力和逻辑性）、辩论内容（论据内容是否充实、引用资料是否恰当）、辩论风度（在自由辩论中的表现力和幽默度）和整体合作（论点结构的完整性、队员之间的默契和配合）四个方面进行评分，做好记录和点评准备。班级同学认真倾听，可记录内容，不得玩手机或干与辩论无关的事情。

（3）评委点评。所有同学认真聆听评委点评，可提出意见和建议进行交流，但不得质疑评比结果。

三、举例说明

1. 列举古今中外的名人有关能力超常的名言 10 条。

2. 列举并说明能力超常主要表现的 3~5 个典型案例。

3. 列举并说明能力超常对成功重要作用的 3 个典型案例。

4. 列举并说明与能力超常相对应的失败因子对成功危害的 3 个典型案例。

"举例说明"要求:

(1)"举例说明"是教学内容的重要组成部分,要求学生在前面部分的教学内容学习之后的课余时间作为作业来完成。

(2)"举例说明"中学生所要列举的名言和案例,均在本教材外搜集,不得从本教材中抄取。

(3)"举例说明"中需要学生列举的名言和案例,要求学生独自完成,不得相互抄袭。

四、拓展内化

(一)项目实训

根据能力超常的品质,可参考以下项目进行训练:

1. 创建一个你认为最有机遇的创业项目,并付诸行动努力完成

目标:提升自己把握机遇的能力。

流程:积极思考,广泛涉猎,研究出自己觉得最有发现潜力、最有机遇的创业项目,通过创业流程,努力完成创业项目,实现自我价值。

结果:成功创建创业项目,并发展运营良好。

2. 将自己所在宿舍打造成"五星级寝室"

目标:提升自己驾驭环境的能力。

流程:根据"五星级寝室"标准,在"三星级寝室"基础上,带领舍友一起创造良好的学习环境和创新环境,积极营造良好的宿舍氛围,努力打造成"五星级寝室"。

结果:根据星级寝室标准进行准备,成功评选上"五星级寝室"。

3. 预测未来 20 年会有哪些重要的趋势和走向

目标:提升自己远见卓识的能力。

流程:预测未来 20 年哪个行业发展趋势较好,可以尝试投资此行业,达到自我发展和提升的目的。

结果:投资方向正确,收益良好。

4. 训练学习能力,考试轻松拿到 90 分

目标:提升自己善于学习的能力。

流程:通过掌握学习方法,提升学习效率,提高学习主动性,将课程内容融会贯通,考试前准备充分。

结果:在课程考试中,满分 100 分的考试能够轻松拿到 90 分。

5. 参加专业相关赛事,并获奖

目标:提升自己业务精湛的能力。

流程：通过提升自己专业知识和专业技能，达到精湛水平，积极参加各类能够展现自己业务技能的专业赛事。

结果：积极参赛，获得奖项，肯定自己业务精湛的能力。

6. 说出你认为谁最适合担任团支书、班长、纪检委员？并说明原因。

目标：锻炼提升自己知人善任的能力。

流程：通过调查研究每个职位所需要的能力，了解班级所有人的特性特点，说明谁最适合担任团支书、班长、纪检委员，并说明原因。

结果：选出三个职位最合适的人选，后期事实证明自己能够知人善任。

7. 作为负责人组织一次团队活动

目标：提升自己高效协同的能力。

流程：积极学习如何组织好团体活动，做好方案和提前准备工作，考虑好每一个活动细节，运筹帷幄，作为活动负责人组织团队成员积极参加活动。

结果：成功举办团队活动，将活动细节做到极致，参与者有良好体验，提升自己高效协同能力。

(二)榜样对标

请你结合对"能力超常"的理解和感悟，为自己寻找一个"能力超常"的标杆，并将其作为自己追求成功的榜样。

目标：通过了解身边人的能力超常的案例和故事，学习其身上具有的超出常人的能力，提升自我能力。

流程：寻找目标—了解目标—分析目标具有的超常能力—模仿学习—能力突破

结果：提升个人的超常能力

五、内化自测

(一)学生自测

请你根据自身实际，如实填写下表：

"能力超常"品质成功素质培育自测表

基本内容	序号	自测项目	评定选项			选择答案
			选项 A (4分)	选项 B (2分)	选项 C (0分)	
把握机遇的超常能力	1	你相信你对机遇的识别能力吗	相信	一般	不相信	
	2	想到一件事情，你会不会马上行动	会	看情况	不会	
	3	你是不是能很细心观察身边的商机	是	偶尔是	不是	
	4	你能够很好地识别机遇的到来吗	能	一般	不能	
	5	你平时喜欢了解各行各业的信息，并有所思考吗	喜欢	一般	不喜欢	

基本内容	序号	自测项目	评定选项			选择答案
			选项 A (4分)	选项 B (2分)	选项 C (0分)	
把握机遇的超常能力	6	你会非常关注新鲜事物吗	会	一般	不会	
	7	你觉得你有洞察先机的能力吗	有	不确定	没有	
	8	你能很好地识别帮助你的"贵人"吗	能	一般	不能	
	9	你觉得你在工作生活中是个特别仔细的人吗	是	一般	不是	
	10	跟朋友们聊天常常能给你一些巨大的启发吗	是的	偶尔	不是	
	11	你觉得你目光足够敏锐吗	是的	一般	不是	
	12	你觉得你有冒险精神吗	有	一般	没有	
	13	你会经常有新的创业想法吗	会	偶尔	不会	
	14	你会经常关注某个领域行业的最新进展吗	会	看情况	不会	
	15	在以往发生的事情中，你能清晰辨别哪些是机遇吗	能	看情况	不能	
	16	你觉得你的行动力	优秀	一般	较差	
	17	你是否每次都能够听出别人的话外音吗	每次都能听懂	有时能听懂	完全听不懂	
	18	生活中你常常拖拖拉拉或者推诿吗	不会	还好	是的	
	19	你觉得你是一个勤奋努力的人吗	是	还好	不是	
	20	你会经常关注国内外时事要政吗	经常	偶尔	从不	
	21	你会为了以后自身的进步与发展时刻保持努力和冲劲吗？	经常	偶尔	从不	
	22	你是否经常关注别人交谈过程中的焦点内容	经常	偶尔	从不	
	23	你对一件事的看法是不是经常和其他人不一样	经常	偶尔	从不	
	24	在大学毕业之际你能很清晰地知道你即将作出的毕业选择	是的	一般	不是	
	25	你会在工作中经常反省自己吗	经常	偶尔	从不	
合计得分：						

续表

基本内容	序号	自测项目	评定选项			选择答案
			选项 A	选项 B	选项 C	
驾驭环境的超常能力	1	你能在面对外界变化时，快速调整自身状态吗	能	一般	不能	
	2	你能很好地适应外界气温和气压的变化吗	能	一般	不能	
	3	你害怕经常换工作环境吗	不害怕	有点害怕	非常害怕	
	4	你能很好地驾驭生活环境和学习环境吗	能	一般	不能	
	5	你认为你有优秀的自理能力和劳动能力吗	有	一般	没有	
	6	你会对自己的家庭环境经常抱怨吗	不会	偶尔	会	
	7	遇到情绪性较强的人，你会很容易受其影响控制不住自己吗	不会	偶尔	会	
	8	你很善于动手解决生活中碰到的一些难题	善于	一般	不善于	
	9	你喜欢结交新的朋友吗	喜欢	一般	不喜欢	
	10	你觉得你能很好很快速地适应新的环境吗	能	一般	不能	
	11	你对任何新鲜事情都好奇吗	是	一般	不是	
	12	你能很好地找出环境变化的规律吗	能	一般	不能	
	13	当你学习工作遇到瓶颈时，你会经常焦虑不安吗	不会	偶尔	会	
	14	在嘈杂、混乱的环境里，你会	不受影响，照常学习	仍能集中精力学习，但效率降低了	总觉很烦，不能静下心来读书	
	15	你是否拥有知难而上、开拓进取的精神	有	一般	没有	
	16	为了学习或工作，你经常选择和家人分离吗	是的	有过几次	从来没有	
	17	不管是什么情况下的离别，你都早已经习惯了吗	是的，习惯了	一点也不习惯	还好	

基本内容	序号	自测项目	评定选项			选择答案
			选项 A	选项 B	选项 C	
驾驭环境的超常能力	18	现在的新环境你还适应和喜欢吗	是的，很喜欢	还好	一点也不喜欢	
	19	当到了一个新的环境后，你能很容易跟别人打成一片吗	是的	不确定	不是	
	20	和陌生人在一起时，你经常会感到很害怕吗	没有	偶尔	经常	
	21	当接触到喜欢的新的学科，你对它们总是很投入	是的	一般	没有	
	22	你是否拥有优秀的危机应变能力	是的	一般	没有	
	23	当生活中出现大起大落，无论出现任何事情，你都能很好地解决吗	是的	一般	不是	
	24	当身处于人群中时，你经常容易紧张吗	没有	偶尔	经常	
	25	即使对某个人有意见，你也仍能与其和平相处吗	是的	偶尔	不是	
合计得分：						
善于学习的超常能力	1	你善于发现问题并解决问题吗	善于	偶尔	不善于	
	2	你的阅读能力优秀吗	优秀	一般	较差	
	3	遇到不懂的问题，你会想方设法弄懂它吗	会	偶尔	不会	
	4	你挺喜欢学习，学习使你每天都在增长知识、开阔眼界吗	完全符合	有些符合	不符合	
	5	听课时，你会把不理解的问题记下来，以便课后进一步思考、弄懂吗	完全符合	有些符合	不符合	
	6	你觉得你的学习效率高吗	高	一般	不高	
	7	你为自己拟了"每日学习计划表"，并严格执行吗	经常如此	有时如此	很少如此	
	8	你很享受学习的乐趣吗	是的	一般	不是	
	9	考试时，你常常很紧张，感觉时间总是不够用，导致有些本来会做的题目也做不出来，或做错了	不符合	比较符合	完全符合	

续表

基本内容	序号	自测项目	评定选项			选择答案
			选项 A	选项 B	选项 C	
善于学习的超常能力	10	你有良好的学习习惯吗	是的	一般	不是	
	11	你夜里睡觉时，是否总想着明天的功课	是	偶尔是	不是	
	12	你每天晚上怎样安排第二天的学习时间	书面写出第二天的学习安排计划	心中和口头做些安排	不考虑	
	13	你在无人监督的情况下也能严格自律学习吗	是的	一般	不是	
	14	你每天总是在固定的时间里复习功课、完成作业吗	完全符合	有些符合	不符合	
	15	为了把功课学好，你会放弃许多你感兴趣的活动吗	不会	偶尔会	会	
	16	当接触一个新领域时，你会找到领域内的优秀人物或有经验的同事，通过访谈交流学习	符合	一般	不符合	
	17	你会主动寻求和利用同事或朋友的反馈，善于从错误中学习	符合	一般	不符合	
	18	遇到问题时，你总是思考问题背后的原因、前提或假设，挖掘真正需要解决的问题。	符合	一般	不符合	
	19	你会定期(每天/每周)反思自己的经验，总结经验和改进之处，从中归纳出知识吗？	经常	偶尔	不会	
	20	你会利用碎片时间，从微信公众号、知乎、线上课程等网络平台学习新知识吗？	经常	偶尔	不会	
	21	你会经常追问信息的前因后果，包括背景、原因以及结果吗	经常	偶尔	不会	
	22	你看到有兴趣的新知识，会刻意搜索与之相关的更多文章，来延伸和对比阅读吗	经常	偶尔	不会	

基本内容	序号	自测项目	评定选项			选择答案
			选项 A	选项 B	选项 C	
善于学习的超常能力	23	在学习新知识时,你会经常联系自己已有经验,思考改进方案吗	经常	偶尔	不会	
	24	你知道自己的学习与成长方向,也清楚需要什么知识与内容	符合	一般	不符合	
	25	你能够很快找出对你有用的知识,并真正应用	符合	一般	不符合	
合计得分:						
精通业务的超常能力	1	你在人际交往过程中是否会很关注别人的业务能力	会	一般	不会	
	2	你觉得你善于知人善任吗	是的	一般	不是	
	3	你的执行力强吗	很强	一般	很弱	
	4	你是否经常与他人讨论工作业务方面的内容	是的	偶尔	不是	
	5	你认为你有远见卓识的能力吗	有	一般	没有	
	6	你认为你有超常的管理能力吗	有	一般	没有	
	7	你善于将一件事做到极致吗	善于	一般	不善于	
	8	你认为你有很强的洞察力吗	有	一般	没有	
	9	你很在意别人对你业务方面的评价吗	很在意	无所谓	不在意	
	10	你认为你有很强的战略思维吗	有	一般	没有	
	11	你善于主动思考总结吗	善于	一般	不善于	
	12	你不看重经验,不惧怕从来没做过的事情	是的	不能确定	不是	
	13	你认为自己在工作中沟通协调能力如何	非常好	一般	不好	
	14	你善于通过各种学习来提升自己吗	善于	一般	不善于	
	15	做事情之前没有安排好,会让你没有安全感吗	是的	偶尔	不会	
	16	你会为你所从事的行业领域所骄傲吗	是的	偶尔	不会	

续表

基本内容	序号	自测项目	评定选项			选择答案
			选项 A	选项 B	选项 C	
精通业务的超常能力	17	你觉得你的实践操作能力很强吗	是的	一般	不是	
	18	你在学习工作时，是否能够经常利用所学专业知识来帮助他人	经常	偶尔	没有	
	19	你会为一项工作拼尽全力、毫不保留吗	会	看情况	不会	
	20	你会不会热衷接受挑战	会	一般	不会	
	21	你能够很好地在工作中看出问题所在，并指正修改吗	是的	一般	不是	
	22	你会将你的业务能力内化为习惯吗	会	一般	不会	
	23	你在业务领域方面积极主动吗	非常积极主动	一般	不积极主动	
	24	你能很准确、很快速地看出问题所在吗	能	一般	不能	
	25	工作很枯燥，你能长期坚持下去吗	能	看情况	不能	
合计得分：						
评分规则：每题答 A 记 4 分，选 B 记 2 分，选 C 记 0 分						

项目	自测结果	结果解析
创新兴趣浓厚		90~100 分：优
		80~89 分：良
		60~79 分：中
		0~59 分：差
创新意识强烈		90~100 分：优
		80~89 分：良
		60~79 分：中
		0~59 分：差
创新思维独到		90~100 分：优
		80~89 分：良
		60~79 分：中
		0~59 分：差

项目	自测结果	结果解析
创新品格卓越		90~100分：优
		80~89分：良
		60~79分：中
		0~59分：差
创新技能高超		90~100分：优
		80~89分：良
		60~79分：中
		0~59分：差
把握机遇的超常能力		90~100分：优
		80~89分：良
		60~79分：中
		59分以下：差
驾驭环境的超常能力		90~100分：优
		80~89分：良
		60~79分：中
		59分以下：差
善于学习的超常能力		90~100分：优
		80~89分：良
		60~79分：中
		59分以下：差
精通业务的超常能力		90~100分：优
		80~89分：良
		60~79分：中
		59分以下：差

（二）自测题举例

结合你的理解和实训心得，根据把握机遇的超常能力、驾驭环境的超常能力、善于学习的超常能力、精通业务的超常能力四个表现列举自测题，每个表现至少列举5道题。

六、提升计划

1. 根据"能力超常品质培育自测表"的自测结果填写下表：

"能力超常"成功素质培育提升计划表

基本内容	存在的问题	提升计划	目标达成
把握机遇的超常能力			
驾驭环境的超常能力			
善于学习的超常能力			
精通业务的超常能力			

2. 填表要求：

（1）根据内化自测的结果，真实、客观、有针对性地填写提升计划表。

（2）针对存在的问题列出近期所需要达成的目标。

（3）目标达成中要填写达成具体时限。

第十二章　培育创新突出的品质

创新突出是取得成功必备的杰出品质，凡成功人士大多有一个共同的品质，那就是创新突出。怎样培育创新突出的品质，首先要有基本的认知，其次要有严格的训练。

第一节　认　　知

关于"创新突出"与成功的关系，古今中外很多名人对此有深刻的认知，并根据实际经验总结归纳出了许多经典的名言。

一、名人名言导读

> 兴趣是创新之源、成功之本。
>
> ——杨振宁
>
> 好奇的目光常常可以看到比他所希望看到的东西更多。
>
> ——莱辛
>
> 如果没有好奇心和纯粹的求知欲为动力，就不可能产生那些对人类和社会具有巨大价值的发明创造。
>
> ——陆登庭
>
> 知之者不如好之者，好之者不如乐之者。
>
> ——孔子

☞导读：

1. 从以上名人名言可以得到这样的启示：大凡成功者的创新突出的品质都是由创新兴趣而引发，有了兴趣之后，就能勤奋动脑，积极思考，对某件事物或某项活动有选择性的态度和积极的情绪反应，从而把自己的创造潜能充分地发挥出来，以提高创新能力。

2. 生命的意义在于不断地创新，而不断地创新来源于对未知事物的兴趣，有兴趣才会产生探索未知事物的动力，有动力才会带来创新成果。当代大学生如果想在学业、事业方面取得不菲的成就，就一定要对事物保持足够的热情和好奇心，有对传统观念和传统事物挑战的欲望。

作为一个科学家，不能迷信权威，迷信书本，也不能因为取得一丁点的成绩就沾沾自喜，居功自傲。科学是没有止境的。只有敢于探索敢于创新，才能成果迭出，常创常新。

——袁隆平

现在的一切美好事物，无一不是创新的结果。

——穆勒

一些陈旧的不结合实际的东西，不管那些东西是洋框框，还是土框框，都要大力地把它们打破，大胆地创造新的方法、新的理论，来解决我们的问题。

——李四光

科学的伟大进步，来源于崭新与大胆的想象力。

——约翰·杜威

☞**导读：**

1. 李四光的科学人生向我们展示了不迷信洋人、不迷信书本的科学精神和爱国、敬业的崇高品质。他坚持调查研究和科学实践的求实精神，践行科学技术为人类和国家服务的高尚品德，是每一个科技工作者学习的榜样。

2. 有强烈的创新意识就有强烈的创新欲望、动机，进而就有创新的行为，创新意识是创新行为的触发器，是进行创新活动的基础，在创新中起着非常重要的作用。当代大学生要想培养创新突出的品质，关键要培养创新意识，时刻要有创新的思想和意识，不盲从，不依赖，不故步自封，没有创新意识，不可能在某一方面取得成功，更不可能取得较大的成就。

人之可贵在于能创造性地思维。

——华罗庚

咱们不能人云亦云，这不是科学精神，科学精神最重要的就是创新。

——钱学森

提出一个问题往往比解决一个更重要。因为解决问题也许仅是一个数学上或实验上的技能而已，而提出新的问题，却需要有创造性的想象力，而且标志着科学的真正进步。

——爱因斯坦

对于一个艺术家来说，如果能够打破常规，完全自由进行创作，其成绩往往会是惊人的。

——查理·卓别林

☞**导读：**

1. 爱因斯坦的制胜法宝就是他具有非同寻常的创新思维。以上名言启迪我们：创新思维独到能够让人们突破常规思路的束缚，不因循守旧、不人云亦云，从多角度、多渠道、多侧面地思考问题，寻找多途径去解决问题。

2. 当代学生要不断培养自身多维度、多视角的思维方式，克服思维定式，超越常规，才能取得成功。

作出重大发明创造的年轻人，大多是敢于向千年不变的戒规、定律挑战的人，他们做出了大师们认为不可能的事情，让世人大吃一惊。

——皮埃尔·德·费尔马

科学研究最基本的特色，就是创新，要不断地创新，不断地向新的领域、新的高峰攀登。

——袁隆平

有发明之力者虽旧必新，无发明之力者虽新必旧。

——陶行知

创新不是由天赐而来，而是由对真理的探索和勇敢地追求得到的。

——阿尔伯特·爱因斯坦

☞导读：

1. 袁隆平创造了中国的"第五大发明"，成为"世界杂交水稻之父"，书写了一个震惊世界的神话，这其中重要的原因是袁隆平拥有优秀的创新人格特质。有很多像袁隆平一样优秀的创新者，在创新过程中，有坚持真理、不达目的誓不罢休的创新品格，促使他们不断取得成功。

2. 一个人能否实现创新，需要有知识、能力、阅历等，还需要他有坚持真理、实事求是的创新品德和奋力拼搏、坚韧不拔的创新意志。当代大学生在创新的道路上，需要实事求是，坚持真理，不违反道德，不危害人类，真正用自己的创新成果造福人类。

综合国力竞争说到底是创新的竞争。要深入实施创新驱动发展战略，推动科技创新、产业创新、企业创新、市场创新、产品创新、业态创新、管理创新等，加快形成以创新为主要引领和支撑的经济体系和发展模式。

——习近平

可持续竞争的唯一优势来自超过竞争对手的创新能力。

——詹姆斯·莫尔斯

大胆地创造新的方法、新的理论，来解决我们的问题。

——李四光

掌握新技术，要善于学习，更要善于创新。

——邓小平

在自然科学中，创立方法，研究某种重要的实验条件，往往要比发现个别事实更有价值。

——伊万·彼德罗维奇·巴甫洛夫

☞**导读**：

  1. 取得创新成果的关键点是需要创新主体具有高超的创新技能，如果没有新的方法、新的技能，是无法使创新取得成功的。作为中国共产党第二代中央领导集体的核心，邓小平坚持与时俱进、开拓创新，敢发前人所未言，敢做前人未做事，善于从理论与实践的结合上大胆创新，是我党历史上改革创新的光辉典范。

  2. 一个人创新技能的高低直接决定其创新价值的大小，拥有高超的创新技能，就能够敏锐地发现问题，灵活新颖地分析问题，充分利用和整合资源去解决问题，进而取得高质量的创新成果，实现创新价值的最大化。当代大学生要想取得创新成功，必须培育自己的创新技能，不断增强自身的创新能力，摸索新的方法、新的技巧，方能取得新的突破。

二、创新突出的主要表现

"创新突出"是指人们在进行创新实践活动中所具有的优秀的、突出的、卓越的创新品质，这些品质能够促使主体人在创新活动中获得更多的成果，取得更快的成功。创新突出主要表现在五个方面，即浓厚的创新兴趣、强烈的创新意识、独到的创新思维、卓越的创新品格和高超的创新技能。

1. 创新兴趣浓厚

兴趣是最好的老师，是一种强大的内在动力。只有对某一事物感兴趣，才会一直不断地关注它、学习它、练习它，直至成功。从心理学的角度看，人对什么产生了兴趣，就会在头脑中形成优势兴奋中心，从而使人的注意力高度集中，并能维持很长时间。因为探究的是自己心中向往的东西，所以个体就会呈现情绪饱满、精神愉快、充满自信、联想丰富的最佳状态。

创新兴趣浓厚是指主体人对进行的创新活动表现出很喜爱、有激情、关注度高等情绪，并从中产生一种乐趣，能持续不断地进行探究，最终形成创新成果。它不仅是推动人们积极从事科技创新工作的动力之一，而且还能使人在艰辛繁琐的科学研究中，体会到快乐，并孜孜以求。

只有常怀好奇心、不安于现状、不满足现状的人才有成功的希望。哥伦布怀着对海洋的好奇和向往，驱动着他不惮冒险、挑战未知，用追求真理的精神和开拓者的勇气，实现了地理大发现，开辟了新航路，开创了在新大陆开发的新纪元，改变了世界历史的进程。

2. 创新意识强烈

创新意识是创新活动得以开展的高度自觉。创新意识强烈是指人们在创新活动中，用创新的价值性、重要性以及由此形成的对待创新的态度来规范和调整自己的活动方向，视创新为进行创造活动的出发点和内在动力，并在创新活动中表现出强烈的意向、愿望和设想。

一个人具有强烈的创新意识，会在创新活动中表现出强烈的问题意识、质疑意识、批判意识、求新意识，能够敏锐而准确地发现问题、提出问题，并在问题的引导下积极主动地找到解决问题的思路和方法，从而开展创新行动。

强烈的创新意识体现在人的思维品质具有活跃性、深刻性、反思性、冒险性。它能够驱使人们对新出现的情况及时作出反应，不盲从、不人云亦云，对既有的观点、学说不是简单地肯定或否定，不满足已有的结论，不畏惧先辈及权威，立足于历史和现实，实事求是地对现有理论或观念提出疑问、进行反思，深入地考察和分析，并力求在此基础上寻找解决问题的最合理途径。只有具备强烈的创新意识，才能敢想前人没想过的事，敢创前人不曾创成的业，取得前人不曾取得的成就。

3. 创新思维独到

创新思维独到是指人们在创新活动中，能够打破常规思维的禁锢，以新颖独创的视角、逆反常规的方法和视角去思考问题，提出与众不同的解决方案，从而产生新颖的、与众不同的、有社会价值的创新成果。

创新思维的重要诀窍在于多角度、多侧面、多方向地看待和处理事物、问题和过程，尝试转变思路，许多难题或许就能迎刃而解。常见的创新思维包含发散思维、逆向思维、想象思维、联想思维、超前思维、系统思维、侧向思维、逻辑思维、灵感思维等。

拥有独到的创新思维，就是拥有破除迷信、超越陈规，善于因时制宜、知难而进、开拓创新的思维方式，能突破常规思路的束缚，以新颖、独特的方法解决问题；有敏锐的观察能力，特别是在注意预期事物的同时，保持对意外事物警觉性和敏感性；具有想象力和独立思考的能力，能按事物本身的价值而不是根据主宰当时的观念去判断佐证，能够突破既有经验的局限，克服思维定式，在前人理论和实践的基础上寻求超越。掌握一些行之有效的创新思维模式，可以使我们找准研究的方向，在面对科研难题时设法寻求解决之道，最大限度地发挥自己的优势，扬长避短，取得科学研究的优异成果。

4. 创新品格卓越

创新品格是人们在创新活动中所表现出来的意志、情感、自信心、目标等性格元素，是创新精神的重要组成部分。

创新品格卓越是指人们在创新活动中所表现出来的超越于一般群体所表现出来的明确的目标、拼搏的精神、顽强的意志、高度的自信等行为特征，具体表现为勇于探索，诚实守信，坚持真理，淡泊名利。

拥有卓越的创新品格的创新者在创新过程中会自觉遵守学术道德规范和行为准则，他们能够实事求是、坚持真理、尊重客观规律。探索发现和坚持真理的过程是十分艰辛艰难的，总会不断地出现干扰自己立场的事情。抗干扰能力差的，就容易放弃自己的立场，也放弃真理。只要相信真理在自己手中，就要坚持，只要坚持就会有期望的结果，因为终有一天，真理会被众人认识和接受。而你的价值就一定会显现。社会也会因你的坚持而得到进步。

拥有卓越的创新品格必须诚实守信、尊重他人、不弄虚作假、不剽窃他人的创新成果。同时，创新者还能永无止境地追求自我设置的创新目标，专注执著地面对创新过程中的各种困难和压力，不怕失败、不怕牺牲，愈挫愈勇、坚韧不拔，直至取得创新成功。

创新者们具有"板凳须坐十年冷"的"耐得住寂寞"的顽强素质和踏实执著的治学精神。这些人长期淡泊名利，甘于寂寞，经常是一个课题研究十几年、二十几年。支撑着他们永不放弃的，就是科学研究的执著精神和造福人类的梦想追求。这种素质和精神是一种博大的情怀，更是一种卓越的创新品格。

5. 创新技能高超

创新技能高超是指人们在创新活动中，一方面熟练掌握专门知识和前沿技术，具备精湛的操作技能，在工作实践中能够解决关键技术和工艺的操作性难题；另一方面具有全球视野、复合型知识结构、较高的信息敏感度，对新材料、新工艺和新技术具备使用、设计、移植和改造等能力，拥有丰富的创新经验和技能，能够快速地将新思维、新想法转化为实际行动。

拥有高超创新技能的人在创新实践活动中，表现出精准的创新项目选择能力、熟练的创新实验(试验)能力、优秀的社会调查能力、卓越的创新成果形成能力和超乎常人的解决问题的能力、组织协调管理能力等。创新技能高超的人，往往是提出一个问题，尽可能收集多的证据(事实)，然后对这些证据(事实)进行验证，从而得出解决问题的方法。这里就是遵循了"试错"的科学方法。

培养创新型高技能人才是知识经济时代的客观要求，也是建设创新型国家的根本要求，更是健全创新技能型人才体系的内在要求，我国从1992年立项实施到2022年全面建成的自主建造、独立运行的空间站，就体现出我国科技人员高超的创新技能。30年来，空间站工程先后突破并掌握了一大批具有自主知识产权的关键核心技术，取得4000多项发明专利，28项空间科学实验均为国内首次开展，正是这些突出的核心技术以及具有创新型高技能的人才推动着我国航天产业跨越发展。

以上五种表现是不可分割、缺一不可的，相互联系，相辅相成，五种表现同时呈现，将会促使人们取得卓越的成就。

三、创新突出对成功的重要作用

如前所述，创新突出是实现成功的杰出品质，具备这一品质对于取得成功起着十分重要的作用。

只有创新兴趣浓厚，才能迈开成功的第一步。创新兴趣浓厚是创新的前提，是开展一切创新活动的基础，也是向成功迈出的第一步。

拥有浓厚创新兴趣的人，具有强烈的好奇心和求知的欲望，能够掌握和吸收新事物的能力强，更容易尝试切入新领域进行创新。

拥有浓厚创新兴趣的人，能充分发挥其自身的主动性、敏锐的观察力、高度的注意力、丰富的想象力，情绪高涨，记忆牢固，思维活跃，也能够积极地去感知和关注与该项活动相关的知识和动态，全身心地投入，并集中全部精力去思考，大胆地探索，从而产生更多的新想法或新解决方案。

拥有浓厚创新兴趣的人，往往有勇气去尝试新的创新方案，甚至在失败的时候，也不会感到沮丧，依然会坚持不懈地进行探索和创新。他们具有更高的自我激励能力和动力，能够坚持不懈地去追逐自己的创新梦想，最终取得成功。

只有创新意识强烈，才能打开成功的第一扇门。创新意识强烈的个人通常能够更好地解决问题和创造价值，增强个人影响力和领导能力，更好地适应市场变化、抓住机遇、敢于挑战，从而打开走向成功的第一扇大门。

拥有强烈创新意识的人，能够时刻关注周围事物的变化，不断改进产品和服务，不断优化流程和体验，挖掘全新的机会和创新点，从而能创造更多的社会价值或个人价值，提升企业的竞争力和市场占有率。

拥有强烈创新意识的人，通常具有更高的学习意愿和探索精神，能够不断更新自己的技能和知识储备，提高创新能力和市场竞争力，为企业或个人树立独特的品牌形象，成为行业内的领袖和引领者，在市场中建立起更高的品牌价值和知名度。

拥有强烈创新意识的人，能够将个人的创新意识传递给团队成员，激励他们不断追求卓越和创新，形成更具活力的企业文化和团队氛围，从而为个人成功打下稳固的基础。

只有创新思维独到，才能缩短通往成功的道路。创新思维独到的个人，能够超越传统思维框架，发现新的思考角度和解决问题的方法，提高工作效率和质量，减少错误和失败的可能性，从而缩短走向成功所需要的时间，积累丰富的经验，快速走向成功。

创新思维独到的人，能够超越传统思维模式，找到新的解决方案或创新点。在市场竞争日益激烈的今天，具有独特视角的创新思维能够帮助个人或者企业突破传统思维定势，不断创造新的价值。他们通常能够更好地抓住机遇，引领市场潮流，及时捕捉商机，更好地把握市场节奏和趋势，从而始终保持领先地位，赢得市场份额。

创新思维独到的人，常常具有领导才能，能够准确深入地分析和理性思考，提高创新的成功率，降低风险，从而取得成功。他们也能够激发团队的创新热情，调动团队的合作力量，不断挖掘潜力，实现高效创新。

只有创新品格卓越，才能为成功保驾护航。创新品格卓越意味着具有积极的态度，具有敢于冒险、勇于尝试新的事物和接受失败并从中吸取经验的能力，通常能够更好地适应变化、抓住机遇，从而为成功持续添砖加瓦。

创新品格卓越的人，对自己的创造力充满信心，相信自己能够在一个领域内作出独特和有价值的贡献。这种自信心和韧性能够帮助他们在面对挑战和阻碍的时候依然坚持创新探索，最终取得成功。

创新品格卓越的人，能够接受风险和失败，从而更好地进行探索和创新。他们能够积极评估风险，并且准备好承担可能的失败，因此更容易从失败中吸取经验并不断改进创新的方法，最终获得成功。

创新品格卓越的人，通常具有积极的思维方式和开放的心态，能够探究和理解新的思维和创新的方法，保持开放和灵活的思考方式，可以快速适应环境的变化，不断调整策略，从而提高自己的竞争力，使自己更容易获得成功。

创新品格卓越的人，能够不断学习和更新自己的知识和提升技能，从而保持在市场上的领先地位。他们总是寻求最佳的实践和最新的技术，不断尝试新的事物，从而推动个人的成长和创新探索，也为企业带来更多的创新价值。

创新品格卓越的人，天生具有更强的影响力和领导力，会更具有包容性，更容易与人相处，更容易影响和激励他人，并与他人建立良好的关系，这种良好的人际关系对于成功非常重要，帮助他更轻松地实现自己的目标。

只有创新技能高超，才能到达成功的彼岸。创新技能越高超，取得成功的概率就越大。创新技能高超的人能够快速将新思维、新想法转化为实际行动，从而最终到达成功的彼岸。

具有高超创新技能的人，能够从市场中把握到创新的机会，不断推陈出新，开发市场，为企业创造更多的商业价值，并持续提升企业的竞争力和创新驱动力。

具有高超创新技能的人，在探索和实践中通常具有极强的责任心和自我要求，能够不断追求卓越和完美，为个人成功起着重大的作用。

具有高超创新技能的人，有能力结合工作实践寻求新的解决方案以创造更多的价值。他们能够灵活使用技术手段，将科技与市场相结合，为用户提供更加优质的产品和服务，并且常常能够不断推陈出新，为企业持续创造价值。

具有高超创新技能的人，能够通过独特的观察和思考方式，发现潜在市场机会并作出未来的趋势预测，导引市场发展方向，成为行业的引领者和领袖，提升自身的价值和竞争优势。

四、失败因子的主要表现及对成功的危害

前面所述创新突出品质的五个方面是取得成功的重要因素，与此相对应的失败因素则是缺乏创新兴趣、缺乏创新意识、缺乏创新思维、缺乏创新品格、缺乏创新技能五个方面，只有克服失败因素，才能保障成功的取得。

1. 缺乏创新兴趣的主要表现及对成功的危害

缺乏创新兴趣是指主体人对本该创新的事物根本没有创新的兴致，不愿意去多想、多问，也不愿意在人力、物力等方面投入。主要表现在以下三个方面：

一是缺乏好奇心，对身边的一切事物没有探究心理，无论好与坏，都觉得与自己无关。没有好奇心，对外界事物不感兴趣，思想观念停留在过去某个阶段，得不到升级，每天都被铺天盖地的信息淹没。失去了好奇心，缺乏收集、加工信息的本领，信息不能甄别，信息不能高效加工，失去了判断力与思考力；失去了好奇心，就会随波逐流于各种各样的流行观点、"权威"说法与世俗偏见之间，使自己的思维受到限制，容易对权威盲从，跟风从众。没有好奇心是科学发现与发展中最大的忌讳，即使是颇有作为的科学家，也会因此而变得闭目塞听，止步不前。

二是安于现状，对现状比较满意，没有想去改变的意图和想法。这样的人思想僵化、因循守旧，小成即安、小进即满，期望过一种与世无争的生活。安于现状的人，遇到失败和挫折的概率或许会不大，而他也可能因此而距离成功越来越远。

三是存在惰性心理，即使对眼前的现状感到不满，依然懒惰，做事拖拖拉拉，爱找借口，不想付诸实践去改善当前的处境。这样的人一旦贪图安逸，并积习成性，就会给学习、工作和生活带来巨大的负面影响。

任何人一旦缺乏创新兴趣，安于现状，缺乏好奇心，将不可能产生创新的灵感，不会有创新思维，更不可能有创新实践，也不可能具备创新技能，最终难以达到成功的目的。

2. 缺乏创新意识的主要表现及对成功的危害

缺乏创新意识是指主体人对新出现的情况没有寻根追源的欲望，对已有的知识和观点没有质疑和批判的态度，对传统的观念与束缚没有超越和出新的勇气。主要表现为以下四个方面：

一是回避问题。当问题来临时，不敢表达自己想法，不能积极主动去分析问题，解决问题，而是能逃则逃，能避则避，最终导致问题无法解决，也无法取得成功。

二是人云亦云。没有独立的思想，不能自我审视和自我批评，不能多方面、多角度、多层次地去考虑问题；不求甚解，不尊重事实，道听途说加上主观臆测或者历史经验就妄下结论。

三是盲从迷信。对书本上先辈们、权威专家的观点奉若圣旨，盲目附和，没有半点怀疑，缺乏个人见解，唯唯诺诺，循规蹈矩，就如茫茫大海上没有方向的小船，跟风走。

四是缺乏跨界学习意识。有的人在学习的过程中，总是习惯于在自己的专业领域找解决答案，天然地缺乏一种跨行业、跨领域寻找解决方案的意识，这是不可取的。要善于跨界学习其他行业的知识，善于用看似完全不相干的跨行业的经验，创造自己竞争的独门优势。

任何人一旦缺乏创新意识、回避问题、人云亦云、盲从迷信、缺乏学习意识就会导致他所进行的创新活动难以开展，自然不会取得创新成功。

3. 缺乏创新思维的主要表现及对成功的危害

缺乏创新思维是指人们在创新活动中不能打破思维惯性，用千篇一律的方式方法解决问题，缺乏超常规甚至反常规的方法和视角去思考问题。主要表现为以下四个方面：

一是自我设限。受限于熟悉和习惯的事，不愿意改进方法，不愿意做不熟悉的事，不愿主动挑战有难度的目标。从心里已经设定了一定的限制，以至于思维中的取舍，已经有了一个自以为是的标准，这个标准会让灵感难以出现，即使出现也无法捕获。

二是认识存在障碍。在认识事物和知识的学习中，对需要学习的事物产生了认知障碍。比如对功能方面，容易受其现有功能的影响，而不敢尝试其他功能，又比如对事物设计方面，会被材料的数量和质量等常见的观察数据误导，发现不了事物的根本性质。

三是缺乏系统思维。分析问题只看表层，解决问题思路狭隘，不善于学习创新。要么轻信错误理论而走入误区，要么拒绝新理论走了弯路耗费了精力，要么盲目跟风从众失去创新机遇。

四是缺乏跨界思维。现在的事物和人际关系彼此关联、相互依存，而且依存度和复杂度日益密切，在认识这些事物和处理人际关系和组织关系时，就需要跨界思维，这种思维以多方面、多学科的综合一体化系统思维为基础。因此我们必须善于跳出自己原有的圈子，在拥有自己专业知识的前提下，学会跨行交流、跨层级交流、跨年龄交流，用辩证的思维方法替代单一的线性思维方法。

任何人一旦缺乏创新思维，将直接影响其在思考或解决问题时的判断，阻碍对问题的深入理解和探讨，不利于思维灵活性的培养。大量事实表明，当一个问题的条件发生质的变化时，缺乏创新思维的人会墨守成规，难以作出准确的决策，从而难以解决这一问题。

4. 缺乏创新品格的主要表现及对成功的危害

缺乏创新品格是指人们的创新活动中没有优秀的创新品德和顽强的创新意志。主要表现为以下四个方面：

一是不能勇于探索，没有冒险精神。遇到困难挫折时习惯于凭老经验办事，满足于运用线性思维来思考和解决问题，不能以开拓冒险的精神面对、分析和寻找解决问题的最佳方案，参与创新实践活动都是三分钟热度，在实际工作中往往是虎头蛇尾、见异思迁，甚至放弃追求，缺乏坚韧不拔的毅力，容易半途而废，使其创新之路没有收获成果。

二是不能坚持真理。这样的人一般没主见，凡事听信于人，甚至太过懦弱，胆小怕事，在权威和压力面前，不能够坚持自己的意见，不能坚守自己的信仰，妥协甚至退缩，最终与真理擦肩而过。

三是追逐名利，弄虚作假。在创新的道路上，如果为了追名逐利，就会投机取巧，弄虚作假，甚至剽窃他人成果，不仅不能提升创新突出的品质，还会对他人、对社会造成一定的危害。

四是缺乏执行力。这些人往往思想上想"创新"，嘴上唱"创新"，把创新当作动听的口号，而没有将创新真正落到实处，没有创新举措和具体的行动方案，往往将创新流于口头。

任何人一旦缺乏创新品格，在创新活动中没有明确的目标，没有创新计划的执行能力，没有冒险精神，没有坚韧不拔的毅力，就会失去竞争优势，无法取得阶段性或者整体性的成功。

5. 缺乏创新技能的主要表现及对成功的危害

缺乏创新技能是指人们在创新活动中缺乏学科前沿知识、缺乏创新实践能力，不能使用多思维、多功能的创新技法和创新工具解决出现的问题。主要表现为以下四个方面。

一是不了解前沿学科知识。创新者对创新领域或者相关领域的前沿知识不能够很好地了解和掌握，就提不出新的想法，找不到新的思路，阻碍创新成果的出现。

二是对新出现的创新技术不了解。技术的变化日新月异，如果不能够对新出现的技术有所了解，就会让创新之旅走很多弯路，浪费很多时间，最终也难以取得好的创新效果。

三是不能熟练使用创新的相关工具。在创新实践活动中，不仅要掌握方法，更要学会借助工具，这样才能让创新事半功倍。在实践活动中，不能熟练使用正确的创新工具，将阻碍创新成功的步伐。

四是缺少创新实践训练。如果参与的创新活动少，缺少实践，就难以对所学的知识进行内化，就难以形成系统的学习能力、信息加工能力、动手操作能力、创新成果表达能力及物化能力等，最终也难以达到成功。

任何人一旦缺乏创新技能，就会在创新活动中感到力不从心，要么看不到问题，要么找不到解决问题的思路和方法，总是事与愿违，老走弯路，创新行动的结果与愿望大相径庭，难以产生满意的创新成果，不能实现创新价值。

第二节　训　练

创新突出的品质不是与生俱来的，而是通过后天努力习得的，是在感悟、体验和训练过程中逐渐形成的。只有加强创新各环节各步骤的培育与训练，才能提升创新突出的品质，最终走向成功。

一、案例阅读启示

请认真阅读以下五则案例。

☞【案例1】

创新兴趣浓厚——爱迪生

被人们称为"发明大王"的爱迪生，是美国著名的科学家和发明家。他的一生，仅仅是在专利局登记过的发明就有1328种。一个只读过三个月书的人，怎么会有这么多发明创造呢？我想，如果你听说过"爱迪生孵小鸡"的故事，就一定会明白，他的成功源于强烈的好奇心和浓厚的创新兴趣。

1847年，爱迪生降生在美国俄亥俄州兰市的一个商人家庭里。很小的时候，爱迪生就显露出极强的好奇心，只要看到不明白的事情，他就抓住大人的衣角儿问个不停，非要问出个子丑寅卯来。

有一次，爱迪生看到鸟儿在天空中自由地飞翔，心想，鸟能飞，人为什么不能飞？能不能给人加上翅膀？他忽然又想到，气球没翅膀也能飞上天，那么在人的身体里充上气行不行？于是他找来一种能产生气体的药粉，让一个小伙伴喝了下去，看看他能不能像气球一样飞起来。可是过了一会儿，小伙伴肚子疼了起来，大声哭喊，差点儿送命。为了这件事，爸爸狠狠揍了他一顿，还说不准他以后搞什么实验了。可是爱迪生还是不服气，说："我不做实验，怎么会知道人能不能飞起来呢？"

爱迪生8岁的时候，仍然爱追根问底，经常把教师问得目瞪口呆，窘迫不堪。有一回上算术课，教师在黑板上写下了"2+2＝4"，爱迪生马上站起来问："老师，2加2为什么等于4呢？"这个问题把老师问住了，他认为爱迪生是个捣蛋鬼，专门和老师闹别扭，于是，在上了三个月的课以后，爱迪生就被老师赶回家了。

爱迪生从小就对很多事物感到非常好奇，而且喜欢亲自去试验一下，直到明白了其中的道理为止。长大以后，他就根据自己这方面的兴趣，一心一意做研究和发明的工作。

成年后的爱迪生，学会了无线电收发报技术。他在斯特拉得福铁路分局找到了一个夜班报务员工作。按规定，夜班报务员不管有事无事，到晚上九点后，每小时必须向车务主任发送一次信号。爱迪生为了晚间休息好，天天钻研发明创造，就设计了一个电报机自动按时拍发信号，这就是电报机的雏形。

在他发明了电报之后，又开始搞电话实验。他发现传话器里的膜板能够随着说话声音引起相应震动，就仔细观察，并且在笔记本上做了详细记录。由此，一个"会说话的机器——留声机"成功问世。继电话和电报的发明之后，留声机的发明又一次改变了人们的生活。

在纽瓦克，爱迪生发明了蜡纸、油印机等。从1872年至1875年，他先后发明了二重、四重电报机，还协助制造了世界上第一架英文打字机。

1879年10月22日，爱迪生成功创造出第一盏真正有广泛实用价值的电灯。为了延长灯丝的寿命，他又重新试验，试用了6000多种纤维材料，才找到了新的发光体——日本竹丝，可持续使用1000多小时，达到了耐用的目的。

☞案例启示：

1. 爱迪生的每一项发明都是和他的创新兴趣和好奇心紧密相联的。兴趣爱好是创新的原动力，没有兴趣就没有创新的动力。如果没有兴趣，爱迪生的很多发明就不会发生。所以，兴趣和好奇心是一个人取得成功、展示智慧的先决条件。

2. 创新者必须有好问的精神。为什么这样做，这样做有意义吗，效果如何呢？如果没有好奇心，就不太可能提出新想法。当代大学生一旦对事物产生了浓厚的创新兴趣，就可以激发强烈的求知欲，能够潜下心来钻研，有助于对事物研究效率的提高，也有利于取得良好的研究成果，势必对就业、创业、事业等方面的成功都起着打基础和引航的作用。

☞【案例2】

创新意识强烈——袁隆平

袁隆平，中国工程院院士，主要从事杂交水稻研究，其科研成果使我国在杂交水稻和超级杂交稻育种上一直处于世界领先水平。他荣获国内国际奖项20余项，2001年获国家最高科学技术奖。2019年获"共和国勋章"。

袁隆平为了实现"禾下乘凉梦"和"杂交水稻覆盖全球梦"，他躬耕陇亩，创新不止，成功地演奏了实现三系杂交稻、攻克两系杂交稻、冲刺超级稻、攻关"耐盐碱水稻"的创新四部曲，实实在在地为解决粮食安全问题贡献了毕生的精力。

在研究三系杂交稻时，袁隆平的创新思路首先是来自科学的怀疑精神，敢于挑战学术权威的勇气。袁隆平说："尊重权威但不能迷信权威，如果我死守权威，也许至今还一事无成。"几千年来，人们惯用常规选种，经过调查后，袁隆平发现常规稻选育方法增产的优势有限，他想到了杂种优势。一天下午，他发现了一株"鹤立鸡群"的稻子：株高、穗大粒多，按照这个思路进行实验、梳理、分析、总结，撰写出论文《水稻的雄性不孕性》，并被登载于《科学通报》上。该论文勇敢地冲击了权威"自花授粉作物没有杂种优势"的论断，为袁隆平大胆创新提供了支撑力，经过不断创新和不懈努力，1973年，三系杂交水稻配套成功，展示了高产的魅力，荣获新中国成立以来唯一的国家技术发明奖特等奖，国外专家称杂交水稻为"东方魔稻"。

"三系杂交稻"虽已成功，但也存在育种程序和生产环节复杂、成本高、推广环节多、再增长难度大等问题，袁隆平决定再一次创新，简化制种手续，由三系法向两系法过渡，使杂交水稻产量再上台阶。以袁隆平为首的科研协作组先后攻克了一系列技术难关，1995年两系法杂交水稻获得成功，应用技术成熟配套，开始逐步推广。这使我国杂交水稻的研究与应用继续保持世界领先地位，续写了"东方魔稻"的新篇章。

袁隆平并未满足于眼前取得的成就，继续创新，希望研究出更好更优质提高亩产量的水稻，2018年10月，袁隆平及其团队培育的超级杂交稻品种"湘两优900（超优千号）"再创亩产纪录：经第三方专家测产，该品种的水稻在试验田内亩产1203.36

公斤。同时超级稻米质很好，可谓"高产与优质相伴"，具有广阔的推广前景。

在超级稻研究不断取得高产的同时，针对国内外"耐盐碱水稻"研究多年仍徘徊不前的情况，袁隆平及其团队决定向研究"耐盐碱水稻"进军。2019 年 6 月，专家小组对试种的"耐盐碱水稻"系列品种采取随机取样、实割称重的方式进行测产，净谷产量达 9.437 吨/公顷，赢得了迪拜人的信任和赞许。

50 多年来，伴随着杂交水稻的研究，袁隆平经历了无数的磨难和艰辛，但他永不言弃，不断创新，迎来了一个个成功与辉煌。袁老说"人就像种子，要做一粒好种子"。袁老这粒好种子，这粒充满创新活力的好种子，已经播散在无数杂交水稻人的心里，已生根发芽，已结出无数粒充满创新活力的种子，一代接续一代。

☞**案例启示：**

1. 袁隆平是目前我国"国民度"最高的科学家，他和他所培育的杂交水稻，帮助我国乃至全世界人民摆脱了对饥饿的恐惧，赢得了全世界官方与民间共同的尊敬。在创新的道路上，袁隆平坚持理论联系实际、实事求是，一直在不断学习、不断探索、开拓创新，勇往直前。从袁隆平身上，我们看到了他强烈的创新意识，不断质疑，不断进步，最终取得成功。一个人如果缺乏创新意识，就会在学习、工作、生活中按部就班，因循守旧，无法取得突破性的进展，甚至会感到力不从心，要么看不到问题，要么找不到解决问题的思路和方法，更无法取得成功。

2. 作为创新者，必须要学会质疑，具备心理技能和情感技能来质疑周边发生的一切，没有质疑，满足于现状，是不可能有新发现的。"大胆假设，小心求证"是每一个科学家乃至大学生都必须具备的精神。

☞**【案例3】**

创新思维独到——爱因斯坦

爱因斯坦是 20 世纪最伟大的科学家，也是一位对人类哲学思想有独到贡献的哲学家，更是一位用创新思维方法研究科学的创新巨匠。从他一生的经历来看，他既是以量子论和相对论为代表的现代物理学思想的启蒙者，又是广义相对论等现代物理学实验创新的开拓者，同时也是物理学推动现代科学与经济发展的倡导者。

还是一个孩子的时候，爱因斯坦总是想象着自己骑上一道闪电的感觉。在其他小孩会沉醉在时代里的娱乐消遣时，爱因斯坦却认真地对待自己的这个幻想。基于这个幻想，他通过不断的实验，提出了第一个著名的思想——相对论。

等他长大并开始学习物理时，他得知麦克斯韦方程里光速应该是个常数。但是根据牛顿定律，如果一个男孩以光速拿着灯笼向前发光，那么光照耀的速度是光速的两倍。

很明显，这两者都不是正确的，光速要么与绝对时间和空间有关，要么与之相反。

正如我们现在知道的，爱因斯坦证明光速是绝对，时间和空间是相对量。换句话说，一英寸等于一英寸，一分钟只与特定上下文有关。这在当时，似乎是难以置信的，因为与日常生活经验是不同的，但现在却很容易被证明是对的。

爱因斯坦取得了非常大的成就，但是一个关于他的最大的误解就是：爱因斯坦是非常聪明的，但实际上并非如此。真实的他也只是一个机灵却并不聪明的学生，在他年轻时，没人注意到他有什么过人之处。

爱因斯坦之所以与众不同，他的厉害之处在于他能在脑海中进行长时间的思维实验，并能持续地测试下去。

骑上一道闪电的幻想，在他发现狭义相对论之前就持续测试了十年。后来他又幻想乘上一架电梯，在他提出广义相对论之前，他又同样为这个幻想持续测试了十年时间。所以说，创新同时也是艰苦的工作。

在奥林匹亚学院非正式小组中，爱因斯坦经常与教授会因不同的观点进行深入的探讨，有时还会产生激烈的争论。就是这种思辨的过程给了他足够的灵感和信心，让他的思想自由驰骋。

显而易见的是，这个小组开展研讨活动几年后，爱因斯坦以世界历史上罕见的创造力震惊了科学界。

☞案例分析与启示：

1. 爱因斯坦的相对论改变了人类的宇宙观与世界观，为科学技术乃至整个社会经济带来划时代的影响，也为后人的创新树立了伟大的榜样。爱因斯坦之所以能够取得奇迹般的成就，与他在思维方法上的创新造诣是分不开的。爱因斯坦创新思维最重要的手段，就是善于运用对立统一方法去把握事物，善于发现事物的对立面，使矛盾在极端对立的背景上进一步显现出来，以便在此基础上建立具有更高统摄水平的统一的新理论。这种"从对立求统一"的思维方法，在爱因斯坦的许多"思想实验"中都可以见到。

2. 培养和提高大学生的创新思维，有助于专业学习的提升和专业能力的拓展，创新思维贯穿人才发展的整个过程，如果不具备创新思维，很可能就会江郎才尽，遇难事不知所措，到头来可能被时代所抛弃。

☞【案例4】

创新品格卓越——布鲁诺

长期以来，古希腊天文学家托勒密的"地心体系"的理论统治着人们的头脑。托勒密认为地球居于中央不动，日、月、行星和恒星都环绕地球运行。哥白尼在《天体运行论》中推翻了托勒密的理论，阐明了日心说：太阳是宇宙的中心，地球围绕太阳旋转后，布鲁诺接受并发展了哥白尼的日心说，认为宇宙是无限的，太阳系只是无限宇宙中的一个天体系统。

布鲁诺信奉哥白尼学说，始终不渝地宣传科学真理。布鲁诺的专业不是天文学也不是数学，但他却以超人的预见大大丰富和发展了哥白尼学说。他在《论无限、宇宙和谐世界》这本书当中，提出了宇宙无限的思想，他认为宇宙是统一的、物质的、无限的和永恒的。在太阳系以后还有无以数计的天体世界。人类所看到的只是无限宇宙中极为渺小的一部分，地球只不过是无限宇宙中一粒小小的尘埃。

布鲁诺进而指出，千千万万颗恒星都是如同太阳那样巨大而炽热的星辰，这些星辰都以巨大的速度向四面八方疾驰不息。它们的周围也有许多像我们地球这样的行星，行星周围又有许多卫星。生命不仅在我们的地球上有，也可能存在于那些人们看不到的遥远的行星上……

因他在根本上否定了上帝创造的"神学宗旨"，便被打入大牢。尽管他身心都受到了教会无情的摧残，也改变不了他坚持真理的个性。他在牢房中仍在宣传"日心说"，并批判教皇。结果，被一个狱友告了密，他被带到罗马法庭审问。在法庭上，布鲁诺宁死不屈地斗争，仍坚持他自己的进步理论。最后，他被教廷判处"火刑"。当布鲁诺被绑在罗马鲜花广场的十字架上时，他还在坚持真理。

布鲁诺不畏火刑，坚强不屈地同教会、神学作斗争，为科学的发展作出了巨大的贡献。他的科学精神永存！1889年，人们在布鲁诺殉难的鲜花广场上竖起他的铜像，永远纪念这位为科学献身的勇士。

☞**案例启示：**

1. 无情的烈火夺去了布鲁诺的生命，但是，他为真理而献身的精神却永远激励着人们。布鲁诺不拘成见、勇于创新、怀疑一切的信条始终贯穿他的整个科学生涯。

2. 这一案例启示我们，创新是一件非常艰苦的工作，不是仅依靠专业知识就可以获得成功的，还需要创新者能够坚持真理、坚定信念、专注执著，坚韧不拔，方能成功。

☞**【案例5】**

创新技能高超——倪志福

被称为工人发明家的倪志福，是我国第一个登上国际科学讲坛的工人工程师，他从一名普通工人成长为革新能手、发明家，并最终成为国家的重要领导人之一。倪志福和"群钻"精神，点燃了几代北方车辆人爱科研、爱创新的激情，成为北方车辆的宝贵精神财富，激励着一代代兵工人为服务国防现代化建设、服务国家经济发展不断创新求变、一往无前。

倪志福刚开始被分配到国营第六一八厂即现在的北京北方车辆集团有限公司五分厂，成为一名钳工。他和当时的许多年轻人一样，整日埋头工作、学习技术、钻研技术，在忙碌的工作中释放着火热的青春。

1953年6月，国营六一八厂（北京永定机械厂）接了一批颇为棘手的活：修补抗美援朝中破损的装甲车。之所以棘手，是因为修补时要在特种钢板上钻眼。可这种钢板硬度极大，连苏联著名的"席乐夫钻头"都很难钻动。工人师傅不知用坏多少钻头，也钻不了几个眼。

刚刚分配到该厂的青年工人倪志福决定把普通钻头进行改良，攻克眼前这个难关。经过琢磨测试，倪志福发现，把磨坏的钻头尖部和两角磨掉，让它变成三个尖、七个刃后，竟能很快在钢板上钻出眼，而且钻头磨损率大大降低。

这个发明在全厂引起轰动，三尖七刃钻头被有关领导命名为"倪志福"钻头，称赞他"为钻孔工作开辟出一条新的道路"，飞速提高了生产效率。

科学鉴定和生产实践证明，"倪钻"和普通的麻花钻头相比，具有定心好、钻速快、功效高、寿命长等优点，被称为"机械工业金属切削行业中的一项重大革新"，在今天仍占有重要的地位。

1964 年，"倪志福钻头"获国家科委颁发的发明证书。1986 年 10 月 21 日，联合国世界产权组织向倪志福颁发了金质奖章和证书。1986 年联合国知识产权组织授予倪志福"杰出的发明家"称号。这是迄今中国工人在科学技术领域取得的最高荣誉。

倪志福不仅在钻头上精心研究，而且在生产工作中更是干劲十足。他所领导的钳工小组，不仅能按日按旬完成工作，而且能想办法改进工具，以巧干突破各项关键。在解决关键产品时，可谓人人均可做钻模，个个皆能改工具。他们以"打眼钻模化、划线机械化、钻削强力化、装拆快速化、手工作业机械化"为目标，在保证产品质量的基础上，提高了生产效率。倪志福和他的团队成为当时北方车辆集团员工们学习和赶超的榜样。

在倪志福钻头取得成功后，他并没有满足已有的成绩，而是一如既往地研究和试验，精益求精，努力将钻头功效再提高一步。功夫不负有心人，在他与技术人员的共同努力下，研制出一套适应不同工艺特性、能钻不同材料的 7 种型号的系列钻型。

2001 年年底，国家知识产权局确认其拥有"多尖多刃群钻"的实用新型专利。

倪志福在北方车辆集团工作了二十余年，他和企业员工一起自力更生、艰苦奋斗，冷热加工并举，充分发挥技术专家、革新能手的作用，自行设计制造专用装备，极大地提升了企业的生产能力。在技术人员的大力支持下，倪志福进行了大量的试验，并完成了理论分析总结，先后出版了《倪志福钻头》《群钻的实践与认识》《群钻》等理论书籍，产生了巨大的影响。

作为发明创造活动的积极实践者，倪志福始终心系科技发明，离开北方车辆集团后的 1985 年，他作为牵头人之一发起成立了中国发明协会。领导并成立了北京市技术交流站，积极开展职工技术交流、推广、攻关等工作；通过市工会技术交流站，组织教授、专家、能工巧匠共同编写了《金属切削理论与实践》等一系列制造技术的新著作，深受广大工人和工程技术人员的欢迎。1999 年，退休后的倪志福回到了发明家的队伍中，把主要精力放在了支持发明创新、维护发明者合法权益，促进发明成果转化为现实生产力的工作上。

☞**案例启示：**

1. 倪志福的故事告诉我们，在生活中要善于钻研、善于找到问题的突破口，从而不断培养创新的技能，用自己的劳动和智慧为国家建设作出重要的贡献。

2. 创新技能的提升需要经过大量的实践，也需要理论分析总结，所以大学生在培养高超创新技能的过程中，要细心观察，用心思考，肯动脑筋，勤于动手。实践得越多，创新技能就会越娴熟，创新技能也就提升得越快。

二、讨论辩论

(一)讨论题

(1)何为"创新突出"？

(2)为什么说书中所提的这些失败因素会阻碍成功？

讨论目的：

通过讨论，明确"创新突出"的内涵，能分析相应的失败因素对成功的危害。

讨论流程：

(1)教师引导。教师引导学生由表及里地分析和理解"创新突出"。通过教师引导，学生结合对创新突出的认知，认真体会名人名言、经典案例的内涵，围绕"什么是创新突出""创新突出在现实生活中有哪些体现""创新突出在实现人生目标过程中的积极意义是什么""相关失败因素对成功会产生什么危害"等方面展开思考，形成自己的观点。

(2)分组讨论。每8～10人为一个小组，由一名学生担任组长。每组针对讨论题目进行思考和发言，成员之间互相讨论和质疑，有疑问可以随时向授课教师请教，最终形成本组的小组总结。

(3)代表发言。每组推选一名小组发言人，充分、系统地总结本组各个成员的观点，在班上公开发表小组讨论的要点和论点。

(4)总结点评。教师针对每组发言情况进行点评总结，分析其论点和论据，根据每组讨论情况及发言表现来评定讨论题的成绩。

讨论要求：

(1)教师引导。教师引导环节，学生可适当做笔记。教师明确讨论要求，引导学生不要偏题，在后面讨论中逐一发言，有不同观点可以讨论，但不能吵闹。

(2)分组讨论。每组组长要灵活控制时间，让小组每人既能详细表达自己的观点，又能合理安排讨论时间。对于有争议的观点要充分讨论，尽量达成共识。教师把控整体讨论状况，倾听小组讨论，并予以适当点拨。

(3)代表发言。所有学生应认真倾听并记录总结发言者的观点，不允许做玩手机等与讨论无关的事情。

(4)总结点评。教师点评总结时，学生应认真听并做好相应记载。教师一定要根据每组发言代表的论点和论据进行点评和打分，做到理由充分，公正合理。

(二)辩论题

正方：只有具备创新突出品质，才能取得成功。

反方：不具备创新突出品质，也能取得成功。

辩论目的：

通过辩论，厘清"创新突出"与"成功"的关系，结合自身的言行，思考如何做到"创新突出"。

辩论流程及要求：

（1）人员分工。确定好辩手、主持人、计时员、记录员、评委等，明确职责。辩手由班级学生推荐，每组 4 名辩手，根据抽签结果决定本场辩论的持方，在一周时间内查阅资料，准备讲稿，为辩论做好准备。

（2）现场辩论。开场导入（主持人宣布辩题、介绍辩手、评委成员和规则等）—开篇立论（正反两方一辩依次陈述本方观点，时间各 2 分钟）—双方攻辩（由正方二辩开始，正反方交替进行，时间各 3 分钟）—自由辩论（正反双方交替进行发言，时间各 3 分钟）—总结陈词（由反方四辩开始，正反双方依次进行总结，时间各 2 分钟）。

（3）评委点评。结合本场辩论的具体情况，评委组推选一名评委从辩论技巧、辩论内容、辩论风度和整体合作等方面进行点评，指出表现优秀和不足的地方，并提出可进一步思考的问题。就本场表现，评判出获胜方和最佳辩手，并当场公布结果。

辩论要求：

（1）人员分工。主持人负责整场辩论活动的主持，要求熟悉主持流程和主持礼仪。计时员负责辩论活动的计时，严格把控每个环节的时间要求。记录员负责拍照记录活动现场情况，汇总记录评委评分，计算小组的平均得分，即为最终成绩。评委组应由 3 人及以上组成，根据辩论技巧、辩论内容、辩论风格和整体合作四个方面对小组进行评分。

（2）现场辩论。辩论过程中，辩手要注意双方言论、行为均不可涉及个人隐私，也不得进行人身攻击或人格批评。立论及辩论环节要求做到逻辑清晰，逻辑严密，言简意赅。攻方在提问时，应提出与题目有关的合理而清晰的问题，不得有自行陈词或就攻辩所获结果进行引申，否则视为违规。辩方应回答攻方所提的任何问题，但涉及个人隐私或违反规则的，辩方可不予回答，并简要说明理由。双方应针对辩论会整体态势进行总结陈词，不能脱离实际或背诵事先准备的稿件。主持人要熟悉每个辩论环节，保证流程顺利进行。每方剩余 30 秒时，计时员举牌提醒，用时满时，举牌终止发言。记录员拍照记录现场情况，汇总记录评委评分，计算并核算分数。评委组根据辩论技巧（辩手语言的流畅程度，反驳、分析和应变能力及论点的说服力和逻辑性）、辩论内容（论据内容是否充实、引用资料是否恰当）、辩论风格（在自由辩论中的表现力和幽默度）和整体合作（论点结构的完整性、队员之间的默契和配合）四个方面进行评分，做好记录和点评准备。班级同学认真倾听，可记录内容，不得玩手机或干与辩论无关的事情。

（3）评委点评。所有学生认真聆听评委点评，可提出意见和建议进行交流，但不得质疑评比结果。

三、课外作业

1. 列举古今中外的名人有关创新突出的名言 10 条。

2. 列举并说明你认为是创新突出的 3~5 个典型案例。

3. 以三个典型案例说明创新突出对成功的重要作用。

4. 列举并说明与创新突出相对应的失败因素对成功造成危害的三个典型案例。

"举例说明"的要求：

（1）"举例说明"是教学内容的重要组成部分，要求学生在前面部分的教学内容学习之后的课余时间作为作业来完成。

（2）"举例说明"中学生所要列举的名言和案例，均在本教材外搜集，不得从本教材中抄取。

（3）"举例说明"中需要学生列举的名言和案例，要求学生独自完成，不得相互抄袭。

四、拓展内化

（一）项目实训

根据"创新突出"的品质，可参考以下项目进行训练：

1. 结合所学专业，发表一篇学术论文。

目标：通过撰写学术论文，培养提出问题、分析问题、解决问题的能力，在论文写作训练中，锻炼语言表达能力、逻辑思维能力，从而提升创新技能。

流程：确定论文研究内容—查阅相关资料—列出论文提纲—撰写论文—联络出版单位—论文发表—关注论文发表后续事宜。

结果：在学术期刊上发表一篇高水平学术论文，收录于《中国知网》期刊库。

2. 设计并申请一项国家专利（发明专利，或者实用新型专利，或者外观设计专利），对专利内容给予简要说明。

目标：通过设计并申请国家专利，培育设计理念新、解决新问题的创新能力。

流程：确定专利发明方向—撰写专利申请文件—等待专利申请的受理—专利审批—答复专利局的各种书面通知—办理专利权登记手续—专利获批—专利权的维持。

结果：成功申请1~2项实用新型专利或者外观设计专利。

3. 结合所学专业，设计一款当前市场缺乏且能畅销的产品。

目标：通过设计一款新型产品，培育远景规划能力和资源整合能力，能够根据市场情况开发有价值的产品，并最终实现商业目标，站在更宏观的角度考虑整个产品全生命周期，思考如何能够围绕组织的整体战略，将各方面资源整合起来，快速形成合力，推动产品的真正落地，在反复实践的过程中，培育科学精神和首创精神。

流程：了解市场环境和市场容量—进行产品需求归类和价值评估—确定产品主题—提出产品设计规划—产品开发分阶段演进—发布产品—检验产品市场成效。

结果：通过对生活的观察和对市场产品的了解，设计一款目前缺乏但有一定市场前景的产品，该产品要能简单便捷做成实物，并有畅销度和市场价值。

4. 参加一项创新创业大赛相关项目。

目标：组织参与国家级、省级等相关项目的创新创业大赛（如"挑战杯""创青春""互联网+"等项目），培育综合运用一门或几门课程的知识去设计解决实际问题或特定问题的创新思维，激发创新热情。通过不同类别的比赛，培养不同方向的能力，实现个性化的创新能力培养，提高对专业知识的综合运用能力、实际动手能力、协作精神和团队意识，实现人才培养跨领域、跨学科的效果，营造全社会尊重创业、鼓励创业、积极创业的良好氛围，拓宽自主创新创业的渠道。

流程：了解赛事相关要求—选定比赛主题—选定指导老师—报名参赛—撰写论文—项目初选—进入初赛—参与项目答辩—进入复赛—进入总决赛—获奖领取证书。

结果：参与国家级、省级等相关项目的创新创业大赛，取得一定的成绩。

5. 撰写一份创新创业项目训练计划书。

目标：通过撰写创新创业项目训练计划书，学习创业知识、树立创业意识、培养创业精神、提高创业能力、激发创造力，培养敢于挑战、拼搏进取的创新意识和创新精神。

流程：了解创新创业项目训练计划书的相关要求—经验学习—创业构思—市场调研—资料准备—方案起草—修改完善—计划定稿。

结果：撰写一份完整的创新创业项目训练计划书，内容详略得当，重点突出，使该项目切实可行，且有一定的社会价值。

（二）榜样对标

列举一个身边具有创新突出品格的案例，并将其作为人生榜样。

目标：通过了解身边人的创新案例和创新故事，学习其身上具有的优秀的、卓越的创新品质，提升自我创新品质。

流程：寻找目标—了解目标—分析目标具有的创新品质—模仿学习—创新超越

结果：提升个人的创新突出品质。

五、内化自测

（一）学生自测

根据自身实际情况填写下表：

"创新突出"品质培育自测表

基本内容	序号	自测项目	评定选项			选择答案
			选项 A（5分）	选项 B（3分）	选项 C（1分）	
创新兴趣浓厚	1	当市面上出售一款最新产品，你会	非常感兴趣想了解清楚	只大概了解一下	不感兴趣	
	2	看到一个破旧的物体，你会想要去改造翻新吗？	非常想，并努力完成改造	只是想想而已	没兴趣	
	3	你对出现的新知识有学习欲望吗？	非常强烈	一般	不想学	
	4	以下哪部电影、影视剧视是你最喜欢的？	《中国合伙人》	《流浪地球》	《泰坦尼克号》	
	5	你喜欢看哪种类型的小说？	科幻小说	文学小说	言情小说	
	6	以下三种运动，你会选择哪种？	蹦极	爬山	慢走	
	7	购买玩具时，你倾向于哪类？	组装类	遥控操作类	单一简约类	
	8	你喜欢看什么类型的电影？	破案悬疑片	道德法制片	泡沫剧	
	9	对于新的书籍，你的态度是？	想要完全了解	只想了解大概	不感兴趣	

续表

基本内容	序号	自测项目	评定选项			选择答案
			选项 A (5分)	选项 B (3分)	选项 C (1分)	
创新兴趣浓厚	10	即使是熟悉的事物，你也常用审视的眼光去看待它吗？	经常	偶尔	从不	
	11	对于新出现的 APP，你的态度是？	下载使用	大致了解一下	没兴趣	
	12	平时会自己动手做实验吗？	经常	偶尔	从不	
	13	你想过长大后会想做一些其他人没做过的事情吗？	一直存在这个想法	想过，但不够坚定	从来没想过	
	14	比起向他人介绍新东西，你更喜欢创造新东西？	非常同意	同意	不同意	
	15	你会想要自己发明新的技术或物品吗？	很想发明	想过	不感兴趣	
	16	在与他人的讨论中，你能获得更好的灵感吗？	总是会	偶尔会	几乎不会	
	17	你会对很好的想法满怀热情吗？	总是会	偶尔会	几乎不会	
	18	你会追溯 200 年前人类生活的情形吗？	经常会	偶尔会	基本不会	
	19	尝试新的团建活动，对你而言是什么？	有趣的事情	无所谓的事情	反感的事情	
	20	你会利用旧报纸、旧易拉罐去制作一些好玩的东西吗？	经常会	偶尔会	基本不会	
合计得分：						
创新意识强烈	1	与大家一起讨论问题时你会提出一些新看法吗	经常	有时	很少	
	2	对当前事物存在问题或疑问时，你会怎么做？	大胆提出质疑	如果有其他人提出，随后附和	担心出错，不发表意见	
	3	当面对你认为不合理的事物和道理，你会怎么做？	大胆批评	不支持也不拒绝，保持中立	跟随大众	
	4	提供给你去国外交流学习一学期的机会，你会？	立刻收拾行李	要求一个星期的考虑时间	不想打破自己的学习计划，选择不去	

基本内容	序号	自测项目	评定选项			选择答案
			选项 A（5分）	选项 B（3分）	选项 C（1分）	
创新意识强烈	5	在学校里，你对于新鲜事物会如何？	仔细观察	匆匆看一眼	不感兴趣	
	6	对于别人给出的结论，你会如何？	保持怀疑的态度，需要自己求证	认可结论并作出扩充	深信不疑	
	7	在餐厅就餐时，你会？	常要不同的菜	选择自己习惯吃的菜，也会尝试新的菜	只点自己习惯吃的菜	
	8	出现问题时，你会？	喜欢解决问题，即使没有正确答案也没关系	想要解决问题但害怕出错	等待其他人去解决	
	9	对于家里的布局，你会想要改变吗？	常常会，想要改变布局有新的风格	偶尔会	不想麻烦	
	10	家里的柜子，你会去翻找吗？	经常会，想找一些新奇的东西	偶尔会	一般不会	
	11	去游乐园时，对于游乐项目的选择你更倾向于？	新型游乐设施	大众推荐	自己玩过的	
	12	学习新的知识时，你的习惯是？	思考后向老师提出自己的疑问	自己理解	一字不落记笔记	
	13	学校提供了义务工作的机会，你会？	立刻报名，因为可以获取许多经验	有自己的安排，去不了	不考虑	
	14	看电视或小说时，你会以哪种方式对待？	梳理情节，提出自己认为不合理的地方	带着思考去看	仅消遣娱乐	

续表

基本内容	序号	自测项目	评定选项			选择答案
			选项 A (5分)	选项 B (3分)	选项 C (1分)	
创新意识强烈	15	对于故事主人公的生活，你会幻想发生到自己身上吗？	常常幻想	偶尔幻想	从不	
	16	在新的环境，面对陌生的人，你会如何做？	很兴奋，喜欢交往新的朋友	顺其自然	比较抗拒	
	17	休假时，你会？	尝试新鲜事物	约朋友一起玩	在家追剧打游戏	
	18	逛街买衣服时，你会？	自主选择，尝试新款	根据导购推荐	和自己平时风格一样的衣服	
	19	和朋友约会时，对于下一步计划你会？	主动提议	依据对方的意思	随便	
	20	学校要进行一场国际友人欢迎仪式，你想扮演什么样的角色	交流翻译人员	向导	端盘服务人员	
合计得分：						
创新思维独到	1	你会经常凭借直觉来判断事情的对错吗？	是	不是	不确定	
	2	做题时，你的习惯是？	自己寻找新的解题思路	向同学寻求帮助	用老师讲解的解题方法	
	3	做事遇到瓶颈时，你会选择新的思路吗？	经常会	偶尔会	不考虑	
	4	做事情时，你的方式是？	总在寻找更加高效简便的新方法	顺其自然，不会刻意寻找新的方法	喜欢用以往的或别人的方法做事	
	5	在学习时，你会不会由一件事联想到与之相近或相似的事情？	是	不是	不确定	
	6	你会探索出不同的方式回家吗？	总是会	偶尔会	几乎不会	
	7	你会经常问"为什么"和"怎么做"吗？	总是会	偶尔会	几乎不会	
	8	空闲时，你会喜欢探索人的思维方式和思维过程吗？	总是会	偶尔会	几乎不会	

续表

基本内容	序号	自测项目	评定选项			选择答案
			选项 A （5分）	选项 B （3分）	选项 C （1分）	
创新思维独到	9	你会通过分析各部分来更好地理解整体吗？	总是会	偶尔会	几乎不会	
	10	你喜欢他人只是将解决方案直接给你吗？	不喜欢	有点喜欢	喜欢	
	11	你会经常转换"思维频道"吗？	总是会	偶尔会	几乎不会	
	12	你能发现生活中其他人不能发现的一些细节吗？	总是能	偶尔能	几乎不能	
	13	你能想到生活中一种物品的多种用途吗？	总是能	偶尔能	几乎不能	
	14	你喜欢挑战现状吗？	非常喜欢	有点喜欢	不喜欢	
	15	你害怕承担风险吗？	不害怕，很喜欢挑战	有点喜欢	很害怕	
	16	有机会时，你会很乐意在学习、工作中展示创新点吗？	非常乐意	有点喜欢	不乐意	
	17	你能用多种方法来描述同一事物吗？	总是能	偶尔能	几乎不能	
	18	当你面对一句知名的、有争议的言论时，你会怎么做？	大胆质疑，并证明其不合理的地方	有怀疑但不会深究	不会怀疑	
	19	当你的观点和老师有不同时，你会怎么做？	经过比较，提出双方的合理与不足之处	坚持自己的观点	放弃自己的观点	
	20	在一次工作研讨会上，你会？	尽可能地提供建设性的意见或想法	评析别人的建议和意见	沉默不语	
合计得分：						

续表

基本内容	序号	自测项目	评定选项			选择答案
			选项 A （5分）	选项 B （3分）	选项 C （1分）	
创新品格卓越	1	你会把对创新缺乏热情当做需要克服的挑战吗？	非常强烈	比较强烈	不会	
	2	你会想要把松散的创意变为切实的结果吗？	非常想	比较想	不会	
	3	你会尽可能地将你的想法付诸行动吗？	非常想	比较想	不会	
	4	你总会保持"我可以"的心态吗？	时刻保持	通常保持	很少保持	
	5	平时会自己动手做实验吗？	经常	偶尔	从不	
	6	你介意成为人群中唯一的声音吗？	不介意，只想坚持自己的想法	会介意，但会继续坚持	非常介意，甚至会放弃自己的想法	
	7	你会喜欢迎接更大更难的挑战吗？	非常乐意	比较乐意	不喜欢	
	8	你会做先锋者吗？	非常乐意	比较乐意	不喜欢	
	9	你喜欢验证一些有趣的想法吗？	非常喜欢	比较喜欢	不喜欢	
	10	你在思考问题时会"质疑假设"吗？	总是会	偶尔会	几乎不会	
	11	在呈现你的想法和创意时，即使遇到困难，你也会	坚持不放弃	休息一段时间再开始	放弃不管	
	12	遇到挫折后，你会付出更多的努力吗？	总是会	偶尔会	几乎不会	
	13	你的某个想法，受到他人的反对，你会？	坚持自己的主张	有些动摇	马上改变和他人一样	
	14	你会质疑传统观念吗？	总是会	偶尔会	几乎不会	
	15	你会坚持自己的想法吗？	总是会	偶尔会	几乎不会	
	16	当你在听一位权威教授的课时	带着自己的思考与想法去听课	思想上非常崇拜他，内容全部接受	按部就班不假思索地做笔记	
	17	如果在考研途中遇见了困难，你会怎么做？	静下心来，思考梳理知识，并下决心解决困难	求助他人	中途放弃	

基本内容	序号	自测项目	评定选项			选择答案
			选项 A （5分）	选项 B （3分）	选项 C （1分）	
创新品格卓越	18	生活中面对困难时，你会？	自己努力走出困境	寻求帮助	自暴自弃	
	19	你想要完成的事情失败后，你会怎么做？	继续尝试，直至完成	重新试一次	放弃	
	20	你赞成"只要能解决问题的办法都值得去尝试"这一观点吗？	非常赞成	比较赞成	不赞成	
合计得分：						
创新技能高超	1	如果你在大森林里迷了路，你会怎么做？	结合当前拥有的工具找到方向	向外界求助	待在原地	
	2	当你面对不能解答的问题时	翻书查阅并思考	查阅百度	寻求他人的帮助	
	3	你喜欢头脑风暴会议吗？	非常喜欢	比较喜欢	不喜欢	
	4	你能全神贯注地做自己喜欢的事情吗	会	偶尔	不会	
	5	当你翻到设计标语的比赛的广告时，你会	细看其内容，对这次比赛有进一步的了解	毫不在意地看一眼	看也不看地便把它翻过去了	
	6	家庭电器损坏时，你会？	自己尝试修理	找师傅修理	换新的	
	7	你做事情的方式是？	思维跳脱，不拘泥于常规	在保证不会出错的前提下，尝试新的方法	按部就班	
	8	旅游时，你会如何规划？	自己做攻略	跟着旅游团	毫无目的乱逛	
	9	做菜时，你会？	根据菜谱钻研新的菜品	做平时少做的菜	做拿手的菜	
	10	做手工作业时，你会如何完成？	在达到老师的要求之后，选择新的思路	根据步骤，按部就班	购买成品	
	11	对于不熟悉的目的地，你会选择哪种出行方式？	自己根据地图选择最适合的	向路人询问	滴滴打车	

续表

基本内容	序号	自测项目	评定选项			选择答案
			选项 A （5分）	选项 B （3分）	选项 C （1分）	
创新技能高超	12	假如被困荒岛，你会？	细心观察，根据情况选择最合适的方式求生	按照电视中教的方法逃生	等待救援	
	13	接触新款游戏时，你会？	跳过攻略，自主钻研	根据提示玩	找老手教	
	14	在有充足的时间制作 PPT 时，你会？	自己制作	选择新的模板	套用之前的模板	
	15	画图时，你会怎么做？	充分发挥想象	在范本的基础上稍作改变	临摹他人的作品	
	16	做功课时，你的态度是什么？	参考各种资料，多方位了解	只查阅课内书籍	应付差事	
	17	对于新鲜事物，你会更喜欢？	自己去尝试	等其他人先做完，再决定要不要去做	不感兴趣	
	18	怎样去取高处的物品？	借助身边的物体想办法完成	求助别人	再买一个新的	
	19	面对一堆废旧物品，你会怎样处理？	将它们进行改造，改造成新的物件	将它们收拾干净循环利用	将它们扔掉	
	20	面对难解的一道奥数题，你会	反方向推理	求助别人	放弃，做下一道题目	
合计得分：						

评分规则：每题答 A 记 5 分，选 B 记 2 分，选 C 记 0 分；

项目	评分结果	结果解析
创新兴趣浓厚		85~100 分：优
		75~84 分：良
		60~74 分：中
		0~59 分：差

续表

项目	评分结果	结果解析
创新意识强烈		85~100分：优
		75~84分：良
		60~74分：中
		0~59分：差
创新思维独到		85~100分：优
		75~84分：良
		60~74分：中
		0~59分：差
创新品格卓越		85~100分：优
		75~84分：良
		60~74分：中
		0~59分：差
创新技能高超		85~100分：优
		75~84分：良
		60~74分：中
		0~59分：差

(二)自测题列举

请根据课文中"创新突出"的五个主要表现分别列举自测题目及答案各五条。

六、提升计划

1. 根据"'创新突出'品质培育自测表"的自测结果填写下表：

"创新突出"品质培育提升计划表

基本内容	存在的问题	提升计划	目标达成
创新兴趣浓厚			
创新意识强烈			
创新思维独到			
创新品格卓越			
创新技能高超			

2. 填写要求：

（1）根据内化自测的结果，真实、客观、有针对性地填写提升计划表。

（2）针对存在的问题列出近期所需要达成的目标。

（3）目标达成中要填写具体完成达成时限。